ERHARD BUSEK

ÖSTERREICH UND DER BALKAN

Vom Umgang mit dem Pulverfaß Europas

MOLDEN
VERLAG

Erhard Busek

ÖSTERREICH UND DER BALKAN

Vom Umgang mit dem Pulverfaß Europas

MOLDEN VERLAG WIEN

Gefördert aus Mitteln des Bundesministeriums
für auswärtige Angelegenheiten

Die Deutsche Bibliothek – CIP-Einheitsaufnahme
Busek, Erhard
Österreich und der Balkan/Erhard Busek. - Wien:
Molden Verlag, 1999
ISBN 3-85485-020-4

Lektorat: Martina Paul
Umschlagentwurf und Layout: Veronika Molden
Karte: APA-Grafik
Herstellung: Die Druckdenker, Wien
Druck: Wiener Verlag, Himberg

ISBN 3-85485-020-4

Inhaltsverzeichnis

1. Vorwort: Südosteuropa – eine unendliche Geschichte

Vorliegendes „Handbuch“ soll nicht nur der Überwindung von Vorurteilen gegenüber Südosteuropa dienen, sondern einen Weg zeigen, wie man vom „Pulverfaß Balkan“ zu normalen europäischen Verhältnissen kommen kann und auf welche Weise die europäische Erfahrung der Konfliktbewältigung auch auf diesen Teil Europas umgelegt werden kann. Es soll ermuntern zu erkennen, daß die Rolle von Staaten heute eine andere ist. Selbst große müssen vom imperialen Denken vergangener Zeit Abschied nehmen. Was wir „Kommunitarismus“ im gesellschaftlichen Zusammenleben nennen – eine Ordnung der Aufteilung von Verantwortung, vor allem eine Verantwortung für eigene Initiative – gilt heute am Beginn des 21. Jahrhunderts für die gesamte Staatenwelt.

Ich hoffe sehr, daß wenigstens etwas aus der Geschichte gelernt wird – gelehrt hat sie uns schon genug. Meine zahlreichen Erfahrungen mit Studenten an europäischen und amerikanischen Universitäten haben mir bewiesen, daß junge Menschen eine ganz andere Aufgeschlossenheit gegenüber den bisherigen Geschehnissen zeigen, und daraus das Beste für ihre eigene Zukunft unter einem globalen Gesichtspunkt machen. Anlaß für mehr Optimismus ist berechtigter, als wir öffentlich eingestehen wollen, und zwar auch in derjenigen Ecke des Kontinents, die wir ab jetzt als ein Zeichen der Normalisierung nicht mehr Balkan, sondern Südosteuropa nennen sollten.

Das vorliegende Buch soll bisher Geschehenes aufzeigen, einige Strategien einer breiteren Öffentlichkeit zugänglich machen und motivieren, sich nach Möglichkeit in Südosteuropa zu engagieren. Es soll aber auch jenen danken, die schon Beiträge geleistet haben – und das meistens unter schwierigsten Bedingungen. Es gibt also keinen Grund für Überheblichkeit oder Herablassung, eher wird Mitdenken und Mitfühlen gefordert – und Handeln. Das Buch erhebt weder Anspruch auf Vollständigkeit noch auf Wissenschaftlichkeit; es wurde auf Glossarien verzichtet und Quellen nur in notwendigem Umfang genannt. Das Tempo der Entwicklung birgt die Gefahr in sich, daß manches rascher einer Veränderung unterworfen ist, als man zunächst glaubt. Das ist zunächst ein gutes Zeichen, denn man wird wohl nicht von der Annahme ausgehen wollen, daß letztlich alles schlechter werden muß, nur weil es seit 1945 so lange gutgegangen ist. Vorliegender Bericht zur Lage wird hoffentlich ein Publikum finden, das zur Aufnahme bereit ist.

Erhard Busek

Mayrhofen/Tirol, Februar 1999

2. Einleitung: Ein Handbuch zur Lage

Die Europäische Union verändert Österreich

Spätere historische Analysen werden das zweite Halbjahr 1998, in dem Österreich den Vorsitz der Europäischen Union innehatte, als Symbol eines wichtigen Einschnitts in der Geschichte der Zweiten Republik ansehen. Der Grund hierfür liegt weniger in den in diesem Halbjahr getroffenen Entscheidungen, wenngleich die Eröffnung der Verhandlungen mit den EU-Beitrittskandidaten der ersten Reihe (Estland, Tschechische Republik, Polen, Ungarn, Slowenien, Zypern) sicher zu einem Erfolg von Außenminister Wolfgang Schüssel wurde, der der europäischen Entwicklung eine weitere Perspektive eröffnete. Die diversen Ministerräte waren ebensowenig von bleibender Bedeutung, obwohl sie durch ihre Sitzungen in den diversen Bundesländern der Bevölkerung den Begriff „Europa" näherbrachten. Der österreichische EU-Vorsitz symbolisierte in erster Linie die Übernahme von Verantwortung nicht nur für unser Land, sondern auch für andere Staaten des Kontinents. Österreich und seine Repräsentanten waren gezwungen, sich mit Fragen zu beschäftigen, die unserem Land früher zu groß, zu entfernt oder zu gefährlich vorgekommen sind: die „Transatlantic Agenda" mit dem amerikanischen Präsidenten zu verhandeln, die Instrumentierung der jeweiligen notwendigen Schritte in der Kosovo-Frage, die Suche nach einer gemeinsamen Linie in der Irak-Krise, die Bemühungen, den Friedensprozeß im Nahen Osten aufrecht zu erhalten – das alles hat Österreich vor neue Anforderungen gestellt. Mag sein, daß man da und dort das Gefühl hatte, überfordert zu sein; mag sein, daß größere europäische Nachbarn auf die Bemühungen unseres kleinen Landes manchmal mit Schmunzeln oder Geringschätzung reagierten, de facto bedeutete der EU-Vorsitz eine Manifestation der Veränderung der Wirklichkeit für Österreich.

Der gelernte Österreicher darf sich aus diesem Anlaß vor Augen führen, daß wir mit dem Ende des Ersten Weltkriegs und dem Zerfall der Donaumonarchie weltpolitisch mehr oder weniger abgedankt hatten und nicht restlos überzeugt waren, ob der „Rest", wie die kleine Republik 1919 vom französischen Premier Clemenceau bezeichnet wurde, als eigenständiges Österreich überhaupt bestehen könne. Vielen, die in den Dimensionen des alten Habsburgerreiches aufgewachsen waren, erschien dies unmöglich. Kein Wunder also, daß man das Heil im „Anschluß", in autoritären Ideologien und anderen Radikalismen suchte, was letztlich zum Untergang der Demokratie und des Landes selbst führte. Aber die Ereignisse des Jahres 1934, der Nationalsozialismus und der Zweite Weltkrieg waren Lehrstücke, die begriffen wurden. Als Österreich 1945 neu erstand und 1955 durch den Staatsvertrag wieder seine Handlungsfreiheit erlangte, war es wohl eine verständliche Taktik von Österreich, sich politisch aus allem und jedem herauszuhalten.

Die aktuelle Neutralitätsdiskussion ignoriert diese historische Komponente und vernachlässigt daher die Veränderung der Voraussetzungen für die außenpolitische Position Österreichs. Bei aller Anerkennung der Tatsache, daß dieses Verhalten von Erfolg gekrönt war und es sich da und dort als politisch hilfreich erwiesen hatte, Ort der Begegnung der Großen gewesen zu sein, darf doch nicht außer Acht gelassen werden, daß Österreich drauf und dran war und ist, der Gefahr „einer durch Neutralität verstärkten Schicksalslosigkeit" zu erliegen, wie dies der Schweizer Karl Schmid einmal auf sein Land bezogen hatte. Der vielzitierte Brief nach Brüssel vom Juli 1989, der Abschluß der Verhandlungen und das Referendum über den Beitritt (mit Zweidrittelmehrheit an Zustimmung) 1994 und der definitive EU-Beitritt zur Europäischen Union am 1. Jänner 1995 haben die Voraussetzungen der Existenz Österreichs verändert, ohne bisher besonders tiefe Spuren im Bewußtsein der Bürgerinnen und Bürger zu verankern.

Noch immer leisten wir uns politische Tagesordnungen, deren Bedeutungslosigkeit manifestiert, wie gut es uns geht, welch stabile politische Ordnung und gefestigte Demokratie wir haben, wir mit dem Pro-Kopf-Einkommen in den Spitzenrängen der Welt zu Hause sind und im übrigen sehr zufrieden mit dem Erreichten sein können. Es liegt in der Natur des Menschen, dafür nicht dankbar zu sein, sondern sich jener sterilen Aufgeregtheit zu bedienen, von denen die österreichischen Medien gekennzeichnet sind. Angesichts einer anders gearteten Tagesordnung, die – bei der Nachbarschaft beginnend – den Rest der Welt beherrscht, mutet manche Frage, die bei uns zum Prinzip stilisiert wird, ein wenig lächerlich und von sekundärer, wenn nicht von tertiärer Bedeutung an. Das wäre an sich nicht tragisch, und nach der schrecklichen ersten Hälfte des 20. Jahrhunderts wäre es dem Staat Österreich für die zweite Hälfte vergönnt, hätte sich nicht seit 1989 die europäische Landkarte dramatisch verändert. Man wird müde, darauf zu verweisen, daß die Folgen des Falles des Eisernen Vorhangs, der Abschied der kommunistischen Ideologie als politisch prägende Macht und der Zerfall der Sowjetunion und anderer politischer Gebilde für den Westen Europas und auch für Österreich tiefgreifende Veränderungen mit sich gebracht haben. Die Freude war relativ kurz, als aus Stacheldrahtverhau, Wachtürmen, Visumzwang und Grenzzwischenfällen nun eine Nachbarschaft wurde, die sich auf bestem Weg zur „Normalität" befindet. Österreich hat eine Position wiedergewonnen, in der die politische Geographie langsam wieder der natürlichen Geographie ähnlich wird, und der Begriff „Osten“ muß nicht mehr als herabmindernde Bezeichnung fungieren, sondern als ganz normale Richtungsanzeige.

Es hat keinen Sinn, auf historische Bande zu verweisen, da sie der heutigen Generation nicht mehr bewußt sind, wenn nicht Großeltern Geschichte und Geschichten von „früher“ erzählt haben. Überall anders auf ehemals k. und k. Boden hat sich ein positives – oder ein kritisches – Verhältnis zur Donaumonarchie herausgebildet – nur in Österreich fehlt es, obwohl wir täglich den architektonischen Zeugen begegnen und das Tafelgeschirr der Habsburger bei Staatsbesuchen immer noch seinen Dienst tut. Der übliche Hinweis auf das Wiener Telefonbuch, dessen Namensregister die ethnische Farbpalette anderer Zeiten wiedergibt, hat seine argumentative Wirkung längst verloren und besitzt höchstens noch anekdotischen Charakter. Zu lange schon ist diese Zeit entschwunden, zu wenige Zeitzeugen leben noch, und nur wenig Verbindendes war nach dem Zweiten Weltkrieg übriggeblieben. Es war auch bequemer, eine unerfreuliche Welt, die einer anderen Ordnung unterworfen war, aus dem Bewußtsein zu verdrängen und sie gegebenenfalls höchstens zu registrieren, wenn es einen Aufstand wie in Budapest, einen „Frühling“ wie in Prag, ein Kriegsrecht wie in Polen gab.

Doch seit 1989 gehen die Uhren auch für Österreich anders. Zum Teil haben wir auf den Umbruch im Osten positiv reagiert, denkt man zum Beispiel an die Investitionsfreude der sonst oft geschmähten österreichischen Wirtschaft oder die Selbstverständlichkeit, mit der österreichische Banken und Versicherungen dort Fuß fassen, wo sie schon früher tätig waren, und man noch dazu die verwandten Herrlichkeiten einer vergangenen Zeit wieder besuchen kann. Mit den Mühen dieser Situation wollen wir uns jedoch nicht auseinandersetzen; Mühen, die aus Migration, Flüchtlingselend, wirtschaftlichen

Unterschieden und temporärer Instabilität der politischen Verhältnisse entstehen. Auf der anderen Seite wäre es nicht fair, unerwähnt zu lassen, wie zum Beispiel die Aktion „Nachbar in Not“ die Bürger unseres Landes beispielhaft motiviert hat, mittels großzügiger Spenden das Leben und Überleben der Menschen in Bosnien-Herzegowina zu sichern. Es wäre ungerecht, nicht der vielen privaten Initiativen zu gedenken, die die Resozialisierung der Straßenkinder von Bukarest, Ausbildungsplätze für junge Menschen, den Wiederaufbau zerstörter Dörfer und vieles andere ermöglichen. Weiters ist es gelungen, in unseren Nachbarländern österreichische Schulen zu errichten und eine beachtliche Zahl von Lektoren zu entsenden, wobei gerade junge Menschen hohe Bereitschaft zum Engagement zeigen und aktive Verbindungen mit den Universitäten dieser Länder aufnehmen. Auch wenn sich nur die wenigsten südosteuropäischen Touristen das österreichische Preisniveau leisten können, verbringen doch viele ihren Urlaub in den österreichischen Ferienorten. Wien ist wieder eine wachsende Stadt geworden, denn was die Geburtenrate – bezogen auf eine steigende Einwohnerzahl – nie geschafft hat, wird durch den für Großstädte normalen Zuzug möglich. In manchen Berufssparten sind wir mittlerweile in hohem Maße auf zugezogene Arbeitskräfte angewiesen, um überhaupt die Versorgung aufrecht erhalten zu können, wie zum Beispiel im Spitalswesen und in Sozialdiensten, aber auch bei Arbeitsplätzen, die geringere Ausbildung erfordern. Die Öffentlichkeit reagiert auf diese Veränderungen nicht immer mit freundlichen Worten, wobei nicht verlangt wird, negative Begleiterscheinungen zu ignorieren. Wohl aber darf erwartet werden, daß es eine selbstverständliche Solidarität unter den Menschen und innerhalb einer Bevölkerung geben sollte.

Parallel zur Chance der Neugestaltung Europas haben sich – als bedauerliche Nebenerscheinungen – ein verstärkter Egoismus und ein geistig-kultureller Isolationismus entwickelt. Daran ist der Fall des Eisernen Vorhangs nicht unmittelbar schuld, wenn auch von ihm eine katalytische Wirkung ausging. So haben jene Kräfte in der Gesellschaft spürbar an Macht und Einfluß verloren, die seit jeher Wächter der Nächstenliebe und der Solidarität gewesen sind. Die christlichen Kirchen finden in der Öffentlichkeit nicht nur weniger Zuspruch, sie befinden sich auch in ihren eigenen Reihen in einer schweren Krise. Sozial verantwortliche Bewegungen wie die Gewerkschaften klagen nicht nur über Mitgliederschwund, sondern haben längst jenen Aspekt der internationalen solidarischen Verantwortung ausgeblendet, der an ihrer Wiege Pate stand, während sich parallel dazu – quasi als Kompensation – viele Einzelinitiativen um soziale Anliegen bemühen. Anstelle der großen Bewegungen ist eine Palette von Vereinen und Aktionsgemeinschaften getreten, die in ihrer Grundsatzorientierung drauf und dran sind, sich aus der Zeit, in der wir leben, zu verabschieden. Vielleicht ist diese Entwicklung auch jene notwendige Veränderung, die statt der Bündelung von Haltungen und Interessen durch Parteien, Kirchen und Bewegungen zu einem vielfältigen pluralistischen Modell der Gesellschaft führt. Denn im Grunde genommen ist die Art und Weise, wie es zur Veränderung kommt, nicht so wichtig, solange die Richtung stimmt.

Wo aber liegt die entscheidende Frage für Österreich? – Die Verantwortlichen des Landes müssen zur Kenntnis nehmen, daß ein Beitrag Österreichs zur Europäischen Integration, also zur Europäischen Union, absolut notwendig ist. Dieser kann nicht darin liegen, möglichst wenig Profil zu zeigen, durchzutauchen und sich bestenfalls nur dann zu melden, wenn es sich um unsere provinziellen Vorteile handelt. Österreich muß daran gelegen sein, für eine demokratische und stabile Entwicklung in seiner Nachbarschaft zu sorgen und ein größeres Europa zustandezubringen. Beispielgebend verhalten sich die europäischen Anrainerstaaten des Mittelmeers, die immer wieder auf die Verantwortung Europas gegenüber den Maghreb-Staaten hinweisen. Für die skandinavischen EU-Mitglieder ist es selbstverständlich, im Rahmen der regionalen Situation der Ostsee auf die baltischen Staaten zu verweisen. EU-Mitgliedsländer mit kolonialer Vergangenheit haben längst durchgesetzt, daß sich auch die anderen Europäer an den Milderungen der Konsequenzen der jeweiligen imperialen Vergangenheit des 19. Jahrhunderts in Afrika und Asien beteiligen.

Für Österreich war die Linie eigentlich schon in jenem berühmten „Avis" vorgegeben, in dem die Europäische Kommission im Beitrittsprozeß zur EU die Erwartung aussprach, daß besonders Österreich einen Beitrag zum Verständnis seiner ost-mitteleuropäischen Nachbarn leisten könne. Ob die verantwortlichen Stellen in Brüssel noch immer dieser Meinung sind, darf mittlerweile berechtigt in Zweifel gezogen werden, weswegen Österreich im Ausland längst als Skeptiker des Erweiterungsprozesses eingeschätzt wird, was sicherlich eine unzulässige Vereinfachung darstellt. Tatsächlich ringen wir Österreicher darum, unsere besondere Verantwortung gegenüber dem Donauraum und Südosteuropa zu erkennen und auch nach außen hin darzustellen. Schicksalslosigkeit ist keine Lösung, wobei man sein Schicksal nicht allein gestaltet, sondern andere immer kräftig dabei mitwirken. Unser Schicksal wird davon bestimmt, wie gut oder schlecht es den Menschen entlang des Schicksalsflusses Donau und in der Nachbarschaft des Balkans, also Südosteuropas, geht. Hier darf aus der Geschichte gelernt werden, denn die stattgefundenen Entwicklungen beeinflußten zu allen Zeiten unser politisches und soziales Wohlergehen.

Dieser Umstand war Anlaß genug, das vorliegende Buch zu verfassen und es als ein Handbuch zur aktuellen Lage zu verstehen.Denn ob wir wollen oder nicht, sind wir doch mit dem südosteuropäischen Raum verbunden und von ihm bestimmt. Die damit verketteten wirtschaftlichen, sozialen und politischen Probleme sind durch Österreich allein nicht lösbar, die Mitgliedschaft in der Europäischen Union gibt uns jedoch die Möglichkeit, mehrere Staaten zu mobilisieren und mehr zu bewirken als bisher. Der EU-Vorsitz hat diese Herausforderung dokumentiert. Die österreichische Verantwortung hat nicht am 31. Dezember 1998 aufgehört, sondern ist ab nun eine bleibende. Wenn wir sie nicht wahrnehmen, leisten wir nicht nur unseren so wichtigen immateriellen Beitrag zur Union nicht, sondern beeinträchtigen unsere Zukunftschancen und verweigern unsere Aufgabe am Zustandekommen eines neuen Europas.

Pulverfaß oder Stabilität

Die Ziele für den Donauraum und für Südosteuropa sind leicht beschrieben. So wie wir uns gerne daran gewöhnt haben, daß das deutsch-französische Verhältnis heute eine stabile Grundlage für die europäische Entwicklung darstellt, so wie wir mit Freude den Friedensprozeß in Nordirland begleiten und stolz sind, mit Italien in der Südtirol-Frage keine Spannungen mehr zu haben, so muß es auch unser Interesse sein, die Zone der europäischen Stabilität von unserer Grenze weiter auszudehnen. In anderen Zeiten hätte der Zerfall der Sowjetunion und des alten Jugoslawiens zu großen Kriegen geführt. Schmerzliche lokale Konflikte mit zu vielen Menschenopfern sind uns nicht erspart geblieben und ein Grund mehr, einen Beitrag zu Stabilität, Frieden und Demokratie zu leisten. Diese Notwendigkeit zu verdrängen, ist wenig sinnvoll, da die kriegerischen Ereignisse trotzdem stattfinden und uns täglich per TV und Internet selbst in die abgeschlossenste Wohnung und damit in unser Bewußtsein geliefert werden. Die Betäubungspillen, die die Politik gegenwärtig mit Freude verteilt, haben wenig Sinn und sind zudem von begrenzter Wirkung. Es gibt keine Alternative zum „einen Europa“, wobei die gedanklichen Spielereien, wie dieses aussehen soll, eigentlich nebensächlich sind. Es ist irrelevant, ob wir von einem gemeinsamen „Haus Europa“, einem „Europa der Vaterländer“ oder vom „Vaterland Europa“ reden. Die sich ständig ändernden Möglichkeiten unseres Lebens führen dazu, daß wir in einer Nachbarschaft leben, in der nicht nur der einige hundert Kilometer von uns entfernte Konflikt von Bedeutung ist, sondern auch die Börsenkrisen, die weltweit das wirtschaftliche Geschehen beeinflussen können. Gefragt ist daher nicht die Verdrängung dieser Phänomene, sondern die Entwicklung einer wirksamen Gegenstrategie. Das bedeutet allerdings nicht, die lange Bank, auf der man die Probleme hin- und herschieben kann, jeweils neu zu erfinden, sondern mit einem realistischen Kalender eine Annäherung an das angestrebte Ziel zu erarbeiten, um es auch in der Zeit erreichen zu können. Zusätzlich bieten Mittel und Möglichkeiten einer hochtechnisierten Welt sowie die Erfindungsgabe der Menschen mehr Erfolgschancen als früher. Inzwischen ist auch eine Welt von Organisationen und Instrumentarien entstanden, die zur Erreichung der Zielsetzung sehr hilfreich sein können. Eine dieser Organisationen ist die Europäische Union, zu der es in der Geschichte kein vergleichbares Instrument gibt. Vor Jahrhunderten dokterte man am „ewigen Landfrieden“ herum, schuf 1815 beim Wiener Kongreß die „Heilige Allianz“, tagte auf Kongressen und gründete 1919 den Völkerbund. Seit ihrer Gründung 1945 in San Francisco haben die Vereinten Nationen ein Instrumentarium entwickelt, um in Konfliktzonen einen Prozeß des „peace keeping“ durchzuführen und friedenserhaltende Maßnahmen zu ergreifen. Bei aller Mühseligkeit solcher Beschlüsse ist es trotzdem gelungen, Aggressoren erfolgreich in die Schranken zu verweisen, wie der Golfkrieg gezeigt hat. Nach den nach 1945 abgehaltenen Nürnberger und Tokioter Kriegsverbrecherprozessen gibt es heute erstmals wieder Tribunale, die einen ersten Ansatz einer globalen Rechtsordnung zur Ahndung von Verbrechen gegen die Menschheit darstellen. All diese Aktivitäten weisen selbstverständlich Lücken auf, stellen aber dennoch bedeutenden Fortschritt dar.

„Window of Opportunity"

Seit dem Jahr 1989 haben Staatsmänner wiederholt festgestellt, daß sich ein Fenster der Gelegenheiten und Möglichkeiten („Window of Opportunity") aufgetan hat, das rascher als bisher die Chance eröffnet, stabile und friedvolle Lösungen für die Zukunft in einem größeren Rahmen zu treffen. Die letzten zehn Jahre haben bewiesen, daß dieses Fenster nicht nur geöffnet, sondern daß auch einiges geschehen ist. Wer heute in der Wiener Hofburg die „Organisation für Sicherheit und Zusammenarbeit in Europa" (OSZE) erlebt, denkt nicht mehr an die Anfänge, die unter dem Begriff „Helsinki-Akte" und „Konferenz für Sicherheit und Zusammenarbeit in Europa" (KSZE) längst europäische Geschichte geschrieben haben. Die Zeit des Kalten Krieges wurde durch die These der Koexistenz, wie sie Nikita Chruschtschow vertreten hat, gemildert. Es folgten Beschränkungen des Atompotentials, Abrüstung und lokale Verständigung der Supermächte. Heute können wir die tiefgreifenden Folgen dieses Prozesses genießen.

Der Inhalt des Helsinki-Prozesses wurde in Körbe eingeteilt, wobei der „dritte Korb" der berühmteste und relevanteste ist: Erst auf seiner Basis konnte der Kontakt zwischen den getrennten Welten von Ost und West im geistig-intellektuellen Bereich und in kulturellen Aktivitäten wiederhergestellt werden. Um an eben diese Helsinki-Akte zu erinnern, hat die tschechische Dissidentenbewegung nicht umsonst den Namen „Charta 77" gewählt. Die totalitären Systeme waren gezwungen, die Grenzschranken wenigstens fallweise zu öffnen, und die stets die Diktaturen zersetzende Kraft des Geistes wurde endlich wirksam. Schon damals hat sich ein Spalt des Fensters aufgetan, von dem wir heute befürchten, daß er sich langsam wieder schließt.

Wer aber schließt das Fenster der Möglichkeiten und Gelegenheiten? – Wir, weil wir die Möglichkeiten und Gelegenheiten nicht zu nutzen verstehen, oder der Meinung sind, uns viel Zeit lassen zu können. Doch gerade ein kleiner Staat wie Österreich muß erkennen, daß alle diese Vorgänge uns mehr Möglichkeiten gegenüber den Großen eingeräumt haben als wir je hatten. Es entstand und entsteht eine europäische, ja eine internationale Öffentlichkeit, die sehr sensibel auf die Entwicklungen reagiert, wenn es nur genügend Empfindsamkeit und Handlungsbereitschaft gibt.

Es steht außer Frage, daß dieser Prozeß Zeit braucht, da nun einmal der Mensch in seiner Anpassungsfähigkeit kein Gummiband darstellt. Die Wirklichkeiten haben sich sehr rasch verändert, die neu gestaltete Landkarte muß genau studiert werden, zu viele Namen haben sich geändert, zu viele neue Kräfte sind entstanden. Mag sein, daß sich das alles heute als retardierendes Element auswirkt, gleichzeitig provoziert es aber auch die Notwendigkeit, mehr Phantasie zu entwickeln.

Es ist interessant, daß in der modernen Welt von heute das allgemeine Staatsprofil flacher geworden ist. Waren früher die Staaten quasi nur handelnde Personen, also Politiker, galten früher nur die Übereinkünfte großer Mächte, wurde mit Recht lange von Kabinettspolitik gesprochen, so haben heute Initiativen aller Art, persönliches Engagement und eine im Entstehen begriffene Weltöffentlichkeit neue Handlungsmöglichkeiten eröffnet. Das sind die ersten Anzeichen einer globalisierten Demokratie, die in einem weltweiten Marktplatz der öffentlichen Meinung sichtbar werden. Natürlich wird die Szene von verschiedensten Kräften beeinflußt; zu bekannt sind CNN, Medienmagnaten und internationale Konzernstrategien. In der ökologischen Frage kann man an Initiativen wie „Greenpeace" ebensowenig vorbeigehen wie in humanitären Fragen an der Helsinki-Föderation und an der Stimme einzelner Persönlichkeiten, die in ihrer Wirkung weit über ihre Organisationen hinausgehen. Wenn der UN-Hochkommissar für Flüchtlingsfragen, Sadako Ogata ihre Stimme erhebt, wenn Amnesty International einen Bericht über ein Land veröffentlicht, wenn Mary Robinson als UN-Hochkommissar zum Stand der Menschenrechte irgendwo in der Welt referiert, bleibt nichts davon unbemerkt und ohne Wirkung. Diese globale und gleichzeitig regionale Entwicklung hat vor allem dort ihre Möglichkeiten, wo ein starker Transformationsprozeß im Gange ist.

Heutzutage haben viele Staaten ihre liebe Not bei der Durchsetzung ausgedehnter Hilfsprogramme, denn der Mangel an Nächstenliebe und Solidarität findet immer eine politische Artikulation als Gegensteuerung. Populistische und nationalistische Bewegungen, die die Ablehnung einer grenzüberschreitenden Verantwortung zum Inhalt ihrer Politik gemacht haben, sind hinreichend bekannt. Umso wichtiger ist es, individuellen Aktivitäten und regionalen Initiativen ein neues Feld zu erschließen, die die gewünschten Ergebnisse erbringen, und die der klassische Nationalstaat nicht mehr leisten kann. Regierungen können heute vielfach nur mehr zur Kenntnis nehmen, was alles durch persönliches Engagement und private Initiative möglich sein kann. Der Staat hat zwar nicht ausgedient, aber seine monopolartige Stellung verloren, worüber wir letztlich nur froh sein können. Einzelne Menschen und ihre Organisationsformen sind beweglicher, empfindsamer, können sich leichter in Räumen bewegen, die in Transformation begriffen sind und unterliegen nicht den oft komplexen Legitimationsverhältnissen, die nun einmal in einer verfaßten Demokratie notwendig sind.

Von dieser Art von Öffentlichkeit würde ich mir wünschen, daß sie in Österreich auch jenen Druck verstärkt, der das Bewußtsein unserer Verantwortung gegenüber Österreichs Nachbarn erhöht. Unzählige Pfarrgemeinden, Komitees und Einzelinitiativen tun das zwar ebenso wie etwa ein Peter Quendler, jener legendäre Mann der Caritas in Bosnien, der in der Realisierung angewandter Nächstenliebe für die Kirche wahrscheinlich vieles von dem aufgewiesen hat, woran der eine oder andere österreichische Bischof im aktuellen Kirchenstreit gar nicht mehr denkt. Trotzdem muß es gelingen, die offizielle zögerliche Haltung zu verändern und eine öffentliche Diskussion zu ermöglichen, was gelebte Nachbarschaft für Österreich bedeutet und bedeuten soll.

Einige persönliche Bemerkungen

Eine informierte österreichische Öffentlichkeit ist aus verschiedenen Gründen von meinem ehrlichen Engagement für Mittel-, Ost- und Südosteuropa überzeugt. Die einen anerkennen meine Tätigkeit, die anderen sind froh, wenn es ein anderer tut, die dritten wieder glauben, daß es ganz gut ist, wenn es einzelne Menschen gibt, die sich engagieren. Nicht zu vergessen sind jene, die einem noch immer vorhalten, nichts Besseres zu tun zu haben, als sich mit diesem „Gesindel" abzugeben. Das war nicht immer so: Als ich aufgrund persönlicher Erlebnisse, die ich in zwei Büchern („Projekt Mitteleuropa", „Mitteleuropa – Eine Spurensicherung") bereits beschrieben habe, mich diesen Aufgabenstellungen zuwandte, wurde ich von mancher Etikettierung begleitet. Man hielt mich für „ostanfällig“ und für jemanden, der offensichtlich eine Alternative zur damaligen Europäischen Gemeinschaft und der österreichischen Mitgliedschaft aufbauen wollte. Nicht wenige politische Konkurrenten meinten, ich sei ein Nostalgiker, der vom Wiedererstehen der Donaumonarchie träume und Österreich eine dominante Rolle dabei verschaffen wolle, und so mancher Unsinn mehr. Ich habe das Öffnen des Eisernen Vorhangs und den Zerfall des kommunistischen Systems nicht vorausgeahnt, allerdings schon vor dem Jahr 1989 die Verantwortung eines Demokraten und Österreichers gegenüber jenen erkannt, die unter ungleich größeren Risken als ich für Menschenrechte und Demokratie arbeiten. Ich werde nicht müde zu betonen, daß ich es als eine große Fügung des Schicksals betrachte und Gott dafür danke, daß ich erleben durfte, daß eben jene Menschen, die ich dabei kennenlernte, in den letzten zehn Jahren in der Lage waren, Verantwortung in den neu entstandenen Demokratien zu übernehmen. Nicht der Westen war es, der zur „Samtenen Revolution“ führte oder der Solidarnosc half, den „Runden Tisch“ zu erzwingen und dadurch letztlich die Demokratisierungsprozesse im übrigen Europa einleitete. Nein, es war einzig die geistige und moralische Kraft dieser Menschen, die durch ihren Mut eine ungleich größere Legitimation für die Politik und Europa gewannen, als wir es taten und tun. Wie auch immer sich das Schicksal der Menschen heute darstellt, ein Tadeusz Mazowiecki, Václav Havel, Josef Antal, Jan Carnogursky, Lojze Peterle und viele andere haben eine ungeheure europäische Leistung vollbracht, die leider heute kaum jemand zu würdigen weiß.

Die Erzählungen meines Großvaters und meiner Eltern haben mir immer wieder die Tiefe der historischen Dimension erschlossen. Ich habe ihre Darstellungen nicht als Nostalgie, als G'schichterln aus der Kaiserzeit verstanden, sondern als jenen europäischen Kontext, um den wir heute wieder ringen. Als ich im Mai 1995 aus der Regierung schied, hoffte ich, für Österreich eine Aufgabe übernehmen zu können, die von meiner Erfahrung profitiert, mein weiteres Engagement zuläßt und in Kenntnis der Umbrüche in der Nachbarschaft mir in diesem Raum für meine Heimat eine besondere Verantwortung einräumt. Dieser Wunsch konnte damals nicht realisiert werden, worüber ich heute froh bin. Umso mehr bin ich dem gebürtigen Wiener, dem langjährigen Assistant Secretary of State for Human Rights der USA, Ambassador Richard Schifter dankbar, als er mir im November 1996 vorschlug, eine Aufgabe in Südosteuropa zu übernehmen. Richard Schifter arbeitete damals gemeinsam mit der Europäischen Union an einer Übereinkunft, die die Schaffung der „Southeast European Cooperative Initiative (SECI)" zum Inhalt hatte. Die mir angebotene Funktion sollte „High Representative" genannt werden. Ich habe diesen Titel abgelehnt, da mir der Dienst an sich wichtiger war als ein Titel. Außerdem sollte man in Südosteuropa als Partner auftreten und nicht als jemand, der allein durch seinen Titel schon über den Schwierigkeiten zu stehen scheint. Über Vorschlag des damaligen Vorsitzenden der OSZE, dem Schweizer Bundesrat für auswärtige Angelegenheiten und späteren Bundespräsidenten Dr. Flavio Cotti wurde ich als „Koordinator" im Wege der OSZE bestellt. Die positive Grundeinstellung des österreichischen Außenministers Vizekanzler Dr. Wolfgang Schüssel ermöglichte es, die eben zustandegekommene Initiative auch im Rahmen der OSZE zu beherbergen und sie gemeinsam zunächst mit den USA und der Schweiz auch aus Mitteln der österreichischen Steuerzahler zu finanzieren. Die Beträge sind jedoch bescheiden: Das jährliche Budget umfaßt alles zusammen weniger als $ 300.000,–. Ich meine, daß nicht nur die Aufstellung erheblicher Hilfsgelder, die Errichtung neuer Fonds und gewaltiger Institutionen notwendig ist, sondern vielmehr die entsprechende Nutzung unseres reichhaltigen Instrumentariums. In einzelnen Organisationen trifft man immer wieder auf leere Kilometer, die – zweckorientiert angewendet – viele Probleme lösen könnten, würden sich nur die entsprechenden konkreten Kooperationen ergeben. Ein klassisches Beispiel dafür ist die Wirtschaftskommission für Europa der Vereinten Nationen (UN/ECE), deren Schicksal in Genf als regionale Organisation für Europa lange Zeit von der Ost-West-Teilung bestimmt war. Es braucht nicht zu verwundern, daß dadurch gemeinsame Programme nur schwer realisiert werden konnten. Die dort angesiedelte Expertise allerdings ist beeindruckend und erstreckt sich auf viele Fachgebiete. Der Vorteil dieser Organisation liegt darin, daß nicht nur die europäischen Staaten Mitglieder sind, sondern auch die USA und Kanada sowie die aus der ehemaligen Sowjetunion neu entstandenen zentralasiatischen Republiken und die Kaukasus-Staaten, die sich selbst als europäisch verstehen. Dem Exekutivsekretär der UN/ECE und stellvertretenden Generalsekretär der Vereinten Nationen, Yves Berthelot, ist es zu verdanken, daß dieses Instrumentarium ebenso genutzt werden kann wie das der Europäischen Kommission, der USA und anderer unterstützender Staaten im Rahmen von SECI.

Das vorliegende Buch soll einen Überblick geben, welche Bedeutung der Transformationsprozeß in Südosteuropa für uns alle hat. Angesichts der nach einer längeren Pause in diesem Jahrhundert wieder erblühenden Literatur historischer, kultureller und wirtschaftlicher Art über Südosteuropa habe ich es nicht als meine Aufgabe angesehen, diesen – oft hervorragenden – Analysen noch eine weitere hinzuzufügen. Inhalt dieses Buches ist die Darstellung des bereits Vorhandenen, um daraus jene Perspektiven abzuleiten, die signalisieren, daß ein Gelingen zum Wohle Europas und der diesen Kontinent prägenden Werte möglich ist. Es ist auch schon viel Positives geschehen, das verdient, aufgezeichnet zu werden – nicht zum Lob, sondern als Zeichen und Beispiel, wie vorgegangen werden kann. Weiters sollen die Aufforderungen festgehalten werden, die an Österreich gerichtet sind – nicht nur an die Politik, sondern auch an das geistige, soziale und wirtschaftliche Leben.

Es ist ein Handbuch: Man soll es zur Hand nehmen und nach Lektüre die Hände regen und einem fest umrissenen Ziel und einem konkreten Konzept folgen. Südosteuropa ist der Teil Europas, in dem sich schon oft das Schicksal des Kontinents entschieden hat. Ich bin froh, an der Erarbeitung einer Entscheidung zum Wohle der Menschen mitwirken zu können.

3. Südosteuropa gestern, heute und morgen?

Balkan oder Südosteuropa

Über den Balkan zu schreiben, ist nicht nur am Ende des 20. Jahrhunderts ein äußerst schwieriges Unterfangen. Seit Menschengedenken handelt es sich dabei um eine Region Europas, die voll von Konflikten, Verwerfungen, Kriegen und Verbrechen ist. Dennoch glaube ich, daß man mit dieser Bewertung dem Balkan, besser gesagt dem Südosten Europas, unrecht tut. Wo nun einmal eine lange Geschichte und viele Geschichten zu erzählen sind, gibt es viele Unannehmlichkeiten, die immer wieder gegenüber den positiven Leistungen und spannenden Herausforderungen in der Aufmerksamkeit der Menschen überwiegen. Trotzdem ist es notwendig, sich mit Südosteuropa auseinanderzusetzen, denn zweifellos wird das europäische Schicksal in hohem Ausmaß vom politischen, wirtschaftlichen, sozialen und kulturellen Geschehen dieser Ecke des Kontinents bestimmt werden. Daß Österreich in vieler Hinsicht involviert war und heute noch betroffen ist, kann auch derjenige nicht leugnen, der die österreichische Staatsgrenze am liebsten auch als Grenze der Europäischen Union ansehen möchte. Aber die Brandherde der letzten Jahre haben sich vor allem hier abgespielt, und die Welt konnte weder an den Auseinandersetzungen in Bosnien-Herzegowina noch an den Krisen Albaniens und schon gar nicht am Kosovo-Konflikt vorbeigehen. Damit sind aber nur die Schlagzeilen genannt, nicht jedoch jene Elemente, die uns oft vom „Pulverfaß Balkan" sprechen ließen. Als Österreicher sich mit diesen Problematiken nicht auseinanderzusetzen, hieße Wirklichkeitsverweigerung zu betreiben, denn das Geschehen in dieser Ecke Europas hat uns weder früher noch heute unberührt gelassen.

Zunächst einige Vorbemerkungen: Ich plädiere dafür, diesen Teil Europas *Südosteuropa* und nicht „Balkan“ zu nennen. Meine Begründung liegt im Sprachgebrauch: Mit dem Begriff „Balkan“ sind keineswegs nur geographische Assoziationen verbunden. Wer das Wort von der „Balkanisierung“ verwendet, meint einen Zustand, der allen Arten von Konflikten, ja von Atomisierungen gesellschaftlicher Verfaßtheiten entspricht. Es wird wohl niemand bestreiten, daß der Begriff „Balkan“ nicht gerade im freundlichen Sinn verwendet wird. Als sich die Finnen gegen den Begriff der „Finnlandisierung“ wehrten, der einen Prozeß der Neutralisierung beschrieb, hatten wir alle Verständnis für diese Haltung. Finnland hatte eine sehr lange, geopolitisch eminent bedeutende Grenze mit dem großen sowjetischen Reich und mußte mit ihr leben, so gut es eben ging. Freundlich war „Finnlandisierung“ jedoch nie gemeint, denn man assoziierte einen Prozeß der Anpassung, ja sogar der außenpolitischen Charakterlosigkeit, der keinesfalls dem komplexen Weg Finnlands und seiner Situation gerecht wurde.

Gleiches gilt für den Balkan, wobei eigentlich nur ein Land, nämlich Bulgarien, wirklich als Balkanland bezeichnet werden kann, da ein gleichlautender Gebirgszug in diesem Land Namensgeber für die ganze Region wurde. Die abwertende Assoziation des Wortes „Balkan“ ist nicht nur auf unsere Zeit beschränkt: Schon Metternich wurde die Bemerkung, am Wiener Rennweg beginne der Balkan, zugeschrieben. Wie immer er es gemeint haben mag, es war eine deutliche Abgrenzung gegenüber jenen Gebieten, die quasi hinter Wien – und damit hinter der geordneten Welt – liegen. Johann Wolfgang von Goethe sprach in seinem „Faust“ davon, daß „weit hinten in der Türkei die Völker aneinanderschlagen“. Goethe meinte damit zweifellos nicht das Osmanische Reich mit seinem Besitzstand in Mesopotamien, Ägypten oder Tunis, sondern naturgemäß den europäische Anteil, in dem schon der Sultan seine liebe Not hatte, die Oberhoheit zu erhalten, da das steigende Nationalbewußtsein der unter der Hohen Pforte vereinten Völker den Bestand dieses Reiches schon geraume Zeit gefährdet hatte.

Als auslösendes Moment vor dem Ersten Weltkrieg schwirren die „Balkankriege" durch die Geschichte. Angesichts der gegenwärtig unübersichtlichen Situation werden natürlich historische Parallelen gezogen, wobei es ironisch, aber auch belehrend sein mag, daß das 20. Jahrhundert mit Kriegen auf dem Balkan eingeleitet wurde und mit Konflikten ebenda endet. Wer sich nicht auf Geschichte versteht, kann sich an Karl Mays Bücher erinnern, von denen eines „In den Schluchten des Balkan" betitelt ist und anschaulich die Zustände im Reich des Padischah beschreibt – friedlich waren sie nicht.

Die Literatur zu diesem Thema ist inzwischen sehr reichhaltig geworden, die Vereinfachungen allerdings auch. Texte wie „Wenn es Nacht wird am Balkan, werden die Messer gezogen" vermitteln ein bestimmtes Bild von Blutrünstigkeit, die in die Stereotypen, die wir verwenden, längst Eingang gefunden haben. Obwohl das deutsch-französische Verhältnis durch Jahrhunderte von einem ungeheuren Blutzoll gekennzeichnet war, wird es heute anders verstanden und bewertet als die Kriege und Konflikte im südosteuropäischen Raum. Die Grenzen entlang des Rheins veränderten sich ebenso häufig wie die am Balkan – nur eben nach anderen Gesetzen. Eine alte Ethymologie hat sich in Form eines Vorurteils als besonders einflußreich erhalten, das wir auch heute noch vorfinden: So ließen sich angeblich die „Slawen" von den „Sklaven" ableiten – die Abwertung ist nicht zu überhören. Die archaische Sozialstruktur wird auch heute noch als Grund für Konflikte angegeben: Die Albaner werden als in Familien und Clans organisiert (Kosovo) beschrieben, und die Blutrache beherrscht das mediale Erscheinungsbild ebenso wie die patriarchalische Lebensform. Die Vereinfachung der Darstellung über das „wilde Land der Skipetaren" erhält Nahrung aus den TV-Berichten über einige Albaner, die sinnlos in der Luft herumballern. (Die Situation in Nordirland wird vergleichsweise freundlicher beschrieben.) Hercule Poirot oder James Bond, die zwischen Istanbul und Wien im „Orient-Expreß" Schaudergeschichten erleben oder selbst gestalten, haben das ihre zu den Klischees über Südosteuropa beigetragen.

Die Zeit nach dem Zweiten Weltkrieg ließ die Lage ruhiger aussehen, da keine dramatischen Ereignisse stattfanden. Doch im letzten Jahrzehnt dieses Jahrtausends kann man wieder auf altbewährte Muster zurückgreifen. Der Umgang des Westens mit dem Südosten Europas war und ist streckenweise von Ratlosigkeit und Zynismus gekennzeichnet. Es blieb dem damaligen britischen Premier, John Major, vorbehalten, zur Befriedung des Bosnienkriegs das Rezept „let us blood them out" anzubieten. Als nach dem Zerfall des alten Jugoslawiens vorgeschlagen wurde, an die Grenzen der aus den alten Teilrepubliken entstandenen Staaten Truppen zur Verhinderung von Konflikten zu positionieren, wie es später erfolgreich für die frühere Teilrepublik Mazedonien geschah, lehnte man mit dem Argument der zu hohen Finanzierungskosten ab. Inzwischen haben die Konsequenzen dieser Unterlassung ein Vielfaches gekostet und werden den europäischen Steuerzahler noch mehr belasten. Premier Major hat die Truppenstationierung mit dem Bemerken abgelehnt, Nordirland habe schon genug englischen Soldaten das Leben gekostet. Bei einer Parteiführerkonferenz der Europäischen Demokratischen Union (EDU) in Paris im Herbst 1991 hielt ich Major entgegen, daß der Krieg um die Falklandinseln auch Menschenleben gefährdet hat. – Die Belehrung, die Falklandinseln seien „Great Britain", erfolgte prompt. Mein Hinweis auf die britische Teilnahme am Golfkrieg bescherte mir die Antwort, daß dort eben Öl gewonnen werde. Es blieb mir nichts anderes übrig, als etwas ironisch darauf zu antworten, man hätte vor drei Tagen auch in Sarajewo Öl gefunden …

Leider beherrschen die alten Denkmuster auch so manche Staatskanzlei. So wurde bei vielen Kontakten mit dem französischen Außenministerium deutlich, daß der Quai d'Orsay das Zerbröckeln der politischen Lösungen nach dem Ersten Weltkrieg noch immer nicht recht zur Kenntnis nehmen will und der alten Tschechoslowakei und dem damals geschaffenen Königreich der Serben, Kroaten und Slowenen (SHS) nachtrauert. Erst François Mitterand drängte diese Politik zurück, da er den Protest der französischen Intellektuellen gegen die einseitige Unterstützung der Kommunisten in Belgrad ernst nahm.

Ich war sehr betroffen, als mir der britische Außenminister Douglas Hurd bei einem offiziellen Besuch in London vorhielt, Österreich wolle Slowenien als zehntes Bundesland und – wie schon immer – mehr Macht am Balkan. Ich habe ihn gebeten, die alten Dossiers über Österreich aus der Zeit vor 1914 doch endlich ins Archiv zu geben, um Vorurteile dieser Art aus dem Weg zu räumen. An diesem Beispiel erkennt man, wie sehr die Ost-West-Teilung manche Räume Europas und ihre eigenständige Entwicklung aus dem Bewußtsein – selbst aus dem der Politiker – verdrängt hat.

Das neue Europa

Diese Umstände sind heute durch die gewaltigen Veränderungen, die seit dem Jahr 1989 geschehen sind, wieder aktuell und problematisch und für Europa äußerst relevant geworden. Wir haben damit zu kämpfen, daß wir nicht nur die Vielfalt im Raum der ehemaligen Sowjetunion, sondern auch die Unterschiedlichkeit und Komplexität in Südosteuropa lange ausgeblendet hatten. Die „Pax Sowjetica" hat uns mit ihrem System der Beherrschung durch Moskau ein falsches Bild wiedergegeben. In Jugoslawien gelang es Marschall Tito für lange Zeit, die inneren Spannungen zu überbrücken, zu verdecken, aber auch zeitweise einen erfolgreichen Versuch zu unternehmen, ein wirklich gemeinsames Jugoslawien herbeizuführen. Nicht zuletzt ist Josip Broz Tito einmal als „der letzte Habsburger" bezeichnet worden. Man weiß nicht genau, ob damit jene familiäre Tradition des Habsburgerreiches gemeint war, die unterschiedlichen Völker als Kinder einer Familie zu betrachten, oder ob es eher darauf angelegt war, Jugoslawien als einen nach dem Ersten Weltkrieg entstandenen „Völkerkerker" zu beschreiben, wie dies vorher für die Habsburgermonarchie üblich war.

Jedenfalls hat der Fall des Eisernen Vorhangs 1989, die Desintegration von Tito-Jugoslawien 1991 und der Fall der Sowjetunion 1993 tiefe Spuren in Südosteuropa hinterlassen. Das allgemeine Interesse für diese Vorgänge war zunächst gering. Erst der Krieg in Kroatien und Bosnien-Herzegowina und die anschließenden Konflikte in Albanien und Kosovo haben ein größeres Interesse wachsen lassen, das allerdings weder von besonderer Sach- noch von genauerer Ortskenntnis gekennzeichnet war. Nach wie vor werde ich Zeuge, wenn Westeuropäer Slowenien mit der Slowakei verwechseln, nicht wissen, wo Slawonien liegt, keine übertriebene Kenntnis hinsichtlich der Sprachunterschiede und des Sprachenstreites besitzen und letztlich mit dem Konfliktpotential der Region eigentlich nichts anzufangen wissen. Dafür gibt es reichlich Analysen, Berichte, Tagungen und Konzepte für Lösungen, die nicht unbedingt immer von Kompetenz zeugen. Weder die Europäische Union noch die USA haben stabile Lösungen gefunden; Rußland wacht lediglich auf seinen Einfluß, und islamische Staaten sehen Südosteuropa oft als Exerzierfeld ihrer Politik in Europa an.

Diese Uneinigkeit ist auch der Grund für einfache Erklärungsweisen, wie sie schon längst üblich geworden sind und von der Politik mit Vorliebe genutzt werden. Da geistert jede Menge von Trennlinien durch die Gegend: Jene zwischen dem West- und Oströmischen Reich, also zwischen Rom und Byzanz, die zwischen Katholiken und Orthodoxen, seltener zwischen Europa – besser Christentum – und dem Islam, letztlich zwischen der westlichen Welt und jenem „ungeordneten Sauhaufen", der aus Vereinfachungsgründen so rezipiert wird, um sich aller Verantwortung entziehen zu können. Persönlich bin ich allerdings überzeugt, daß in der gegenwärtigen Phase europäischer Geschichte die offene Frage, ob es möglich ist, Südosteuropa zu stabilisieren, demokratisch zu entwickeln und wirtschaftlich zu gesunden, von mindestens ebenso großer Bedeutung ist wie der Umgang mit Rußland. Es steht außer Frage, daß die Zukunft des moskowitischen Staates großen Einfluß auf die weitere Entwicklung Europas hat. Realistischerweise aber wird man kaum mit der Idee spielen, Rußland in die Europäische Union integrieren zu wollen, denn man wird sich nicht vorstellen können, daß irgendwann einmal die Schengengrenze Europas in Wladiwostok beginnt. Daß daneben schließlich auch das Selbstgefühl der Russen, eine Supermacht zu sein, die zwar im Moment in dieser Rolle suspendiert, aber potentiell noch immer existent ist, ein wichtiger Faktor ist, braucht nicht gesondert elaboriert zu werden. Wohl aber sind Rußland und Südosteuropa in ihrer Problemlage aufs Engste miteinander verbunden: geopolitisch durch die Nachbarschaft am Schwarzen Meer und die Bedeutung des Bosporus, des östlichen Mittelmeers und des Nahen Ostens, historisch-emotional durch das orthodoxe Christentum und die alte Verbindung speziell zu den Serben, aber auch Bulgaren. Unklar ist, ob diese Ebene der Argumentation mehr einen Deckmantel der Machtpolitik darstellt oder echtes Engagement, denn in Wahrheit sind Glaubensfragen kein wirkliches Anliegen russischer Politiker. Eine Integration weiterer Staaten in die EU kommt daher eher in Südosteuropa in Frage. Langfristig ist die Stabilisierung dieser Zone von entscheidender Bedeutung auch für eine Stabilität der Europäischen Union.

Dazu bedarf es allerdings eines Konzeptes. Trotzdem die Überraschung, die der Fall des Eisernen Vorhanges 1989 bedeutet hat, nun schon zehn Jahre hinter uns liegt, ist es den Staaten Westeuropas und damit der ganzen Europäischen Union noch nicht gelungen, eine wirksame Strategie zu entwickeln. Schon mit dem Zerfall Jugoslawiens ging der Westen recht hilflos um, wie die immer noch andauernde Diskussion, ob die Anerkennung der früheren Teilrepubliken als selbständige Staaten richtig war, zeigt. Dieser Umstand wird in Ex-Jugoslawien noch immer als kriegsauslösendes Moment angesehen. Schon bei dieser Frage wird deutlich, daß viele westeuropäische Regierungen über keine besonderen Kenntnisse Südosteuropas verfügen, sonst hätten sie schon registrieren müssen, daß die Kapazität und Möglichkeit, in Jugoslawien miteinander leben zu wollen, schon sehr reduziert, wenn nicht erschöpft war. Das zu dieser Zeit nur bescheidene Engagement Westeuropas ist sicherlich auch auf die geringfügigen strategischen Interessen des Westens in Südosteuropa zurückzuführen. Griechenland und Türkei waren schon NATO-Mitglieder, Jugoslawien außenpolitisch neutralisiert und Rumänien oft Liebkind des Westens, da die eigenwillige Außenpolitik Ceaucescus oft die Sowjetunion schwächte. Hatte es doch schon im Februar 1945 in Jalta die berühmte Vereinbarung zwischen Stalin und Churchill gegeben – angeblich auf einer Serviette geschrieben wie auch die zwischen Milosevic und Tudjman betreffend Bosnien-Herzegowina geschlossene auch –, sich die Interessen bei Jugoslawien 50:50 teilen zu wollen. Wie oft wurde Helmut Kohl verdächtigt, er wolle Deutschland wieder auf den Balkan zurückbringen. Gleichzeitig wurden die Greuel des Zweiten Weltkrieges beschworen, was in der deutschen Öffentlichkeit nicht ohne Wirkung blieb.

Man wirft den Generälen immer vor, daß sie den letzten Krieg, den sie verloren haben, mit alten Strategien beim nächsten gewinnen wollen. Diesen Vorwurf muß man in diesem Fall an die europäische Politik richten, die an Visionen und praktischen Konzepten nicht nur für Südosteuropa, sondern für ganz Europa nach 1989 recht armselig ist, obwohl sie erkennen mußte, daß frühere Lösungen jetzt erst recht der Grund für schmerzhafte Konflikte sind. Sicher konnte man den Fall des Eisernen Vorhangs, das Ende des Kommunismus und das Scheitern der Sowjetunion nicht voraussehen, aber seither ist schon viel Zeit ins Land gegangen, und die Politik verhält sich heute noch zögerlicher und orientierungsloser. Unsere südöstliche Nachbarschaft braucht aber dringend eine stabile demokratische Entwicklung, die nicht nur die interessanten neuen Märkte sieht, sondern den Südosten als Teil Europas begreift und alle Windrichtungen des Kontinents als Möglichkeit für unser Engagement erschließt.

Gemeinsamkeit kennt keine Grenzen

Entscheidend für die gegenwärtige Entwicklung war nicht nur der Zerfall Tito-Jugoslawiens, auch nicht allein der Fall des Eisernen Vorhangs, sondern das Ende der Sowjetunion und des kommunistischen Systems. Nicht nur Ungarn, Polen und die Tschechoslowakei, sondern auch Rumänien und Bulgarien wurden aus dem Warschauer Pakt und dem COMECON entlassen und folgten dem Ruf „Zurück nach Europa“. Bukarest verstand sich zu Recht einmal als „Paris des Ostens“. Der Romancier und Nobelpreisträger Elias Canetti, der sich zeit seines Lebens als österreichischer Schriftsteller bezeichnete, wurde im heutigen bulgarischen Ruse, zur Zeit der Türken Rustschuk genannt, am Laufe der Donau geboren. Roda-Roda schrieb über Bulgarien, und wer die Schatzkammer in der Wiener Hofburg besucht, wird viele Fundstücke aus Siebenbürgen, aber auch Skanderbegs Helm und Schwert als ein Element albanischer Geschichte ausgestellt sehen, die albanische Besucher durch Niederknien ehren.

Veränderungen unterschiedlicher Art betreffen den Süden der Balkanhalbinsel: Griechenland, das als EU-Mitglied keine gemeinsame Grenze mit einem anderen EU-Land besitzt, gewinnt durch die Veränderung endlich die Perspektive, irgendwann einmal territorial mit anderen EU-Ländern verbunden zu sein. Dieser Umstand ist von wesentlicher Bedeutung für Griechenland, denn diese räumliche Trennung hat den griechischen Integrationsprozeß stark behindert und dazu geführt, daß auch die griechische Wirtschaft sich nicht in jenem Ausmaß positiv entwickeln konnte, wie es wünschenswert gewesen wäre. Die Türkei hingegen wurde in eine Zone der Ungewißheit gebracht. Früher war die Türkei angesichts der sowjetischen Herausforderung ein wohlgelittener Partner, NATO-Mitglied, ein fester Bestandteil des Bündnisses und wurde im weitesten Sinn auch als Demokratie und westliches Bollwerk verstanden und akzeptiert. Da nun die Sowjetunion als Bedrohung nicht mehr besteht, hat sich das europäische Bewußtsein gegenüber dem Kurdenproblem verstärkt wie auch gegenüber der vom Militär garantierten laizistischen Verfassung und den Kräften, die in Europa allzu schnell mit dem Etikett „Fundamentalisten" versehen werden. Die Eigendefinition der Europäischen Union als „christliche Gemeinschaft" durch einige wahrscheinlich nicht sehr gut informierte, hoffentlich wirklich christliche, und nicht immer mit langfristigen Perspektiven ausgestatteten Politiker haben das ihre noch dazu getan. Rahmi

Koç, Haupt einer großen türkischen Unternehmerfamilie und eine Zeitlang auch Präsident der Internationalen Handelskammer, hat einmal ironisch davon gesprochen, daß die Türkei auf einen Beitritt zur Europäischen Union noch lange warten müsse, da sie nicht kommunistisch war. Bei aller Notwendigkeit, die Akzeptanz von Demokratie und Menschenrechten in der Türkei einzufordern, wird die EU um die grundsätzliche Frage der Mitgliedschaft dieses Landes nicht herumkommen.

Die Position Moskaus in Südosteuropa ist von den politischen Veränderungen ebenfalls betroffen. Rußland ist der große Bruder und – wie auch Griechenland – Beschützer der Orthodoxen in Südosteuropa. Die russischen Intellektuellen und Popen – wie auch viele bulgarische und serbische – sprechen als Zeichen ihrer Orientierung wie ihre Eltern heute noch französisch, was auch als Symbol der Affinität zu den Gegnern des alten Österreichs aufzufassen war. Im 19. Jahrhundert hat Rußland traditionell den Balkan als seine Einflußzone betrachtet und befand sich lange Zeit mit der Habsburgermonarchie in Rivalität. Diese Entwicklung ist nicht zuletzt darauf zurückzuführen, daß beide Monarchien ihre Aufgabe darin sahen, das Osmanische Reich zurückzudrängen. Die Habsburger waren durch den Ansturm der Türken und die zweimalige Belagerung von Wien zu dieser Politik gezwungen und versuchten immer wieder – nicht zuletzt zur Sicherung ihres Familienbesitzes – diesen Kampf zu einer Aufgabe des Heiligen Römischen Reiches zu machen. Die Romanows wiederum haben die religiöse Komponente in erheblichem Ausmaß in Anspruch genommen, um nach dem Fall von Konstantinopel Moskau zum „Dritten Rom“ zu erklären, um in der Nachfolge zum mittlerweile bedeutungslos gewordenen Patriarchen von Konstantinopel dem Patriarchen von Moskau eine führende Rolle innerhalb der orthodoxen Christenheit zuzusprechen, der auch mehr Machtmittel besaß und die Ziele des Zaren zusätzlich legitimierte. Diese Rivalität war nicht nur am Balkan, sondern auch in den Bemühungen um die Gedenkstätten im Heiligen Land spürbar. Sogar Militärinterventionen wurden rivalisierend durchgeführt, wobei die Religion zum Teil als politischer Vorwand verwendet wurde, um Einflußzonen zu schaffen oder zu erweitern. Daran hat auch der Kommunismus und die neu geschaffene Sowjetunion am Beginn dieses Jahrhunderts nicht viel verändert. Der bulgarische Monarch nannte sich Zar, und das kommunistische Bulgarien wurde ironischerweise als 16. Sowjetrepublik bezeichnet, um die besondere Nähe zu Moskau zu demonstrieren. Nach dem Zerfall der Sowjetunion und der Schaffung der Gemeinschaft unabhängiger Staaten (GUS), die letztlich heute keinen Machtfaktor darstellt, ist es zu einem offensichtlichen Vakuum gekommen. Zwar legt das neue Rußland Wert darauf, in den Angelegenheiten Südosteuropas nicht nur konsultiert zu werden, sondern auch präsent zu sein, aber es ist weder ein diesbezügliches Konzept vorhanden noch ein besonderes finanzielles Investment erkennbar. Lediglich die auch Rußland in einem beachtlichen Ausmaß steuernden Öl- und Gasfirmen haben ein gewisses System der Verbundenheit, ja der Abhängigkeit etabliert, sodaß Zyniker behaupten, Gazprom sei an die Stelle der Roten Armee getreten.

In der Politik muß mit moralischen Kategorien immer vorsichtig umgegangen werden. Trotzdem glaube ich, daß im Hinblick auf den Transformationsprozeß sowie auf die Anstrengung, der Akzeptanz von Menschenrechten und Demokratie ein größeres Feld zu eröffnen, die Verwendung moralischer Kategorien berechtigt ist. Ich persönlich bin überzeugt, daß Rumänien und Bulgarien erst seit dem Jahr 1996 den Weg in Richtung Demokratie begonnen haben, denn die vorherigen Regierungen waren so stark von einer postkommunistischen Komponente getragen, daß man im Hinblick auf die Personenidentität der Regierenden die Silbe „post" ruhig hat streichen können. Wenn es eine globale Verantwortung für die Einhaltung und Respektierung von Menschenrechten und Demokratie gibt, kann diese Verantwortung nicht dort enden, wo sie unangenehm und fordernd wird. Wenn der Westen jahrzehntelang via „Radio Free Europe" und „Radio Liberty" Menschen dazu ermutigt, ihren Beitrag zur Entwicklung der Demokratie zu leisten, muß auch die Bereitschaft des Westens vorhanden sein, sich für die Entwicklung dieser Demokratie zu interessieren und aus dem Gesichtspunkt der Solidarität daran teilzunehmen. Das demokratische Europa hat daher sehr wohl eine Verantwortung gegenüber dem Südosten des Kontinents. Es kann sich aus Gründen des vitalen Interesses, der Sorge um die eigene Zukunft, der Verantwortung für die Stabilität Europas und schließlich wegen der Unteilbarkeit von Menschenrechten und Demokratie gar nicht anders verhalten als eben auch diese Region als einen selbstverständlichen Teil Europas anzusehen. Natürlich muß dabei berücksichtigt werden, daß die südosteuropäischen Staaten im Demokratisierungsprozeß dem Westen um ein Jahrhundert nachhinken und sie zusätzlich die Umwandlungen von kommunistischen und monarchistischen Systemen vorzunehmen haben. Sie können sich dabei nicht einmal an Westeuropa und seiner jetzigen Entwicklung orientieren, was die politische Umwandlung zusätzlich erschwert. Aber das Ziel wird gesehen, auch wenn ein anderer Weg beschritten wird, den wir zu akzeptieren haben. Am Ende dieses Prozesses kann jedoch nur ein Ziel stehen: Südosteuropa in die Europäische Union zu integrieren, und zwar nicht am St. Nimmerleinstag, sondern, nach einem realistischen Kalender, in möglichst kurzer Zeit. Die Argumente, die oft gegen eine Integration angeführt werden, sind in Wahrheit zwingende Begründungen für die Integration.

Strategische Bedeutung

Die weitverbreitete Tendenz, Südosteuropa in ein politisches Niemandsland abzuschieben, hat dazu geführt, daß man die strategische Bedeutung dieser Region unterschätzt. Wie vielfältig sind doch die Faktoren, die gerade hier wirksam werden. Zum einen ist die prägende Rolle im östlichen Mittelmeerraum hervorzuheben, die gerade in letzter Zeit deutlich zum Tragen gekommen ist. So ist zum Beispiel den Italienern die Nähe Albaniens durch unkontrollierte Flüchtlingswellen, Schmuggel und Verbrechen deutlich bewußt geworden. Die instabile Situation in der Ägäis zwischen Griechenland und der Türkei ist in rhythmischen Abständen eine die NATO direkt betreffende Angelegenheit. Für einen Donau-Anrainerstaat wie Österreich ist die Entstehung neuer Staaten wie der Slowakei, Kroatien und Slowenien, die Föderative Republik Jugoslawien, schließlich Ukraine und Moldawien und das geographische Verschwinden des früheren Donaustaates Sowjetunion strategisch ebenfalls von großer Bedeutung. Daß durch den Krieg in Jugoslawien und die genannten Veränderungen die Frachtrate auf der Donau auf ein Viertel der Werte vor 1991 gesunken ist, bringt zusätzlich noch eine überzeugendes ökonomisches und ökologisches Argument ins Spiel. Die früher dominante Rolle der Sowjetunion nicht nur auf der Donau, sondern vor allem auch im Schwarzen Meer ist durch eine vielfältigere Landschaft abgelöst worden. Moldawien kämpft mit seinen 932 Metern Donauufer darum, mit einem Hafen an der Donau Zugang zum Meer zu gewinnen. Odessa – heute in der Ukraine gelegen – kämpft um die Nutzung seiner Hafenkapazität, ja sogar um seine generelle Bedeutung: Erst jetzt wird offensichtlich, daß die Vertreibung von Juden, Griechen, Armeniern und vielen anderen Völkerschaften große wirtschaftliche, soziale und kulturelle Verarmung herbeigeführt hat. Wer heute durch die

Straßen Odessas geht, spürt, welche Vielfalt hier einmal zu Hause war. Die Wiener Architekten Fellner und Helmer erbauten in Odessa ihr östlichstes Opernhaus. Wer aus dem Westen und der Mitte des Kontinents würde heute hier bauen? Die Russen arbeiten an ihrem neuen Hafen Noworossijsk, der als Endstation für Pipelines aus dem Gebiet rund um das Kaspische Meer an Bedeutung gewinnen soll. Sogar die Austrian Airlines fliegen nicht nur alle Destinationen in Südosteuropa, sondern auch Anapa an, das in unmittelbarer Nachbarschaft von Noworossijsk liegt. Für die USA ist die Türkei wiederum von besonderer Relevanz: Hier ist die Nachbarschaft zum Mittleren Osten gegeben, die – unter dem Gesichtspunkt des israelisch-palästinensischen Konfliktes, aber auch bezogen auf die Ölquellen zwischen Kaspischem Meer und Golf – eine globale strategische Bedeutung besitzt.

Als ich die Aufgabe des Koordinators in der Southeast European Cooperative Initiative (SECI) übernahm, um eine grenzüberschreitende Zusammenarbeit in Südosteuropa zu fördern, wurde ich vom National Security Council und vom State Department über die US-Position informiert. Auf meine Frage, warum sich die Amerikaner um das Zustandekommen einer Initiative in diesem Raum so bemühen, wurde mir die Antwort zuteil, man wolle nicht nur die „Boys“ der US-Armee aus Bosnien wieder zurück haben, sondern daß die Stabilität Südosteuropas eine Vorbedingung für alle Friedensprozesse im Nahen Osten darstelle und letztlich für die Nutzung der Energiequellen von entscheidender Bedeutung sei. Daraus habe ich gelernt, daß die USA geopolitisch stärker orientiert sind als wir, die aus dem kleinen Österreich kommen. Umso bedauerlicher ist es, hinsichtlich des „regional approach“ ein gewisses Defizit der Europäischen Union festzustellen, der zwar oft im Munde geführt wird, aber de facto für Südosteuropa nicht existiert. Es ist verständlich, daß bei der Meinungsbildung der Union vor allem die Frage der Beitrittswilligkeit und des Entwicklungsstandards eine wesentliche Rolle spielt. Das „acquis communitaire" – das bisher Erreichte an Integration, wie es unübersetzbar genannt wird –, ist quasi zur Bibel des europäischen Integrationsprozesses, aber auch zur Orientierungsnadel der EU-Außenpolitik geworden. Daß nicht nur Beziehungen etwa von Brüssel nach Sofia und umgekehrt, von Brüssel nach Bukarest und umgekehrt, von Brüssel nach Tirana und umgekehrt und so weiter existieren, sondern es auch Relationen dieser Staaten untereinander gibt, die voll von Chancen und Problemen auch für das übrige Europa sind, darf hiebei nicht verkannt werden. Mit jedem Land mehr, das aus dieser geopolitischen Richtung der Europäischen Union beitritt, wird die europäische Verantwortung in dieser Region größer.

Es ist verständlich, daß sich Ungarn, Slowenien und Kroatien wehren, als ein Bestandteil des – einmal sei es noch gesagt – Balkans angesehen zu werden. Es steht außer Frage, daß bestimmte Eigenschaften dieser Bezeichnung auf diese Staaten ganz und gar nicht zutreffen. Wohl aber ist ihre Nachbarschaft von großer Bedeutung. Eine gedeihliche Entwicklung ist beim besten Willen nicht möglich, wenn nicht auch über der jeweiligen Grenze eine positive Entwicklung zu verzeichnen ist. Jeder europäische Staat lebt mit Nachbarn, die er als problematisch ansehen mag oder am liebsten gar nicht hätte, trotzdem kooperiert er mit ihnen. So verstehe ich Ungarn, Slowenien und Kroatien eher als Verbindungsglieder zur Europäischen Union als einen Bestandteil dieser Region. Gleiches gilt auch für Österreich und Italien, wobei sich Italien streckenweise dessen mehr bewußt ist als Österreich.

Innerhalb der Europäischen Union wird von Zeit zu Zeit die Frage nach der „finalité d'Europe", der definitiven Gestalt Europas und des Integrationsprozesses, gestellt. Es gibt allerlei intellektuell verbrämte Diskussionen, wie weit Europa nach

Osten reiche, welche Staaten dazugehören sollten und wen man auf keinen Fall integrieren könne. Solche Überlegungen sind jeweils unter zeitlichen Bedingungen zu sehen, sodaß man annehmen kann, daß gewisse Ausschließungen und Reserviertheiten unter anderen Umständen anders aussehen könnten. Zur Zeit wird damit gerechnet, daß die Kandidaten der ersten Reihe (Estland, Polen, Tschechische Republik, Ungarn, Slowenien und Zypern) in absehbarer Zeit EU-Mitglieder werden, wobei das exakte Beitrittsdatum – je nach Opportunität und innerpolitischer Diskussion – noch nicht festgelegt ist. In Warschau und Budapest haben Staatspräsidenten strahlend vom Jahr 2000, dann wieder vom Jahr 2002 gesprochen. Österreichische Politiker haben sich an diesem Lotto beteiligt, wobei die Terminsetzung je nach Ort der Erklärung schwankt. Will man dem heimischen Wähler gefallen, spricht man von einem langen Zeitraum, ist man auf Staatsbesuch im betroffenen Land, fällt dieser Zeitraum wesentlich kürzer aus. Auf jeden Fall sind in Richtung Südosten Ungarn und Slowenien betroffen, womit nicht nur die räumliche Distanz zu Griechenland verkürzt, sondern auch die Relevanz Südosteuropas für das europäische Gesamtgeschehen noch verdichtet wird. Mit Ungarn ist nicht nur die Nachbarschaft zu Rumänien als Beitrittskandidaten der zweiten Reihe (Lettland, Litauen, Slowakei, Rumänien, Bulgarien) gegeben, sondern auch zur Ukraine, zu Kroatien und zur Föderativen Republik Jugoslawien. Ähnliches gilt für Slowenien, das aus naheliegenden Gründen dann mehr Interesse an der Integration Kroatiens entwickeln muß, als das heute der Fall ist. Die assoziierten Länder und Kandidaten für die EU, Rumänien und Bulgarien, sind schon mitten im Herzen Südosteuropas angesiedelt, wobei allgemein erwartet wird, daß die zeitliche Distanz zum definitiven Beitritt dieser Länder noch sehr groß ist. Immerhin aber ist mit der Agenda 2000 und den PHARE-Programmen ein Schritt gesetzt, der die Vorbereitung auf die Union in realere Gefilde führt. Diese Maßnahmen ersparen zwar nicht die noch fehlenden Transformationsmaßnahmen und die notwendigen mentalen Änderungen, zeigen aber auch die Verantwortung der EU gegenüber dieser Region.

Schwieriger ist die Lage in jenen Ländern, die von Konflikten direkt oder indirekt betroffen sind. Niemand kann absehen, wie lange Bosnien-Herzegowina noch auf dem fragilen Waffenstillstand, der unter dem Begriff „Dayton-Abkommen" Geschichte gemacht hat, aufbaut und wann es zu einer Integration dieses geteilten Landes kommen wird. Die Zeichen dafür sehen trotz aller internationalen Bemühungen und einem ungeheuren Investment nicht übertrieben günstig aus. Kroatien und die Föderative Republik Jugoslawien sind durch die Bosnien-Frage auf unterschiedliche Weise quasi als Geiseln in Haft, wobei bei Kroatien die innenpolitische Situation, bei Jugoslawien das Kosovo-Problem und die „opting out"-Situation gegenüber dem Rest der Welt wesentlich ins Gewicht fällt. Zeitliche Perspektiven für eine Reintegration Jugoslawiens in einen Normalzustand und damit reif für einen Eintritt in die EU zu nennen, ist Illusion, während die kroatische demokratische Entwicklung Anlaß zur Hoffnung gibt wie auch die der Slowakei.

Ein anderer Konfliktherd liegt in Albanien, und zwar aus Gründen der inneren Instabilität, während Mazedonien unter ständigem Hinweis auf seine albanische Minderheit und den Kosovo-Konflikt in seiner internationalen Akzeptanz eindeutig zu leiden hat.

Die Geburt des neuen Staates Mazedonien stand unter einem noch schlechteren Stern als alle anderen selbständig gewordenen Teilrepubliken Tito-Jugoslawiens – mit Ausnahme von Bosnien-Herzegowina. Griechenland weigerte sich, den neuen Staatsnamen anzuerkennen, da Athen mit dem Hinweis auf eine gleichnamige Provinz in Nordgriechenland und die

Geschichte von Philipp von Makedonien und Alexander des Großen die Bezeichnung „Mazedonien" als Herausforderung betrachtete. International wird Mazedonien – nach Festlegung durch die UN – „The Former Yugoslav Republic of Macedonia" genannt, wobei sich die Abkürzung FYROM als Wechselbalg diplomatischer Konvention herausgestellt hat. Es ist verständlich, daß man diese Namensgebung in Skopje nicht akzeptiert. Inzwischen ist Griechenland mit seinem Hafen Thessaloniki zum wichtigsten Handelspartner dieses kleinen Landes (zwei Millionen Einwohner) geworden. Wer im übrigen im New Yorker Telefonbuch die Adresse der UN-Mission von FYROM sucht, muß unter „T" (The former ...) nachschlagen – Unsinnigkeiten halten sich in der Politik zwar lange, aber nicht ewig.

Faktum bleibt, daß für eine erfolgreiche Entwicklung Südosteuropas (unter Einschluß der Türkei, Moldawiens und der Ukraine) keine erkennbare europäische Strategie vorliegt; unter anderem, weil es letztlich auch keine politische Instanz innerhalb der Europäischen Union gibt, die für die Entwicklung einer solchen Strategie zuständig wäre. Unter den Abgeordneten des Europaparlaments gibt es viele, die durchaus praktikable und perspektivische Vorstellungen haben; der Europäischen Kommission jedoch fehlt das Mandat, und der permanent wechselnde Ratsvorsitz ist auch nicht dazu angetan, längerfristige Perspektiven zu entwickeln. Auch darin dokumentiert sich die politische Schwäche der Europäischen Union, die gerade jetzt in Südosteuropa deutlich sichtbar geworden ist. Vier Jahre lang am Bosnien-Krieg herumzudoktern um dann doch wieder auf USA und NATO angewiesen zu sein, ist genauso symbolisch wie die Tatsache, daß es der US-Gesandte Richard Holbrooke war, der wenigstens wieder Bewegung in den Kosovo-Konflikt gebracht hat. An Südosteuropa zeigt sich die politische Schwäche der Europäischen Union sehr deutlich.

Letztendlich ist sie dadurch gekennzeichnet, daß der alte Nationalstaat europäischer Prägung in der Außenpolitik und in der Sicherheitsfrage noch nicht bereit ist, seine inzwischen fraglich gewordene Kompetenz aufzugeben.

Europa und sein Südosten

Zunächst einmal muß sich die EU der Herausforderung stellen, eine eigene Strategie zu erarbeiten. Danach muß geklärt werden, welche der südosteuropäischen Staaten zu welchem Zeitpunkt Mitglied der Europäischen Union werden sollen. Ich vertrete die Meinung, daß über kurz oder lang alle Staaten der EU angehören sollten. Innerhalb der Europäischen Union muß eine einheitliche Akzeptanz hergestellt werden, und den potentiellen EU-Kandidaten muß genügend Zeit für die Transformation und das Heranführen an die europäische Gemeinsamkeit gegeben werden. Diese Regeln gelten auch für die Türkei und die Föderative Republik Jugoslawien. Wird es die politische Tradition und die Sonderrolle Jugoslawiens sein, die viel Zeit und Anstrengung braucht, um diesen Weg zu öffnen, muß man bei der Türkei berücksichtigen, daß nicht nur eine Stabilisierung der Demokratie notwendig ist, sondern auch ein Klärungsprozeß stattfinden muß, welche geistigen Determinanten das türkische politische Leben in Hinkunft bestimmen werden. Daß die freie Mobilität der Arbeitskräfte innerhalb der EU eines der großen Hindernisse für einen Beitritt der Türkei ist, ist nicht zu leugnen und empfiehlt die Entwicklung eines Übergangsmodells im längerfristigen Rahmen. Noch wichtiger aber wird es sein, daß Demokratie, Menschenrechte und „civil society“ gestärkt werden.

Die EU würgt nicht zuletzt deswegen an der Türkei, da sich nicht nur die Rolle des alten westlichen Partners am Bosporus geändert hat – und im übrigen das älteste EU-Beitrittsansuchen (seit 1967) vorliegen hat, sondern auch die Rolle des Landes gegenüber den ethnisch verwandten neuen Republiken Zentralasiens, die aus der Sowjetunion hervorgegangen sind (Aserbaidschan, Kasachstan, Turkmenistan, Usbekistan, Kirgisistan), nicht zu unterschätzen ist.

Anders wieder Jugoslawien: Ohne Belgrad geht auf Dauer vieles nicht, wie etwa im Verkehrsbereich (Straße, Schiene, Donau). Aber der permanente Beunruhigungsfaktor, der von Belgrad ausgeht, kann Europa nicht recht sein. Das auf- und abgeklärte Europa tut sich mit den Mythologien der serbischen Geschichte (Schlacht am Amselfeld – Kosovo polje, „Wo ein Serbe begraben liegt, ist Serbien", etc.) sehr schwer. Eine wirkliche Demokratiebewegung als Alternative zur Machterhaltungsmaschine Milosevic ist nicht in Sicht. Die Entwicklung der jugoslawischen Gesellschaft ist mit ebenso vielen Fragezeichen belastet wie es unterschiedliche Positionen innerhalb und außerhalb der EU zu Belgrad gibt. Wenn eine europäische Strategie fehlt, dann zuallererst in dieser Frage. Solange es keine effektive Strategie gibt, wird das integrierte Europa den Preis der Lächerlichkeit an jeden Machthaber in Belgrad zahlen müssen. Wenn die EU ihre Lektion jedoch lernt, wird sie bald zu einer gemeinsamen Außenpolitik und zu einer gemeinsamen europäischen Armee kommen.

In diesem Zusammenhang muß bemerkt werden – auch dadurch wird die strategische Rolle Südosteuropas deutlich –, daß Europa seine Positionierung im Mittel- und Schwarzen Meer überdenken muß. Gerade die süd- und südwesteuropäischen Mitglieder der EU haben immer darauf aufmerksam gemacht und letztlich auch als Zeichen politischer Verantwortung gegenüber den Maghreb-Staaten die „Barcelona-Deklaration" erreicht, während eine ähnliche Erklärung für den Donauraum, Südosteuropa, das östliche Mittelmeer und das

Schwarze Meer noch aussteht. Der politische Umgang des Westens mit den kaukasischen Staaten Armenien, Georgien und Aserbaidschan ist genauso ungeklärt wie die Frage, inwieweit die Ukraine und Moldawien Beitrittskandidaten sein können, wobei eine erfolgreiche innere Entwicklung wesentliche Voraussetzung sein muß. Europa ist ohne den südlichen Küstenländern des Mittelmeers ein Torso – ein einziger Blick in Geschichte, Geistesleben und Kultur beweist diese These, die zwar nicht unbedingt für den EU-Beitritt dieser Staaten spricht, aber sehr wohl für eine geregelte Beziehung zu ihnen.

Gemeinsames Europa oder neue Trennlinien

Daß wir immer noch nicht den rechten Umgang mit dem „neuen" Europa gefunden haben, ist inzwischen zu einer Binsenweisheit geworden. Wie einfach war doch die Welt, als sie nur aus „Ost" und „West" bestand. Die Zuordnungen fielen leichter, und Ronald Reagan wußte genau, wo die „good guys" und die „bad guys" zu Hause waren. Der Welt nach dem Zweiten Weltkrieg war nicht wirklich bewußt, daß „Europa" eigentlich nicht existierte, berücksichtigt man die Tatsache, daß die beiden Hälften Europas jeweils mit einer Supermacht freiwillig oder weniger freiwillig verbunden waren. Nun aber ist die Möglichkeit einer eigenständigen europäischen Souveränität zurückgekehrt. Im Prozeß der Europäischen Integration gibt es einen entsprechenden Ansatz mit bereits erreichten Erfolgen, aber gegenwärtig scheint uns der Mut, den Weg weiterzugehen, im Stich zu lassen. Einige politische Parteien erzielen Erfolge damit, daß sie eine Verzögerung des Integrationsprozesses verlangen, wie dies neuerdings in Deutschland geschehen ist. Andere Politiker glauben, ihr Heil darin zu finden, daß sie das Gegenteil von Solidarität vertreten. Die gegenwärtige spanische Regierung kann sich zum Beispiel eine Reduzierung der Zuschüsse aus der Europäischen Union für ihr Land nicht vorstellen, obwohl sich gerade Spaniens Wirtschaft durch die Hilfe der Europäischen Union ausgezeichnet entwickelt hat und eine Erfolgsstory darstellt. Offensichtlich will man auf Dauer nur Empfänger finanzieller Zuwendungen bleiben, ohne bereit zu sein, im Gegenzug aus Dankbarkeit für die erlebte Solidarität auch selbst Solidarität zu zeigen.

Was aber tatsächlich fehlt, ist die konkrete Vorstellung eines zukünftigen Europas und welche Rolle es im Zeitalter der Globalisierung spielen soll.

Erinnern wir uns zurück, welche Prognosen nach 1989 aufgestellt wurden: Francis Fukuyama sprach vom Ende der Geschichte („end of history“) und gab damit der Hoffnung Ausdruck, daß künftig nur mehr ein einziges, globales gesellschaftspolitisches Modell existieren würde, sodaß Kämpfe und Rivalitäten, die unsere Geschichte so lange bestimmt haben, nun der Vergangenheit angehören. Samuel Huntington hat uns in einem Artikel in „Foreign Affairs“ und später in einem Buch („Kampf der Kulturen“) auf die möglichen „Clash of Civilizations“ aufmerksam gemacht. Huntington ist der Meinung, daß es den ersehnten „ewigen Frieden“ nicht geben kann, weil die Welt in religiöse und kulturelle Konflikte eingebunden ist, die zum Beispiel in Europa in der katholisch-protestantischen, der orthodoxen und der islamischen Welt sichtbar und geschichtswirksam werden. Alle diese Vorstellungen und Vorhersagen sind zweifellos überzogen, was oft der Anschaulichkeit, nicht aber der Beherrschbarkeit der Probleme dient. Offensichtlich helfen sie aber, neue Paradigmen zu finden und neue Definitionen für eine Ordnung nach dem Kalten Krieg anzubieten – damit sich jeder besser auskennt.

Michael Emerson, langjähriger Diplomat und Politikwissenschafter, wählte für die momentane europäische Situation in seinem 1998 erschienenen Buch „Redrawing the map of Europe" eine Bezeichnung, die er von O. Tunander entlehnte: „Kosmos und Chaos". Emerson analysiert, daß es den westlichen Demokratien und der Marktwirtschaft nicht gelungen ist, Europas nordöstliche, südöstliche oder südliche Peripherie über die Grenzen des sich erweiternden Europas hinaus zu beeinflussen. Emerson spricht davon, daß es einen Bogen der Instabilität gibt, der etwa 500 Millionen Menschen umfaßt und Russland, die Ukraine, Türkei, die Süd- und Ostmittelmeerstaaten sowie jene Länder Südosteuropas umfaßt, die keine Aufnahmekandidaten für die Europäische Union sind. Die Gründe dafür liegen in Separationsbestrebungen, im Nationalismus und in religiös motivierten Spannungen, die auch in den EU-Ländern spürbar sind, aber anders bewertet werden als in Südosteuropa. Besonders weist Emerson auf die Rolle des Islams und seinen politischen Formationen hin, die an großen Konflikten beteiligt sind und nicht nur in Südosteuropa, sondern auch in Nordafrika, der Türkei und in den islamischen Teilen der früheren Sowjetunion eine große Rolle spielen. Emerson verkennt nicht, daß es natürlich auch in diesen Ländern junge Reformer gibt, die den westlichen Modellen in Politik und Wirtschaft folgen wollen, wobei auch ihre Rückschläge sichtbar werden, wie etwa jüngst in Russland. Bei dieser Gelegenheit muß festgehalten werden, daß nur in Weißrussland und in Serbien eine explizite Art von Diktatur oder totalitärem System verankert ist, sodaß die Differenziertheit der Situation immer im Auge behalten werden muß. Diese Unterschiedlichkeit findet ihren Ausdruck auch in einer, wie ich es nennen möchte, „neuen Unübersichtlichkeit", die letztlich dazu führt, daß man beachtliche EU-Kenntnisse haben muß, um die jeweiligen Zugehörigkeiten europäischer Staaten zu Organisationen und Institutionen, Initiativen und Konferenzen wirklich zu kennen. Denn gerade hier liegt das Spannungsfeld zwischen Kosmos und Chaos.

Neben den fünfzehn Staaten der Europäischen Union gibt es immer noch die Überbleibsel verschiedener Stufen des Europäischen Integrationsprozesses wie EFTA (European Free Trade Association) und EWR (Europäischer Wirtschaftsraum), in denen – in den unterschiedlichsten Formen – etwa Norwegen, Schweiz, Liechtenstein und Island eingebunden sind. Diese für Völkerrechtler sicher faszinierenden Studienobjekte sind aber sinngemäß so zu bewerten, daß letztendlich nur die Europäische Union der bestimmende Faktor ist und es sich nur um eine Frage der Zeit handelt, wann diese Staaten EU-Mitglieder werden oder ob sie weiterhin in irgendwelchen Sonderformen verharren, die jedoch keine besondere Selbständigkeit und Eigengesetzlichkeit aufweisen werden. Weiters gibt es noch den Europarat, der auf kultureller Ebene Beachtliches geleistet hat, hinsichtlich der Überprüfung der demokratischen Qualität seiner Mitgliedsstaaten in der letzten Zeit jedoch etwas zurückhaltender geworden ist. Erhalten blieb auch die „Economic Commission for Europe" der Vereinten Nationen (UN/ECE), in der auch die zentralasiatischen Staaten der früheren Sowjetunion nach wie vor aktive Mitglieder sind und gar nicht daran denken, sich als Nicht-Europäer etikettieren zu lassen. Gleiches gilt für die Organisation für Sicherheit und Zusammenarbeit in Europa (OSZE), die außerdem noch die USA und Kanada als Mitglieder zählt, von beobachtenden Staaten wie Japan gar nicht zu reden. Um die Dinge noch komplizierter zu machen, gibt es natürlich auch die NATO, in der zum Glück sowohl Griechenland als auch die Türkei Mitglieder sind, was uns sicherlich einen Konflikt in der Ägäis und damit in Südosteuropa bisher erspart hat.

Bereichert wird diese Vielfältigkeit noch von regionalen Initiativen wie dem Baltic Council, der Zentraleuropäischen Initiative, der Black Sea Economic Cooperation sowie dem Royaumont-Prozeß und der Southeast European Cooperative

Initiative (SECI), die sich um „peace and stability" bemühen wie auch um die wirtschaftlich-technische Zusammenarbeit in Südosteuropa. Ein Beispiel der Unterschiedlichkeit der Organisationen: Die Föderative Republik Jugoslawien ist Mitglied im Royaumont-Prozeß, arbeitet bei SECI allerdings nicht mit. Die USA sind an den Aktivitäten von SECI mehr interessiert als an dem im wesentlichen von der EU getragenen Royaumont-Prozeß, was aber die koordinierte Vorgangsweise beider Initiativen bisher nicht behindert hat. Daß so eine Reihe von Trennlinien sichtbar werden, durch die die Vielfalt zum Chaos auszuarten droht, steht außer Frage. Es braucht nicht hinzugefügt werden, daß Einrichtungen wie die G7, die G8 (mit Russland) und die G27, die unterschiedlichen Rollen der Weltbank und der Europäischen Bank für Wiederaufbau und Entwicklung (EBRD) sowie die immer noch in Bereichen der Ökonomie, der Wissenschaft und Bildung arbeitende OECD (Organisation für wirtschaftliche Zusammenarbeit und Entwicklung) – alle mit unterschiedlichen Mitgliederstaaten – das Problem der Unübersichtlichkeit noch vergrößern. Wem dies noch nicht genügt, kann auch noch das Baltic Council, die Adria-Initiative, die Trigonale (Ungarn, Slowenien, Italien), die Balkan-Initiative sowie jede Menge von Assoziierungs- und Freihandelsverträgen hinzufügen.

Grundsätzlich möchte ich jedoch für diese Vielfalt eine Lanze brechen. Die Situation der Staaten in Transformation stellt sich äußerst unterschiedlich dar. Viele Fragestellungen sind außerdem so neu, daß zu ihrer Klärung erst temporäre Instrumente entwickelt werden müssen. Fraglich wird diese Entwicklung dann, wenn die zeitlich gebundenen Instrumente dazu tendieren, sich zur immerwährenden Einrichtung zu entwickeln, viel Geld des Steuerzahlers kosten und letztlich nur wenige Ergebnisse erzielen. Die Hilfsmaßnahmen nach dem Dayton-Abkommen in Bosnien-Herzegowina wären eine Fallstudie wert, um zu zeigen, wie viel Geld für sehr beschränkte Resultate verwendet wurde, sich die unterschiedlichsten europäischen und internationalen Organisationen quasi auf die Zehen gestiegen sind und nicht in der Lage waren, ein Konzept für die Wiederherstellung Bosnien-Herzegowinas nicht nur im ökonomischen, sondern auch im politischen, sozialen und kulturellen Bereich zu entwickeln. Wenn diese geplante Umsetzung schon in einem relativ kleinen Gebiet angesichts von 4,5 Millionen Einwohnern und bei bekannten Problemen nicht möglich ist, wie sollen dann in einem viel größeren Raum, der sich ständig in Bewegung befindet, all diese Bemühungen koordiniert greifen? – Damit ist genau jenes Chaos gegeben, von dem Michael Emerson spricht.

Die Lage wird zweifellos durch die Tatsache verschärft, daß die Welt der entwickelten Staaten nicht stehenbleibt und auch in anderen Teilen unseres Globus Probleme auftauchen, die dann etwa den Internationalen Währungsfonds und die World Trade Organisation als Spieler, aber auch als Problemzonen für Europa entstehen lassen.

Es ist nicht nur der Mangel eines Konzeptes im Umgang mit Südosteuropa und der europäischen Vielfalt, sondern das Defizit an Vorstellungen, die z.B. in Russland über die eigene Rolle bestehen. Der Traum, eine Supermacht zu sein, besteht zweifellos in vielen russischen Hirnen und Herzen. Von einer großen Rolle kann man nicht leicht Abschied nehmen. Auch das kleine Österreich hat gezeigt, wie schnell historische Erinnerungen wach werden können, als es für ein halbes Jahr den Vorsitz der Europäischen Union inne hatte. Wien wurde quasi auf Kommando der Stadtverwaltung zur „Hauptstadt Europas", und die Spitze der Regierung versicherte den Bürgern, daß wir Österreicher in der Weltpolitik nun wieder mitzureden hätten und das Schicksal Europas mitbestimmten. Der Satz „... wenigstens kulturell sind wir eine Großmacht!", der in

Österreich sehr schnell zitiert wird, hat mich immer schon nachdenklich gestimmt. Um so tiefer muß die Sehnsucht in Russland verankert sein, das als Zarenreich und später als Sowjetunion für lange Zeit die Großmachtrolle gelebt hat und letztlich dabei nie unterbrochen war, wie etwa die Kontinuität der politischen Ziele aus der Zarenzeit und der Sowjetunion deutlich zeigen: Beherrschung des Schwarzen Meeres und des östlichen Mittelmeeres, Einfluß über den Kaukasus hinweg, Beherrschung Zentralasiens (Afghanistan), Kontrolle Chinas und Seemacht im Pazifik.

Die Unübersichtlichkeit der verschiedenen Organisationen wird noch größer, wenn man an Eigenbewegungen wie etwa die der Višegrád-Staaten denkt. Diese Staaten wurden ursprünglich von ihren Staatspräsidenten zusammengeführt und spielten eine über ihre traditionelle Politik hinausgehende bedeutende Rolle im Transformationsprozeß (Tschechoslowakei – Václav Havel, Polen – Lech Walesa, Ungarn – Árpád Göncz). Durch die Gründung dieses Verbundes unterschieden sich die Tschechoslowakei, Ungarn und Polen wesentlich von anderen Transformationsländern und EU-Beitrittskandidaten. Differenzierung ist aber auch innerhalb der Europäischen Union vonnöten, bedenkt man, daß nur elf der fünfzehn Mitglieder mit der Einführung einer gemeinsamen Währung, dem Euro, begonnen haben, und auch die Zahl der Schengen-Länder kleiner ist als die der EU-Mitglieder. Das von Jacques Delors gewählte Bild der konzentrischen Kreise, das den Druck von der Erweiterung der Europäischen Union eher nehmen sollte, ist auf eine ganz andere Weise Wirklichkeit geworden, da die verschiedenen Staaten in unterschiedlicher Weise zu einem entstehenden Europa in Relation stehen. Mitunter erlahmen infolge der Mühen Interesse und Energie, dieses integrierte Europa zu erreichen. Dann droht allerdings auch, daß aus dem Kosmos der europäischen Integration in Form der Europäischen Union ein gewisser chaotischer politischer Zustand wird, vor allem dann, wenn Politiker die Liebe zum Spiel entdecken, wie das etwa in der Frage, wer größeren Einfluß auf das neue Europa hat, deutlich wird. Die Spiele zwischen Bonn, Paris und London haben das deutlich gezeigt. Leider gibt es immer wieder Betroffene solcher Spiele, was etwa zeitweise durch die mageren Resultate der Bosnien-Kontaktgruppe sichtbar wurde. Wenn Steine aus verschiedenen Richtungen ins Wasser geworfen werden, entstehen konzentrische Kreise, die einander schneiden. Eine Ordnung – Kosmos – entsteht so nicht. Dabei wären die Ziele des gemeinsamen Europas leicht zu definieren: denn wer will nicht Frieden, Demokratie und Wohlstand?

Ist nun wirklich das Chaos angesagt? Man kann dem Chaos durchaus einen dynamischen Aspekt abgewinnen. Entsteht das Chaos zunächst aus politischen und wirtschaftlichen Schwächen, kreiert es gleichzeitig neue Kräfte zur Überwindung dieser Schwächen. Der Mensch hat grundsätzlich keine Bereitschaft, sich mit dem Chaos abzufinden, eher weckt es in ihm die Sehnsucht nach der Gewinnung von Ordnung und der Herstellung eines entsprechenden Gleichgewichtes. Auf Europa übertragen besteht die entscheidende Aufgabe nun darin, eben diese Ordnung zu erkennen und die Wege zu ihr zu bereiten. Südosteuropa ist ein politischer Ort, in dem Kosmos und Chaos nebeneinander wohnen.

Welche sind nun die möglichen Aspekte der Ordnungen, die heute schon zu erkennen sind? Sie ergeben sich aus den Umständen, daß in Südosteuropa schon ein EU-Mitglied, nämlich Griechenland, beheimatet ist, an den Rändern zwei EU-Mitglieder (Italien und Österreich) ein vitales Interesse an einer Erweiterung des integrierten Europas haben müssen, mit Ungarn und Slowenien zwei potentielle EU-Aufnahmekandidaten der nächsten Runde bereitstehen, die wiederum in der Folge ihr Interesse erkennen werden, Südosteuropa in die EU zu integrieren. Rumänien und Bulgarien sind zwei weitere potentielle Aufnahmekandidaten, die sich jetzt schon in ihrer politischen Ordnung, in ihrer Wirtschaft und Gesetzgebung auf die EU hin orientieren müssen. In unterschiedlicher Weise und mit einem unterschiedlichen Zeitrahmen werden wahrscheinlich Kroatien und die Föderative Republik Jugoslawien erkennen, daß sie auf Dauer nicht von der Bosnien-Frage als Geisel genommen werden wollen, ja wahrscheinlich wird eine Integration in Bosnien-Herzegowina eher möglich sein, wenn sich die Einflüsse von außen reduzieren. Dann allerdings wird es auch leichter sein, Mazedonien (FYROM) einen entsprechenden Platz einzuräumen, der in Richtung Europa weist. Dies gilt ebenso für Albanien, wenn innere Ordnung und Stabilität im Land der Skipetaren wieder zu finden sind. Zur Ordnung gehört auch die NATO-Mitgliedschaft Griechenlands und der Türkei, wodurch bisher nicht nur Konflikte gefährlicher Art – noch – vermieden wurden, sondern auch eine Bindung in Form einer funktionierenden Zweckgemeinschaft existiert, die zumindest die Grundlage für ein weiteres Zusammenwachsen der Region bedeutet. Der EU-Aufnahmeprozeß des jetzt geteilten Zyperns kann dafür eine katalytische Wirkung haben.

Es gilt also, die Dynamik des Chaos zu nützen, um dem Kosmos und damit der Ordnung näher zu kommen. Dieses Vorhaben gelingt nur, wenn die europäische Perspektive Südosteuropa miteinbezieht. Aus dieser Überlegung glaube ich auch, daß die drängenderen Zukunftsfragen in Südosteuropa und nicht so sehr in und um Russland zu suchen sind. Russland wohnt eine andere Problematik inne: Nämlich auf welche Weise eine bleibende Partnerschaft zwischen Europäischer Union und dem großen Reich der Moskowiter zu finden ist. Die großen politischen Fragen liegen im Inneren Russlands, also in der Vielfalt der Völker und Regionen sowie in den Spannungsfeldern, die zu China und der islamischen Welt bestehen.

Amerikanische Freunde weisen mich immer wieder darauf hin, daß die USA, Europa und Russland im 21. Jahrhundert zusammenfinden werden, weil sie die gleichen Herausforderungen zu bestehen haben werden. Diese These verdeutlicht, daß Russland aus der Sicht der EU eine globale Frage ist, während Südosteuropa im regionalen Kontext gesehen wird. Das schließt allerdings nicht aus, daß Südosteuropa zum Exerzierfeld von Spannungen zwischen EU, USA und Russland werden kann, wie es vor 1914 von den damaligen Großmächten vorgeführt wurde. Dabei zu beachten wird vor allem der Zeitfaktor sein. Gegenwärtig leben wir im oft zitierten „window of opportunity", wobei sich die Zeichen mehren, daß es möglicherweise bald wieder geschlossen werden kann. Die Alternative sind schmerzliche und teure Konflikte, die man sich um der Zukunft Europas willen gar nicht leisten sollte. Neben dieser Aufforderung zur raschen Lösungsfindung muß bedacht werden, daß ein Integrationsprozeß wie der europäische nicht von heute auf morgen geschehen kann. Zu vieles gilt es dabei zu lernen, zu viele müssen lernen, um eine positive Umsetzung überhaupt zu ermöglichen. Lernbereitschaft, Lernfähigkeit und Ausdauer sind die Voraussetzungen für die Stabilität der Entwicklung.

4. Einheit und Vielfalt: Was macht Südosteuropa aus?

Eine reiche Landkarte

In diesem Buch ist bereits auf die unterschiedliche politische Verfaßtheit der südosteuropäischen Staaten hingewiesen worden. Die Vielfalt der Zugehörigkeiten zum Europarat, zur Europäischen Union und zur NATO, die Anwartschaft auf eine EU-Mitgliedschaft, die Differenzierung nach Geschichte und Religionen ist angesichts mancher kritischer Situationen und der Fülle historischer Krisen allgemein geläufig. Könnte man an diesem Punkt nicht die Konsequenz ziehen und sagen, daß Südosteuropa gar nicht integriert werden kann, daß gemeinsame Strategien gar nicht möglich sind und wir eben mit dieser Vielfalt leben müssen, die kaum je eine übergeordnete Einheit ermöglichen wird? Gegen diese Überlegung spricht die Tendenz zur weltweiten Globalisierung, die für das 21. Jahrhundert in bestimmten Bereichen des wirtschaftlichen und politischen Lebens, der Ökologie und der Sicherheit einen Rahmen bilden wird, der nicht mehr und nicht weniger die Aufgabe hat, das Bestehen der Menschheit zu sichern, da die Räume enger und die Menschen mobiler werden. Diese Zukunftsaussicht geht auch an der kontinentalen Situation Europas nicht vorbei, wodurch sich ein natürlicher Trend zur Integration ergibt, dem man sich auch in Südosteuropa nicht verschließen kann.

Hinzu kommen noch Faktoren, die in den Voraussetzungen Südosteuropas zu finden sind. Zum einen ist es die Gemeinsamkeit der Geographie, die in vielen Bereichen auch zu einer gemeinsamen Sicht der politischen Aufgaben führen muß.

Zum Beispiel ist die Verbesserung der ökologischen und klimatischen Situation des Donauraums und des Schwarzen Meers nur dann sinnvoll, wenn alle betroffenen Länder diese anstreben und gemeinsam bewältigen. Zum anderen gilt es, bei der aktiven Auseinandersetzung mit der Geschichte Gemeinsames und Trennendes herauszuarbeiten, um eine Annäherung des Verständnisses zu erreichen. Die Identitäten der unterschiedlichen Völkerschaften werden sich angesichts einer globalisierten Zivilisation auch nur dann erhalten lassen, wenn die sprachlichen Eigenheiten und die verschiedenen kulturellen Ausdrucksmöglichkeiten gefördert und verstanden werden. Daß die Wirtschaft ein wesentlicher Faktor der Integration ist, muß nicht besonders hervorgehoben werden, ebensowenig die Tatsache, daß wir angesichts der globalen Märkte auf eine Vereinheitlichung der Rahmenbedingungen zugehen. All das spricht für eine politische Integration, die in unterschiedlichen Schritten, aber mit einem gemeinsamen Ziel erreicht werden muß. Eine erfolgreiche Umsetzung verlangt Phantasie der Beteiligten und Engagement der EU-Europäer, denn wie auch ökologische Situationen nicht allein zu bewältigen sind, muß auch die wirtschaftliche und die soziale Situation als ein Gemeinsames gesehen werden. Wenn die Regierungen innerhalb der Europäischen Union mit den Problemen der Migration kämpfen, wenn die Innenminister sorgenvoll über die Frage der Kriminalität referieren und dabei oft einseitig und leichtfertig die Verantwortung in den Osten und Südosten Europas abschieben, anstatt zu erkennen oder zuzugeben, daß es sich dabei um ein globales Phänomen handelt, das eben spezifische kontinentale Ausprägungen hat, wird ein Zusammenführen der Initiativen in einem integrierten einheitlichen Konzept wohl sinnvoller sein. Die Vielfalt der Bemühungen bleibt, die Einheit des Zieles aber muß die Grundlage des Handelns sein. Auch in der wirtschaftlichen Entwicklung, die an sich aus ihrer inneren Gesetzlichkeit heraus zur Einheitlichkeit strebt, kann die Nutzung der Vielfalt, der Möglichkeiten und Talente abgeleitet werden. Neben den Voraussetzungen natürlicher Bodenschätze sind auch Fertigkeiten vorhanden, die in den Ländern Südosteuropas eine besondere Qualität aufweisen. Das Talent bulgarischer Gärtner zum Beispiel hat eine lange europäische Tradition wie auch die individuellen Eigenarten der regionalen Küchen. Die traditionelle Form der Klein- und Mittelbetriebe ist nicht nur für die Region charakteristisch, sondern kann auch durch das Entstehen eines Mittelstandes zu einem stabilisierenden politischen Element werden.

Die wirklichen Hemmschuhe einer positiven südosteuropäischen Entwicklung leiten sich aus der Geschichte, der Sprachenvielfalt und der Spannungen zwischen Kirchen und Religionen ab. Hier gilt es, die Höhe der Trennmauern zu verringern und das Gemeinsame herauszuarbeiten, wobei eine Neubewertung früherer politischer Lösungen dabei hilfreich sein kann. Bei all ihren Schwächen hat es die Habsburgermonarchie doch verstanden, das Bestehen der Völker nebeneinander mit einer gewissen Akzeptanz zu versehen, fast familienhaft und in Anerkennung der jeweiligen Spezifika. Wer sich einmal die Mühe gemacht hat, das sogenannte „Kronprinzenwerk" zu studieren, eine Aufzeichnung der Monarchie und ihrer Landschaften unter dem Vorsitz von Kronprinz Rudolf, wird diese Selbstverständlichkeit der Akzeptanz der Unterschiede in einem gemeinsamen Rahmen erkennen können. Ähnliches gilt für das Osmanische Reich, das in westlicher Perzeption immer nur entweder als ein politisches Ungeheuer mit brutalen Eroberungsinstinkt oder aber als „kranker Mann", wie es Karl Kraus in seinen „Letzten Tagen der Menschheit" beschreibt, gesehen wird. Das Osmanische Reich war anderen Religionen gegenüber wesentlich toleranter eingestellt als etwa die katholischen Könige von Spanien. Im Osmanischen Reich konnten jüdische Gemeinden genauso bestehen wie christliche Gemeinschaften. Ihre Mitglieder mußten zwar eine Kopfsteuer abführen, waren aber respektierte und anerkannte Bürger, wenngleich an der Regierung des Sultans nicht beteiligt. Von Vertreibungen, wie sie nach der Reconquista Ende des 15. Jahrhunderts in Spanien mit Juden und Moslems durchgeführt wurden, war nie die Rede. Es berührt mich immer sehr, wenn türkische Staatsbürger, die in verantwortlichen Positionen in Regierung, Wissenschaft und Medien arbeiten, mir erzählen, daß ihre Familien ursprünglich von Albanern, Bosniern oder sonst einem südosteuropäischen Volk abstammen. (Diese Form der Migration war eine erzwungene: die entführten Kinder wurden zu Janitscharen und dadurch zu staatstragenden Dienern des türkischen politischen Systems erzogen.) Dennoch ist eine gewisse übernationale Sicht der Dinge übriggeblieben, die gerade angesichts der nationalistischen Züge Südosteuropas gut tut.

Das bisher Vorgebrachte soll nicht für eine Nostalgie oder gar für eine Belebung jener Ideen sprechen, die diese Reiche von damals getragen haben. Die Umstände verlangen aber ein Studium aller Möglichkeiten, das Zusammenleben zu sichern, das durch den wiederaufgeflammten Nationalismus alter Prägung gegenwärtig so schwer gemacht wird. Einmal mehr möchte ich darauf hinweisen, daß es sich nicht um einen Neo-Nationalismus handelt, sondern um jene alten Spannungen, die durch die Ost-West-Teilung Europas quasi im Gefrierfach des kommunistischen Systems gelagert waren und nun wieder aufgetaut wurden und die Landschaft mit üblen Gerüchen verpesten. Es ist ganz seltsam, welche verschiedenen Großreiche verschiedenster Art zur Zeit angeboten werden: Groß-Serbien, Groß-Kroatien, Groß-Albanien, Groß-Bulgarien, ja von sogar von Groß-Griechenland ist die Rede. Als ein griechischer Beamter bei einer Tagung in Thessaloniki die Teilnehmer aus

Südosteuropa mit den Worten begrüßte, daß er sie in Thessaloniki, der Hauptstadt des Balkans, willkommen heiße, hatte ich größte Mühe, die Gemüter zu besänftigen und klarzustellen, daß es nicht die eine Hauptstadt, sondern mehrere Hauptstädte am Balkan gäbe. Was damit gesagt sein soll, ist nicht, die Geschichte zu leugnen oder gar wegschieben zu wollen, sondern aktiv auf sie zuzugehen und zu sehen, wie aus der Vielfalt des Verständnisses die Einheit einer Auffassung gewonnen werden kann.

Der, die, das Andere

Was läßt uns die Frage nach einer breit gefächerten europäischen Zukunft Europas stellen? Es wäre einfältig, die Beantwortung zu verweigern, genauso wie zu meinen, daß etwas anderes als die Vielfalt das konstituierende Element Europas ist, und daß nicht die Frage der kulturellen Zukunft die Existenz Europas entscheidet.

Diesbezüglich gibt es eine Dichothomie, ja sogar eine Schizophrenie des Denkens. Einerseits sind wir auf die kulturelle Vielfalt stolz, andererseits erleben wir eine gleichzeitige Verweigerung der Akzeptanz des „anderen", des Fremden. Dabei ist die kulturelle Landschaft so reich: *horizontal*, also gleichzeitig, erleben wir eine Vielfalt von Völkern, Sprachen und Ausdrucksformen. Wir kennen die Unterschiede in unseren Tälern genauso wie die in der Mode, der Literatur und der Musik. Der Reichtum umfaßt aber auch das *Vertikale*, nämlich die Abläufe der Epochen. Was ist doch nicht alles in diesem Europa seit der Antike, der jüdisch-christlichen Welt, dem Mittelalter, der Renaissance und der Aufklärung geschehen, bis wir bei der „Postmoderne" angelangt sind. Eigentlich ist der Begriff der Postmoderne eine Verlustanzeige, wie überhaupt vom Verlust die Rede ist, wenn wir beklagen, wirklich Modernes nicht zu kennen oder diese Werte zu vermissen. Haben wir das Selbstvertrauen verloren? Fehlt uns die Kraft zum Neuen? In der Tat: Zitate beherrschen uns, und offensichtlich ist anstelle der Kultur eine Art von Weltzivilisation getreten, die sich durch außerordentliche Gleichförmigkeit – Einfalt – auszeichnet. Was die Satelliten weltweit an TV-Programmen senden, ist Konserveneintopf, ist das „global village" – jenes Weltdorf, das sich durch seinen zweifellos simplen Charakter auszeichnet.

Obwohl in unserer Welt großer Reichtum vorhanden ist und unser Kontinent noch immer besteht, ist die menschliche Offenheit in eine Krise geraten. Hier kann zu Recht von der Veränderung der Vielfalt zur Einfalt gesprochen werden. Welche Antworten geistern durch die Gegend, welche Kritiken werden geäußert? Mittlerweile ist ein gewisser Isolationismus entstanden, jeder möchte sich vom anderen absetzen, und selbst große Staaten wie die USA sind davor nicht gefeit. Weder ein Staat noch der Mensch möchte mit anderen Wirklichkeiten konfrontiert werden. Arik Brauer hat schon vor vielen Jahren diesen Umstand in dem wunderbaren Liedtext zusammengefaßt: „Hinter meiner, vorder meiner, links, rechts gilt's nicht." Rund um die europäische Einigung führen wir eine Identitätsdiskussion, bei der ich das Wort „Identität" für unglücklich gewählt halte, da viele Redner schon beim Aussprechen dieses Wortes die Konsonanten verwechseln.

Die Veränderungen in Europa seit 1989/90 haben uns schlagartig in große Verlegenheit gebracht. Der kommunistische Internationalismus ist zerfallen, der Traum, aus der Gleichheit der Menschen ein Paradies auf Erden zu etablieren, hat sich als fataler Irrtum erwiesen. Der Kontinent erlebt „passages europeens". Wie in einem Film zieht die neue/alte Vielfalt vorüber. Wir entdecken die slawische Welt (wieder), die Prägung einer geistigen Landschaft durch die Orthodoxie, das alte Byzanz und das neue Moskau als Zentrum. Politische Konflikte und Kriege verdeutlichen die Probleme von Nation und Staat, wie sie bereits das ausgehende 19. und das 20. Jahrhundert beherrscht haben – und schließlich zu Weltkriegen führten. Wir stehen vor der Verlegenheit, nach langer Zeit wieder ein gemeinsamer Kontinent zu sein. Was ist aber die „finalité d'Europe"? Um Europa mit dem Ural zu begrenzen, wird die Geographie allein nicht ausreichen. Was ist doch nicht alles aus Kleinasien, aus dem Vorderen Orient, aus Nordafrika zu uns gekommen? Auch das Konzept „Festung Europa" wird den europäischen Eigenschaften nicht gerecht, denn dieser Kontinent war immer offen und nie selbstgenügsam. Manchmal zwar aggressiv, wie etwa im Kolonialismus, aber stets neugierig. Ein Europa der konzentrischen Kreise, wie es Jacques Delors vorgeschlagen hat, oder die Vorstellung von einem Kerneuropa werden dem Kontinent nicht gerecht, da sie schon wieder eine Teilung durchführt. „Kosmos" bedeutet im Griechischen Zierde, Schmuck, aber auch Vielfalt, und da Europa ein offener Kontinent ist, müssen wir die Frage beantworten, wie „europäisch" wir tatsächlich sind.

Dem Modernitätsmodell Europa querlaufende Teil- und Parallelkulturen finden sich überall, im Zentrum der Kapitalen Europas ebenso wie in seinen Regionen. „Multikulturalismus" im weitesten Sinne ist also eine Querschnittmaterie, bei der das Eigene und das Fremde keine speziell reservierten Orte oder Reservate mehr besitzen. Die Konfrontation findet in unterschiedlicher Wucht und Stärke und auf unterschiedlichen thematischen Feldern statt. Vielleicht ist diese Herausforderung Europas eine der wichtigsten, die es je gab, da sie eine Art „Laboratorium des 21. Jahrhunderts" begründet.

Die Fragen, die wir an die Versuchsleiter zu stellen haben, sind nicht nur kulturelle, sondern auch eminent politische und wirtschaftliche: Wie kann das Eigene dem Fremden begegnen, ohne einen schleichenden Bürgerkrieg zu begründen? Soll man im Sinne von H. M. Enzensbergers „Aussichten auf den Bürgerkrieg“ selbstbegrenzend und konfliktvermeidend in die wohlstandgestützte europäische Kernkultur zurückkehren und auf das „Andere“ den berühmten Hut werfen? Oder soll man den sanften Dialog ohne nachdrückliche Artikulation der eigenen Interessen suchen? Soll sich die europäische Idee von Modernität und Fortschritt, so revisionsbedürftig und fragwürdig sie auch im Detail sein mag, in ein kritikloses Bekenntnis der allumfassenden Relativität von Theorie und Praxis auflösen? Soll die Auseinandersetzung aus militärisch gesicherten Festungen heraus unter Zuhilfenahme kultureller und politischer Emissäre erfolgen? Was ist mit den „Anderen“ innerhalb der eigenen Mauern? Sollen sie, sozialstaatlich abgefedert, in eigens für sie geschaffene Reservate abgeschoben werden? Oder brauchen wir nicht dringendst neue politische und soziale Umgangsformen, die eine Auseinandersetzung von Kern- mit Parallelkulturen ermöglichen, die eine reziproke Selbstbehauptung ohne Aggression, Respekt ohne Flucht in den Relativismus und Heftigkeit der Kontroverse ohne Suspendierung demokratischer Formen und Legitimität ermöglichen?

Viele Fragen, wenig eindeutige Antworten und noch weniger Sicherheit, so könnte man das gegenwärtige Innenleben der europäischen Idee beschreiben. Und dies paradoxerweise zu einem Zeitpunkt, da Europa als handelndes Subjekt seit 1945 mehr denn je gefragt ist. Europa, so könnte man sagen, erlebt eine Renaissance wider Willen oder zumindest eine Renaissance, wie sie zeitlich und politisch nicht vorgesehen war.

Gibt es eine Verantwortung gegenüber der Geschichte?

Viele Situationen, die im Rahmen von Einheit und Vielfalt gegenwärtig so schwer zu bewältigen sind, sind ein Produkt der Geschichte, bei dem die handelnden Personen nicht nur in Südosteuropa, sondern auch außerhalb zu suchen sind. Einige Beispiele seien ohne besondere Priorität angeführt: Die Habsburgermonarchie hat die Serben an der Militärgrenze (serbisch: Krajina, kroatisch: Kordun und/oder Lika) angesiedelt, sie als Wehrbauern und als Bestandteil dieses unter Armeeverwaltung stehenden Gebietes verstanden und dadurch jene Situation erzeugt, die letztlich dazu geführt hat, daß nach dem erfolgreichen Feldzug der Kroaten 1995 die Serben aus ihren jahrhundertealten Dörfern vertrieben wurden oder von sich aus weggezogen sind. Ebenso hat eine Armee des Habsburgerreiches den Patriarchen von Peć im Kosovo Ende des 17. Jahrhunderts auf dem Rückweg quasi mitgenommen, wobei der Geschichte folgend die dort siedelnden Serben sich selbst entschlossen haben sollen, nach Norden zu ziehen, um den Türken zu entrinnen, nachdem ihnen zahlreiche Privilegien von Leopold I. zugesichert waren: freie Religionsausübung, Steuererleichterungen, Landzuteilung, usw. In diesem Vakuum ließen sich die Albaner nieder und erzeugten so jenes Spannungsfeld zwischen der historischen Bedeutung des Kosovo für die Serben und der aktuellen Situation von heute, deren Bewältigung so schwer fällt (1389 Schlacht am Amselfeld, Ende von Raška, dt. Raszien, dem ersten Reich der Serben im Mittelalter, dessen Kerngebiet geographisch fast deckungsgleich ist mit dem heutigen Kosovo).

Zur Erreichung politischer Ziele wurde schon immer die Religion eingesetzt. So siedelten die Habsburger den Patriarchen der Serbisch-Orthodoxen auf Sichtweite von der „Weißen

Stadt“ (Belgrad) in Karlowitz (Sremski Karlovci) an, um zu manifestieren, daß die serbische Kirche bei ihnen besser aufgehoben sei als im osmanischen Imperium. Daß später dann Russland den ins Königreich Serbien verlegten Patriarchensitz in Belgrad architektonisch neu gestaltete, der entfernte Ähnlichkeit mit einer Bühneninszenierung von „Boris Godunow“ hat, ist die andere Seite der Medaille politischen Verhaltens gegenüber Religionen und Kirchen. Es gibt aber auch aktuelle Eingriffe des Westens in diese Verhältnisse wie etwa die Strategie der Bundesrepublik Deutschland zu Zeiten des rumänischen Diktators Ceausescu: Die bundesdeutsche Regierung kaufte die deutschsprachige Bevölkerung, die legendären Siebenbürger Sachsen und die Landler aus Österreich in Rumänien auf. Übriggeblieben ist eine herrliche Kulturlandschaft, die auf Dauer dem Verfall preisgegeben ist, da die tragende Bevölkerung nicht mehr existiert. Wie notwendig würde Rumänien diese traditionelle Mischung aus verschiedenen Völkern und engagierten Menschen heute brauchen, die die besondere Qualität der transsylvanischen Region im Zusammenleben von Rumänen, Deutschen und Ungarn hervorgebracht haben.

Zurück zum Kosovo: Als Albanien 1912 als Produkt der Balkankriege entstand, sah der österreichische Vorschlag für die Grenzziehung des neuen Staates die Miteinbeziehung Kosovos vor. Die Einsprüche von Paris, Berlin und London ließen das Vorhaben scheitern, was heute noch politische Folgen nach sich zieht. Daß die Selbstbestimmung der Völker, wie sie in den vierzehn Punkten des US-Präsidenten Woodrow Wilson als Vorbedingung für den Eintritt der USA in den Ersten Weltkrieg formuliert wurde, eigentlich so gut wie nirgendwo Grundlage von Friedensverträgen und Grenzziehungen nach 1918 waren, braucht nicht gesondert angeführt zu werden. Die heutige internationale Staatengemeinschaft geht nach wie vor den gleichen Weg, wobei das Spannungselement vielleicht noch größer geworden ist, da dieselben Staaten gleichzeitig lauthals nach Menschenrechten und Demokratie rufen. Manchmal erhebt sich für mich die Frage, ob die Kriegsverbrecher nicht nur jene sind, die mit Recht in Den Haag vorgeführt werden oder deren Verhaftung verlangt wird, sondern auch durchaus in jenen Kanzleien zu finden sind, die sich das Recht des Urteils über andere anmaßen. In der Aufrechnung kann aber nicht die Antwort bestehen, sondern allein im Sichtbarmachen dieser historisch-politischen Prozesse und in der Erkenntnis, daß auf diese Weise Frieden und Stabilität nicht zu erreichen sind. Beispiele dafür gäbe es genug, wichtiger ist aber die Suche nach tragfähigen Alternativen.

Es wird also eine notwendige, mühsame Arbeit für die Historiker sein, die gemeinsamen und trennenden Elemente herauszufiltern, bis die junge Generation Schulbücher erhält, die zunächst einmal den unterschiedlichen Bezug zur Geschichte sichtbar werden lassen, um zumindest den Standpunkt des „anderen" zu erkennen. In einem nächsten Schritt sollte es möglich sein, zu einer gemeinsamen Geschichtsbetrachtung zu kommen, wie das zwischen Deutschen und Franzosen längst geschehen ist. Auch in diesem Fall war viel Zeit und Anstrengung der Partner nötig, der Erfolg dieser Bemühungen ist jedoch unübersehbar und für Europa unerläßlich.

Der Glaube formt Politik

Ein Gleiches gilt für Religionen und Kirchen. Die Entwicklung seit 1989 hat de facto nur dazu geführt, daß katholische und evangelische Christen einerseits und orthodoxe Christen andererseits weiter denn je voneinander entfernt sind. Die Gründe dafür sind vielfältiger Natur.

Der Fall der kommunistischen Ordnung hat zu einem Wiedererstarken des religiösen Bewußtseins geführt, wenngleich auch das Christentum nicht wieder bestimmend wurde. Zum einen fördert das Eindringen westlichen Denkens die Säkularisierung, die – auf eine andere Weise – auch vom Kommunismus betrieben wurde, zum anderen sind die Folgen manchen Arrangements zwischen Kirchenleitungen und kommunistischen Regierungen noch nicht bewältigt bzw. gelöst. Das aus der Geschichte verständliche enge Verhältnis von Staat und Kirche in der Orthodoxie, das sich aus der Rolle des Kaisers von Ostrom als obersten Kirchenherrn entwickelt hat, der Konzilien und Synoden vorsaß und Hüter des Glaubens war, muß bei der Beurteilung der heutigen Positionierungen herangezogen werden (Cäsaropapismus). Die russischen Zaren konnten unter anderem das Amt des Patriarchen von Moskau aufheben und es durch den Heiligen Synod ersetzen. 1917 wurde die Position des Patriarchen wiedergeschaffen, was zum Überleben der russischen Orthodoxie beigetragen hat. Diese Entscheidung ging von der Regierung aus und nicht von der Kirche. Im Osmanischen Reich wiederum waren die Patriarchen und Metropoliten Ethnarchen (Ethnos = griech. das Volk), also Führer und Vertreter des christlichen Volkes, wodurch die Nation als Konstituante auch für die Organisation der Religion bestimmend wurde. Wenig Verständnis gibt es im Westen für das Prinzip der Autokephalie, also der Selbständigkeit orthodoxer Kirchen nach einer Einteilung von Staat und Nation. In Mazedonien, wo sich die orthodoxe Kirche mit dem neuen Staat autokephal erklärt hat, aber auch in der Ukraine bei der Erklärung der Selbständigkeit gegenüber Moskau wird um Macht und Einfluß auf die jeweilige Kirche, stellvertretend für die Politik, gerungen. Hierbei handelt es sich um eine lange Tradition, die auch das Überleben der christlichen Orthodoxie unter der Dominanz des vom Islam getragenen Osmanischen Reiches sicherte. Es wird nicht zu vermeiden sein, daß sich die

Orthodoxie mit diesem Verhältnis von Kirche und Staat, wie es spätestens seit der Aufklärung bei uns eingeführt ist, auseinandersetzt; es kann aber nicht Sinn der Entwicklung sein, aus westlichem Denken heraus der östlichen Kirche unser Modell aufzudrängen. Katholiken und Protestanten werden zu akzeptieren haben, daß der christologische Bezug und das Verhältnis zum Mystischen einen wesentlichen Beitrag der Orthodoxie zum Glaubensverständnis unserer Zeit, der im Westen fehlt, darstellt. Daneben gibt es noch eine Reihe von zusätzlichen Problemen durch die unierten Kirchen, die in der Vergangenheit aus politischen Gründen geschaffen wurden und heute ein großes Hindernis für die Ökumene darstellen (vereint mit Rom, aber Festhalten an den östlichen Riten). Die Tatsache, daß die ökumenische Bewegung gegenwärtig eigentlich von niemandem so richtig getragen wird und auch in Rom keine besonderen Anhänger findet, schlägt sich zweifellos negativ nieder. Auf der anderen Seite fühlt sich die Orthodoxie durch das Eindringen aller Arten von Sekten, Erlösungsbewegungen und esoterischen Angeboten in ihrer Existenz bedroht. Sie sieht darin – in einer gewissen Vereinfachung – eine vom Westen ausgehende Intrige. Das mag allerdings auch daran liegen, daß die Aufklärung in ihrer Konsequenz für das Religionsverständnis und eine darauf antwortende Theologie in der Orthodoxie nie stark entwickelt war. Man könnte auch sagen, daß die Aufklärung, je weiter sie gegen Osten und Südosten Europas vorgedrungen ist, viel von ihrem Schwung und ihrer Überzeugungskraft verloren hat, wie es am Islam sichtbar wird.

Der Islam durchlief in jener Zeit, in der Europa im „dunklen Mittelalter" lag, eine beachtenswerte Phase der Wissenschaftlichkeit und Rationalität. Heute zeigt er Ausprägungen, die im europäischen Sinn nicht als aufgeklärt betrachtet werden können. Was in unseren Medien unter dem Titel „Fundamentalismus" berichtet wird, ist in Wirklichkeit eine Mischung aus Politik, Religion und sozialen Fragen, Zivilisationskritik und Ablehnung des Westens mit all seinen Ausdrucksformen. Um so wichtiger ist die Begegnung mit dem Islam in Südosteuropa. Die „Generalprobe" in Bosnien-Herzegowina wurde verpatzt: Nicht umsonst ist es islamischen Regierungen und Bewegungen verschiedenster Ausrichtungen wie etwa aus dem Iran, Libyen oder Saudi-Arabien gelungen, in Südosteuropa in unterschiedlichster Weise Fuß zu fassen, wobei Politik und Religion nicht immer leicht zu unterscheiden sind. Das übelste Kapitel stellt freilich die Indienstnahme der Religion für politische Zwecke dar, wobei Ähnliches sich auch in Tschetschenien zeigt. Ich erinnere an jene Fotos, die Karadzič und Mladić– die beiden Verantwortlichen für schreckliches Blutvergießen in Bosnien – bei der Einnahme der Heiligen Kommunion zeigen sowie an die Fotos der kirchlichen Trauung von Arkan, dem wohl übelsten Schlächter des Bosnienkriegs. Bewundernswert dagegen der Patriarch von Belgrad, Alexej, der es mit der Überzeugungskraft und Demut eines Mönches verstanden hat, sich – bei allem Druck, der innerhalb der serbischen Kirche auf ihm lastet –, dieser Eskalation des Hasses auf der Basis der Religion mehr oder weniger zu entziehen. Ali Berisha, der frühere Präsident Albaniens, hat auf andere Weise versucht, die Religion zu instrumentieren: Offensichtlich über Auftrag verwendete er Hilfsgelder aus islamischen Staaten, um in albanischen Dörfern Moscheen zu errichten, was den Minaretten das Spottwort „Berisha-Rockets" eingetragen hat. In ähnlicher Weise mißbraucht der Terrorist Osama Ben Laden islamische Hilfsorganisationen in Albanien als Basis für Operationen in Europa. Die Relevanz, ein Bewußtsein für Kultur, Erziehung und Wertorientierung zu entwickeln, ist mit der Auseinandersetzung verbunden, welche gesellschaftlichen und politischen Beiträge durch Religionen und Konfessionen geleistet werden können. Sicherlich wird einmal der Zeitpunkt kommen, um die Frage der politischen Verantwortung zu klären. Als Christ hoffe ich, daß die dementsprechenden Schuldbekenntnisse dort, wo sie notwendig sind, bald ausgesprochen werden.

Religion als kulturelle Konstituante

Eine weitere Unterscheidung der südosteuropäischen Staaten liegt in der Verwendung unterschiedlicher Schriften. Das lateinische und kyrillische Alphabet sind in bunter Mischung vertreten, auch wenn gleiche oder ähnliche Sprachen gesprochen werden. Entstanden und gefördert wurden diese Mischverhältnisse durch Politik, Technisierung und westlichen Einfluß. Selbst in Griechenland findet man manch Geschriebenes in lateinischen Buchstaben – vor allem dann, wenn eine internationalisierte Werbung eine Standardisierung der Schreibweise herbeigeführt hat. Das Wort „Coca-Cola" ist in kyrillischer Schrift praktisch nicht vorstellbar.

Im Verlauf der Geschichte wurde die Schrift oft sehr bewußt gewählt: Mag es in Bulgarien der russische Einfluß gewesen sein, der im 19. Jahrhundert zur Wahl der kyrillischen Schrift geführt hat, so hat Bosnien-Herzegowina als Teil der Föderation bewußt das lateinische Alphabet gewählt, um sich von der Republika Srpska zu unterscheiden. Selbst bei den Autokennzeichen hat sich diese Wahl niedergeschlagen: Taxis wählten zwar dieselbe Farbe, je nach ethnischer Zugehörigkeit aber eine andere Schrift. Man hat inzwischen vergessen, daß die kyrillische Schrift nach dem heiligen Kyrillos benannt ist, der gemeinsam mit dem heiligen Methodios das Evangelium nach Südosteuropa brachte und die Schrift der Verbreitung des Glaubens nutzte. Niemand dachte daran, die Schrift als Kampfmittel zu mißbrauchen, vielmehr sollte sie einen Beitrag zur Bildung und Erziehung, aber auch zur Christianisierung darstellen.

Der Einfluß der Orthodoxie ist nicht notwendigerweise deckungsgleich mit der Verwendung der Schrift. So haben die Rumänen im Bewußtsein ihrer Zugehörigkeit zur Latinität auch die entsprechende Schrift gewählt, während die moderne Türkei ganz bewußt die lateinischen Schriftzeichen übernommen hat, um damit ein Zeichen der Säkularisierung zu setzen.

Säkularisierung und nicht nur Geschichte sind es auch, die den Zustand der Religion in den Transformationsländern Südosteuropas kennzeichnen. Seit den Veränderungen in Europa sind auf die Kirchen mehrgestaltige Veränderungen eingedrungen: Der Abgang des Kommunismus, der Wechsel der Werte und Standpunkte, die Änderung der Arbeitsprozesse und der Einbruch der technischen Zivilisation fügten zu den bestehenden Schwierigkeiten der Transformation neue Probleme hinzu. Veränderungen brauchen jedoch Zeit, um von den Menschen akzeptiert zu werden, und die anthropologischen Schwierigkeiten des Veränderungsprozesses werden ständig unterschätzt. Ähnliches geschieht den Kirchen, die einerseits – von der Liturgie bis zu den tradierten Wertvorstellungen – konservativ eingestellt sind, auf die aber zur Zeit eine neue Welt einstürmt. Die südosteuropäischen Kirchen sind weit davon entfernt, diesen Prozeß erfolgreich abgeschlossen zu haben. Außerdem gibt es einen massiven Nachholbedarf in theologischer, politischer und sozialer Hinsicht, von den organisatorischen Veränderungen bei der Bewältigung der Vergangenheit noch gar nicht zu reden. Der Ansprechpartner der Orthodoxie hat sich ebenfalls geändert: Weder ist es jener Staat, in dem der Herrscher gleichzeitig Oberhaupt der Kirche war und der geistlichen Macht weltlichen Schutz gewährte, noch ist es die kommunistische Partei, die sich in irgendeiner Weise der Kirche bediente, sie unter eine Käseglocke stellte und gleichzeitig versuchte, sie durch einen kämpferischen Atheismus zu liquidieren. Die kommunistischen Oligarchien haben sich aus guten Gründen eine bequeme Form von Kirche gehalten, gleichzeitig ihr aber Substanz und Glaubwürdigkeit entzogen, um sie zu einem folkloristischen Dekorationsgegenstand verkommen zu lassen. So wurden besonders auf dem Land während der sowjetischen Propagandafeldzüge der 20er Jahre aus Parteisymbolen religiöse Ikonen. Stalin stilisierte den Zweiten Weltkrieg mit Hilfe der orthodoxen Kirche zum „Vaterländischen Krieg". So erfreulich jetzt das Ende der Bevormundung ist, so problematisch ist es für die Orthodoxie, in die Freiheit entlassen zu werden. Der Staat bleibt auf seine Weise säkularisiert, und manche Kirchen sehnen sich danach, eine privilegierte, monopolistische Rolle vom Staat zu erhalten, wie es in Russland mit der Orthodoxie zur Zeit geschieht. Gleichzeitig hat der Kommunismus jene Solidarität, die er verkündete, liquidiert, indem er staatlichen Kollektivismus organisierte. Daher stehen die Kirchen vor der Notwendigkeit, sich selbst neu zu definieren. Es reicht nicht aus, auf jene zu verweisen, die durch ihr religiöses Beharren zu Opfer wurden. Außerdem haben klerikale Kirchen mit den Laien zu kämpfen, denen sie traditionell skeptisch gegenüberstehen, obwohl es in vielen Fällen Laien waren, die das Überleben der Kirchen während des Kommunismus gesichert haben.

Zu allem Überfluß gibt es noch den Kampf um die Rückgabe des Kircheneigentums und um die staatliche Anerkennung der Kirchen. Die Umsetzung des Wunsches, Felder und Wälder, Klöster und Gebäude zurückzuerhalten, kostet viel Kraft – manchmal wird auch bezweifelt, ob man das wiedergewonnene Eigentum überhaupt erhalten können wird – und verstellt die Aussicht auf die eigentlichen Aufgaben, die unter dem kommunistischen System nur minimal waren. Heute haben die Kirchen die Freiheit, wesentlich mehr für erzieherische, karitative und soziale Anliegen leisten zu können, für deren Umsetzung es jedoch an finanziellen Mitteln und kompetenten Persönlichkeiten fehlt. Weiters lassen sich die neuen Regierungen Zeit, ihr Verhältnis zu den Kirchen neu zu regeln, da sie diejenigen sind, die letztendlich nicht viel zu gewinnen haben. So gesehen ist in Südosteuropa eine rasche Verwestlichung eingetreten: Die Kirchen werden zwar offiziell als moralische Institutionen geschätzt, es wird ihnen aber nicht ermöglicht, ihre Aufgaben zu erfüllen. Die im Westen selbstverständliche Mitverantwortung der Laien stößt auf Skepsis der Amtsträger und des Klerus, da auch dieses Modell etwas Neues für die südosteuropäischen Kirchen darstellt. Die „civil society" – eine Bürgergesellschaft, die auch mündige Christen kennt –, ist dieserorts weit und breit nicht zu sehen.

Am Beispiel Rumänien kann man die absolute Notwendigkeit der Ökumene ermessen, aber auch feststellen, wie weit sie von einer Realisierung entfernt ist. Die Rumänen bestehen aus 69 % orthodoxen Christen, 11 % Katholiken, 10 % Lutheranern und 3 % Unierten, die nach österreichischem Staatskirchenrecht griechisch-katholische Christen genannt werden. Die übrigen Konfessionen erfassen 6 % der Bevölkerung. Wie viele davon wirklich gläubige Menschen sind, läßt sich nicht schätzen. Die ca. 23 Mio. Staatsbürger bestehen zu 89 % aus Rumänen, zu 7 % aus Ungarn, zu 2 % aus Sinti und Roma und zu 0,05 % aus Deutschsprachigen und anderen Formationen. Diese Fragmentierung beeinflußt die Konfessionen: In der römisch-katholischen Kirche sind 57 % Ungarn, 31 % Rumänen, 6 % Deutschsprachige, 2 % Sinti und Roma und 4 % andere Nationalitäten vertreten. Entscheidend ist auch die regionale Verteilung, bei der eine gewisse Konzentration der Katholiken in Alba Julia mit etwa 500.000 Gläubigen festzustellen ist. Diese Diözese umfaßt 60.000 km^2 , also etwa zwei Drittel des österreichischen Bundesgebietes. Zu allem Überfluß liegt der Sitz der Metropolie, des „Primus Rumaniae" in Bukarest, während der Großteil seiner Gläubigen in Siebenbürgen lebt.

Daß natürlich Mischverhältnisse mit anderen Konfessionen existieren und nicht unbedingt gemeinschaftliche Gefühle unter den Christen bestehen, erklärt sich aus der Historie. Dies trifft vor allem auf die Unierten zu, die in der kommunistischen Zeit mit der orthodoxen Kirche zwangsfusioniert waren, um damit ihre Verbindung zum Papst, also zum Westen, zu unterbinden. Oft werden die Griechisch-Katholischen als eine Art Verräter angesehen, was sich, dem Vernehmen nach, auch nach dem Ende der Zwangsvereinigung und der Etablierung der Demokratie nicht gebessert haben soll.

Zusätzliche Probleme einer sich modernisierenden Gesellschaft ergeben sich aus einem oft falsch verstandenen Liberalismus, einer Kriminalisierung des täglichen Lebens als Zeichen des ungeheuren Transformationsprozesses und einer „Nachkriegsgesellschaft", wie sie nach 1945 auch bei uns in ähnlichen Formen aufgetreten sind. Im übrigen haben Freikirchen und Sekten sowie andere religiöse Gruppen weitaus mehr finanzielle Mittel als die traditionellen Kirchen, da sie aus dem Ausland gefördert werden. Selbstverständlich werden auch die traditionellen christlichen Kirchen von diversen ausländischen Institutionen unterstützt, aber nicht in vergleichbarem Ausmaß. Damit nicht genug, kommt in Rumänien auch eine gewisse mentale Teilung des Landes zum Ausdruck: Ich habe wiederholt erlebt, daß Rumänen ihre Abstammung aus Transsylvanien (Siebenbürgen) betonen, um ihre höhere Bildung und ihre stärkere westliche Orientierung (als Folge der früheren Zugehörigkeit zur Habsburgermonarchie) hervorzuheben. Ähnliches erlebt man in der Vojvodina. Daher gibt es auch kräftige Spannungen zwischen ungarischen und rumänischen Katholiken und zwischen Römisch-katholischen und Griechisch-Katholischen. Es ist eine Ironie des Schicksals, daß eine universale Kirche so schwer in der Lage ist, innerhalb ihrer eigenen Reihen ethnische und liturgische Unterschiede zu verkraften. Um dies festzustellen, muß man gar nicht nach Rumänien blicken: Kennt man das Urteil der slowakischen katholischen Kirche über die tschechische, das der polnischen Kirche über die ungarische, ist es in der Praxis mit dem „Katholischen“ – dem Allumfassenden, der „einen“ Kirche – oft nicht soweit her.

Seitdem der westliche Einfluß gegriffen hat, befinden sie die südosteuropäischen Katholiken in einem Art Wartezustand. Einerseits wird ein hierarchisches Modell forciert, andererseits – wie auch in anderen Transformationsländern– das Bild vom Volk Gottes, einer geschwisterlichen Kirche in Form einer Gemeinde, tradiert. Diese Muster sind für uns nicht neu, wobei die schlichten Schemata von „konservativ“ und „progressiv“ die Konflikte zwar erleichtern, aber nicht lösen. Einen besonderen Fall stellen Roma und Sinti dar, die infolge ihrer traditionellen Form der Wanderung für die jeweiligen Länder schwer zu registrieren sind. Roma und Sinti haben oft die katholische Religion angenommen, um von der staatlichen Macht geschützt und nicht verfolgt zu werden, entzogen sich dadurch aber auch einer geordneten Pastorale. Generell zählt die Volksgruppe der Roma und Sinti zu den verschwiegenen Problemen Südosteuropas, obwohl sie mehrere Millionen Menschen umfaßt. Nur der „Open Society Fund“ des George Soros hat bisher wenigstens etwas zur Situationsfesthaltung unternommen.

Weitaus komplexer ist die Situation der Orthodoxie. Die zentralistische Tradition der katholischen Kirche hat unter den gegebenen Umständen manches erleichtert und auch Hilfe angedeihen lassen, wodurch sichtbar wurde, daß es die Weltkirche wenigstens mit sich selbst ernst meint. Die Orthodoxie hingegen verfügt über kein ähnliches Instrumentarium. War es für die katholische Kirche möglich, den einen oder anderen Bischof, der den kommunistischen Machthabern allzu nahe stand, dem öffentlichen Blickwinkel zu entziehen oder ihn irgendwo sonst zu positionieren, ist dieser Prozeß infolge der Verfassung der orthodoxen Kirche weitaus schwieriger. So kämpfen zur Zeit – um nur ein Beispiel zu nennen – gleich zwei bulgarische Patriarchen um die rechtmäßige Ausübung ihrer Funktion. Viel schlimmer gestaltet sich die Auseinandersetzung in der Ukraine, deren Orthodoxie infolge der ungeklärten Frage, inwieweit sie nach Moskau orientiert oder gänzlich unabhängig sein soll, rivalisierende Hierarchien hervorgebracht hat. Die staatlichen Veränderungen durch die Desintegration des alten Jugoslawiens haben einen weiteren Kirchenstreit hervorgerufen. Einige der Patriarchien der Region akzeptieren das Patriarchat von Skopje, andere lehnen es ab, wobei es politische Probleme sind, die den Hintergrund dieser Auseinandersetzungen darstellen. Im Falle von Mazedonien spielt diese Frage wohl auch additiv eine wesentliche Rolle.

Noch spezifischer und schwieriger ist die Situation des Islams, dem manche generell das Recht absprechen, in Europa vertreten zu sein. Fundamentalistische Positionen der islamischen Welt werden als Argument für die Unverträglichkeit dieser Religion mit unserem Kontinent angeführt. Als entsprechende Beweisführung müssen Geschehnisse aus der Geschichte herhalten. In Bosnien wird der historische Hergang mit den Bogumilen zitiert, eine im Mittelalter angeblich christliche Sekte, die sich angesichts der Expansion des türkischen Reiches entschloß, den islamischen Glauben anzunehmen. Von mancher serbischer Seite wird den Bosniern gleich die Konfession aberkannt, wobei sowohl die Eigendefinition einer christlichen Sekte als auch der Übertritt als eine Art von Verrat bewertet wird. Diese Frage ist bis heute nicht geklärt. Daran ist aber auch niemand interessiert, der lediglich denunzieren will.

Viel aktueller ist jedoch die Tatsache, daß eine Reihe von islamischen Regierungen versuchen, mit Investitionen in die Religion Politik zu machen. Diese Bemühungen bleiben nicht ohne Einfluß auf die westlichen Medien, die – bei einer populistischen Betrachtungsweise – mit dem in Südosteuropa beheimateten Islam gerne das Schreckgespenst eines Heiligen Krieges gegen Europa an die Wand malen. Im Siedlungsgebiet der Bosnier gab es zweifellos eine säkularisierte Gesellschaft, die im Tito-Jugoslawien die Religion und damit den Islam ohne wesentliche Bedeutung sein ließ. Erst der Krieg in Bosnien-Herzegowina hat ein stärkeres religiöses Bewußtsein geschaffen, wobei die unklare Position des Westens und die geringe Bereitschaft, die religiöse Freiheit der Moslems zu schützen, Veränderungen in der Einstellung erzeugt haben. Die Kriegshandlungen in Bosnien-Herzegowina wurden mit geradezu religiöser Symbolik geführt. Eine Moschee, eine Kirche zerstören zu können, zeigte die kulturelle Kraft des Kriegsgegners. Anders konnte es nicht gemeint sein, da diese sinnlosen Handlungen aus strategischer Sicht keine Bedeutung gehabt haben. In Südosteuropa werden kämpferische Auseinandersetzungen traditionell mit einem ungeheuren Symbolismus durchgeführt, der auch vor tiefen Verletzungen des Menschlichen nicht zurückscheut. Der Hinweis auf jahrhundertealte Traditionen und die unerbittlichen Abwehrkämpfe gegen die Türken sind bezwar eine historische Fundgrube, aber alles andere als ein berechtigtes Argument. Manchmal liegt der Verdacht nahe, daß dieser Austausch von Grausamkeiten aus einer gemeinsamen Wurzel stammt, die letztlich nicht konfessionellen, sondern vielmehr atavistischen Ursprungs ist.

Auch mit der jüdischen Bevölkerung ist die Geschichte des 20. Jahrhunderts in Südosteuropa schrecklich umgegangen. Zwar kann man in Sarajevo noch einen großen jüdischen Friedhof finden, aber nur noch wenige lebende Repräsentanten, wobei die sephardisch-jüdische Gemeinde von Sarajevo im Osmanischen Reich wie auch in der Habsburgermonarchie große Bedeutung hatte. Der Zweite Weltkrieg hat mit der systematischen Vernichtung und Vertreibung dazu geführt, daß zum Beispiel die traditionell blühende Gemeinde in Thessaloniki – man denke an die Paulusbriefe und an die Christen von Thessaloniki, die sich zunächst aus Juden rekrutiert haben – heute nur mehr ein Schatten ihrer selbst ist. Das gilt auch für andere Länder Südosteuropas, aus denen natürlich auch eine beachtliche Migration stattfand. So stammen viele Mitglieder der heutigen Wiener Kultusgemeinde aus südöstlichen Regionen. Renovierte Synagogen zeugen heute von einem vitalen jüdischen Leben, das allerdings noch immer weit von dem früherer Zeiten entfernt ist. Vergessen wird nach wie vor, welch große kulturelle Anteile gerade die sephardischen Juden, die von den katholischen Königen Spaniens in den Osten und Südosten Europas vertrieben wurden, an der Entwicklung dieser Region hatten.

Auch eine weitere Entwicklung Südosteuropas wird ohne Religion und Glauben, ohne Kirche und Konfessionen nicht möglich sein. So wie in westlichen Gesellschaften wird auch in Südosteuropa die Frage nach den gemeinsamen Werten gestellt. Der Kommunismus hatte die eigenartige Wirkung, manches an den von ihm unterdrückten Haltungen gleichzeitig auch tief in die Gesellschaft einzuprägen. Es gibt Formen des Glaubens, Orientierungen und Haltungen, die offensichtlich durch ihr Eingewurzeltsein bessere Widerstandskräfte entwickelt haben, als dies in einer freien westlichen Welt möglich wäre. Erstaunlich, wie rasch klösterliche Gemeinschaften wiederentstanden und Priesterberufungen ausgesprochen wurden, die sogar in der Lage sind, die pastoralen Notzustände im Westen Europas ein wenig zu lindern. Inzwischen findet man auch in Österreich Priester und Nonnen aus Rumänien. Es ist zu hoffen, daß gerade die sozialen Frage, die nie ein starkes Kapitel der Glaubensauffassung der orthodoxen Christen war und die von den Kommunisten zwar formal gelöst, aber durch Entmündigung des Menschen beantwortet wurde, durch das Wort und den Einfluß der Kirchen und Religionsgemeinschaften stärker in das Bewußtsein der Menschen rückt und zu entsprechenden politischen Handlungen führt. Auch der Islam kennt viele soziale Einrichtungen, die zwar nicht zu politischen Regelungen wie Sozialgesetzen führte, aber in die traditionellen Formen der Religionsausübung eingebunden sind. Aufhorchen ließ auch eine Aktivität des Patriarchen von Konstantinopel, der auf die ökologische Verantwortung der Christen hingewiesen hat. Der Patriarch lud Experten und Repräsentanten von Organisationen zu einer Schiffahrt ein, um mit ihnen über die desaströse ökologische Situation der Donau und des Schwarzen Meeres zu diskutieren. Wenngleich auch die eine oder andere Folgerung problematisch war, so ist die Aufforderung, Verantwortung für die uns anvertraute Welt wahrzunehmen, eine wichtige christliche Botschaft.

Südosteuropa und der Zeitgeist

Die politische Befassung mit der Tschechischen Republik, Polen, Ungarn und Slowenien, jüngst auch mit der Slowakei ist uns mittlerweile selbstverständlich geworden. Einige Regierungswechsel haben dazu geführt, daß mit der Zeit westeuropäische Einrichtungen Partner in Ost-Mitteleuropa gefunden haben oder wenigstens zu erkennen glauben. Die Intellektuellen haben verstanden, sich zu artikulieren, und eine genügend große Zahl von Menschen haben wenigstens eine gewisse Sensibilität für das „Zurück zu Europa“ entwickelt – Ironie genug, denn gerade in diesen Ländern ist unendlich viel alte europäische Tradition zu Hause. Im Westen ist eine gewisse Arroganz geblieben, die gerade in intellektuellen Zirkeln ihren Ausdruck findet. Man erwartet, daß – um des europäischen Geisteslebens willen – die neu auftretenden, alten Partner alles und jedes akzeptieren, was in der freien demokratischen Welt schon längst gedacht, geredet und getan wurde. Dieser Prozeß aber sollte gemeinsam stattfinden, wobei sich die Ergebnisse in den genannten Ländern gar nicht schlecht anlassen.

Da Südosteuropa nie westliche Nachbarn besaß, konnte eine Osmose geistiger Art nicht stattfinden. Für viele Größen des Geisteslebens liegt Südosteuropa noch immer irgendwo „in the middle of nowhere", touristisch wenig bekannt, literarisch unerschlossen und unübersetzt und mental nicht genau beschreibbar. Da Geduld keine Zierde des heutigen Geisteslebens ist, hat die europäische Intelligenz – oder wer sich dafür hält – nur wenige Auseinandersetzungen mit dem Südosten des Kontinents geführt. Peter Handke tat dies auf eine Weise, die meinen Widerspruch erweckt, seine grundsätzlichen Bemühungen seien aber durchaus anerkannt. Eine Parteinahme ist allein schon deswegen notwendig, weil sie Widerspruch und damit Auseinandersetzung weckt. Erregung ist gleichzeitig Anregung. Gefordert wird aber auch Empathie, die Fähigkeit zum Einfühlen. Möglicherweise ist in Südosteuropa die Prioritätensetzung im normalen täglichen Leben, aber auch in den geistig-kulturellen Bedürfnissen anders gestaltet als bei uns im Westen.

Andrej Pleşu, gegenwärtiger rumänischer Außenminister, Kulturminister der ersten nichtkommunistischen Regierung, Autor und Intellektueller von Graden und längere Zeit Leiter des New Europe College in Bukarest, hat diese Überforderung in einem Aufsatz in der FAZ beredt beschrieben: „Im Grunde genommen wird man mit unzähligen Prioritäten konfrontiert. Alles ist prioritär. Unter diesen Bedingungen ist es nicht verwunderlich, daß man gelähmt ist und zögert. Gleichzeitig müssen gelöst werden: die Löcher in der Straßendecke, die Rechtsunsicherheit, die Verschmutzung der Gewässer, die Inflation, die Armut, die Rechte der Homosexuellen, das Verbot der

Zigarettenwerbung, die Renovierung der Strafanstalten, die Entsorgung der öffentlichen Abfälle, der engstirnige Konfessionalismus, die Diskriminierung von Frauen, die Medikamentenkrise, die schwachen Dienstleistungen, die Polizeireform, das Reinigen der Züge, die Sozialisierung der Rentner, die Einschulung der Roma-Kinder, die Umbenennung von Straßen, die Finanzierung der Theater, der Tierschutz, der Druck neuer Reisepässe, die Modernisierung der öffentlichen WCs, die Privatisierung, die Umstrukturierung, die Ankurbelung der Volkswirtschaft, die moralische Reform, die Neudefinierung des Bildungswesens, das Auswechseln von Diplomaten, die Konsolidierung des Zivillebens, die Förderung der NGOs, die Neuausstattung der Krankenhäuser, die ausgesetzten Kinder, die AIDS-Kranken, die neuen Mafia-Strukturen und so weiter und so fort. Alles ist Pflicht, alles ist dringend." Pleşu konstatiert folgerichtig, daß angesichts dieser Fülle es zwangsläufig zu Neurosen kommen müsse. Er befürchtet eine „ideologische Magenverstimmung", wobei es die Menschen in der EU nachdenklich stimmen sollte, daß er unserer „civil society" eine Wirkungsweise zuschreibt, die er als „terrorisierende Gestalt eines Obersturmbannführers" beschreibt. Manchmal erlebe ich aus unmittelbarer Nähe, wie Repräsentanten der Europäischen Kommission in Südosteuropa die Erreichung des „acquis communitaire" einverlangen, als wäre es die Zehn Gebote oder zumindest ein Teil der Bibel. Kontrastierend dazu sehe ich, wie die jeweils möglichen EU-Beitrittsdaten auf meine Gesprächspartner wirken. Gibt es irgend einen besseren Staatsbesuch, wird irgendein knapp nach dem Jahr 2000 liegendes Jahr genannt. Stehen zu Hause Neuwahlen vor der Tür, redet man davon, daß es noch sehr lange dauern wird und verspricht Formeln, die zwar den Beitritt theoretisch ermöglichen, ihn aber praktisch auf den Nimmerleinstag verschieben. Ob es nicht dringend notwendig wäre, nicht nur in der europäischen Administration und in der Politik der entwickelten Staaten Europas eine Veränderung herbeizuführen, sondern auch in jenem Bezug, den die Menschen des wissenschaftlichen, geistigen, kulturellen und künstlerischen Lebens zu Osteuropa, mehr noch zu Südosteuropa haben? Wir können Staaten und ihren Bewohnern, die sich im Transitorium befinden, nicht alles als gleich wichtig vorführen und somit die Kriterien nivellieren. Pleşu verweist darauf, daß es bei der Aufhebung der Strafbarkeit der Homosexualität in Rumänien viele Bauern, Pfarrer und Kleinstädter gegeben hat, die meinten, man würde jetzt die Legalisierung der Homosexualität vorschlagen, was bedeutet, daß die Homosexualität verpflichtend sei.

Zu der ganz normalen europäischen Sprachenvielfalt, die in Südosteuropa noch ausgeprägter ist, kommt die Vielfältigkeit unserer Sprache hinzu, die nicht zwingend jene Kenntnis vermittelt, die man sich wünschen würde. Gerade in der Aporie, in der sich das Geistesleben in Südosteuropa befindet, wäre Orientierung notwendig. Anstelle dessen tritt nicht nur in der Politik Geschäftigkeit ein. Die Zahl der Symposien und Meetings, Konferenzen und Begegnungen steigt ins Unermeßliche. Ist es schon ein fragliches Vergnügen, wenn aus den verschiedenen Gesichtspunkten heraus ständig ein „summit", also ein Gipfel stattfindet oder zumindest ein „ministerial meeting" – eine Ministerkonferenz –, wird diese Vorgangsweise auch in den wissenschaftlichen, intellektuellen und künstlerischen Bereichen praktiziert. Alles muß sich auf „high level" bewegen, weil es sonst als unbedeutend eingestuft wird.

Das Ereignishafte unserer Zeit erfaßt auch jene europäischen Staaten, die gerade darum kämpfen, unter neuen Umständen ein neues Bewußtsein zu finden. Dieser Prozeß erfordert Zeit – Zeit, die sich niemand nimmt. Denn in Wirklichkeit hetzen die geistigen und kulturellen Größen Südosteuropas genauso durch die Terminpläne und Flugplätze, Events und TV-Sendungen wie es in Westeuropa längst üblich geworden ist. Zwischen den westlichen und südöstlichen Kollegen besteht allerdings ein entscheidender Unterschied: Sie sind schlechter bezahlt und haben geringere Ressourcen zur Verfügung, von entsprechender Infrastruktur wie Instituten und Bibliotheken gar nicht zu reden.

Man könnte es sich einfach machen und behaupten, daß der Kommunismus eine Wüste des Geistes hinterlassen habe. Gleichzeitig muß man festhalten, daß auch bei uns die Landschaft nicht so reichlich mit kultureller Blüte und sonstigen Schönheiten bestückt ist. Das Europa von heute gefällt sich in der Aufstellung detaillierter Regelungen, die zweifellos partiell notwendig sind, fühlt sich aber bei der Frage, was Europa eigentlich ausmacht, überhaupt nicht wohl – obwohl gerade hier eine Brücke zu Südosteuropa wäre, sich selbst zu finden und zu hoffen, daß es nicht nur Bittsteller ist, sondern auch jemand, der aktiven Beitrag leisten kann. Darin liegt die Bedeutung des oft zitierten Wortes von der „Identität". Normen und Prozente, monetäre und ökonomische Beziehungen greifen hier zu kurz, denn ganz ohne Philosophie kann es Europa nicht geben. Voll von Philosophie – Liebe zur Weisheit – muß auch der Umgang mit den empfindlichen, der Sorge der Nachbarn anvertrauten Bereiche Europas sein. Gerade in einer Region der unterschiedlichen Sprachen ist die Neusprache, die Westeuropa kreiert hat, schwer zu verkraften. Nur wenige Insider wissen über all die Akronyme Bescheid, die die europäische Integration in der Vergangenheit produziert hat. Was PHARE und TEMPUS, TACIS und KALEIDOSCOP, ERASMUS, SOKRATES, INTAS, MERCOSUR, CEFTA, OSCE, BSEC, SECI, CEI und PREDEP, SFOR und Ähnliches tatsächlich bedeutet, können auch in der EU nur einige Fachleute erklären. Die Tatsache, daß wir uns in einem eher fraglichen Englisch unterhalten können, reicht alleine nicht aus, die Frage, was Europa heute ist, zu beantworten. – Robert Musils „hilfloses Europa“ – geschrieben nach dem Ersten Weltkrieg – kommt einem unter neuen, anderen Bedingungen in den Sinn.

Der Umgang mit Südosteuropa

Mehr und mehr ist nicht nur bei einfachen Gemütern, sondern auch bei den gehobeneren Geistern eine gewisse Intoleranz zu konstatieren. Mag sie bei jenen, die sich mit den europäischen Veränderungen nicht beschäftigen oder auch nicht richtig befreunden können, noch verständlich sein, wird diese Haltung bei anspruchsvolleren Mitwirkenden des Geisteslebens doch problematisch. Manche haben mit der angebotenen Vielfalt ihre Schwierigkeiten und können nicht so recht verkraften, was da alles an Neuem, das in Wirklichkeit alt ist, auf sie einströmt. Es ist sicher nicht leicht zu akzeptieren, daß bestimmte Sprachen erst jetzt ihre eigentlichen Namen erhalten haben und es ist schwer, nachzuvollziehen, was die Politik alles verändert hat. Westeuropa muß sich daran gewöhnen, daß es eine moldawische Staatssprache gibt, die eigentlich ein rumänischer Dialekt ist. Man muß lernen, daß es das Mazedonische gibt, wobei die Bulgaren erläutern, daß es sich dabei um eine Art von bulgarisch handelt und sie allein schon deswegen keine völkerrechtlichen Verträge mit ihren Nachbarn unterzeichnen können, in der die Existenz dieser Sprache behauptet wird. Aus dem Serbokroatischen des alten Jugoslawien sind die gar nicht so unterschiedlichen Sprachen des Serbischen, Kroatischen und Bosnischen hervorgegangen.

Bei der nationalen Identitätssuche wird sich die jeweilige Politik überlegen müssen, ob sie in der Verstärkung der eigenen Identität eine Zukunft für ein gemeinsames Europa oder ein

Hindernis sehen will. Ich maße mir dazu kein Urteil an, denn schließlich gibt es auch Bemühungen, aus dem „Schwyzerdütsch“ eine eigene Schriftsprache zu machen, und uns Österreichern war es sehr wichtig, daß spezielle österreichische Begriffe, insbesonders für Lebensmittel, im Rahmen der EU erhalten bleiben. Um so unverständlicher ist es, wenn gerade die EU-Länder wenig Verständnis für diese Sehnsucht nach Differenzierung in Südosteuropa aufbringen. Wir wollen den Menschen in Südosteuropa einreden, sie wären ohnehin alle gleich, während wir selbst auf unsere nationale Individualität beharren. Diese Intoleranz entsteht aus der Bequemlichkeit, sich nicht mit den Unterschieden zwischen Ost und West auseinandersetzen zu wollen, um sie schlußendlich auf ein Gemeinsames hinzuführen.

Toleranz sei ein „hochmütiger Name“, hat vor über zweihundert Jahren Immanuel Kant beiläufig in seinem Traktat zur Beantwortung der Frage „Was ist Aufklärung?“ geschrieben. Toleranz bedeutet Duldung, stellt aber auch die Versuchung dar, auf jemanden anderen herabzublicken. Also bedeutet Toleranz nicht zwingend die Akzeptanz des Andersseins. Die Akzeptanz der Unterschiede muß nicht gleichzeitig die Wertschätzung des anderen bedeuten. Eine ganz Reihe von Pädagogen, Psychologen, Sozialingenieuren, Meinungsforschern, Tiefenpsychologen und ähnliche sind unterwegs, um das Fremde, das Andere, die Differenz in der Identität festzustellen, womit aber nicht garantiert werden kann, daß auf diese Art eine Brücke des Verständnisses entsteht. Nun könnte man sagen, daß das alles nicht bedeutend ist, gleichzeitig treten aber damit verbundene Probleme auf, die uns auch im Alltagsleben beherrschen. Ist der Begriff „Multikulturalität“ ein wirklich toleranter oder nicht eher einer, der schon wieder eine Distanzierung herbeiführt, die noch dazu aus einer distanzierten Herablassung kommt?

Alle beschriebenen Aktivitäten und Denkweisen folgen westlichen Schemata, denen das Gefühl für die gewachsenen Denkstrukturen anderer Kulturräume fehlt. Der Westen schmückt sich mit dem Anderssein, findet es auf eine eigentümlich intellektuell-folkloristische Weise schön und faszinierend, ohne jedoch einen einzigen Beitrag zum gegenseitigen Verständnis zu leisten.

Was wirklich nottut, ist eine fundierte Kenntnis der verschiedenen kulturellen Ausdrucksformen der Region Südosteuropa. Für den Anfang könnte man auf jede Intentionalität verzichten und sich einfach nur kundig machen, wie etwas aussieht, auf welche Weise es tönt und welche Formen der Darstellung es wählt. Es wäre ein intellektuelles Verdienst, zunächst auf eine Bewertung zu verzichten und vorrangig in erklärender Weise zu beobachten, welche Lebensformen kultureller Art in Südosteuropa bestehen. Manchmal ähneln einschlägige Veranstaltungen Zoo- oder Zirkusvorführungen, bei denen in freier Dressur türkische Musik, bulgarische Trachten, serbische Küche und ähnliche Mischungen präsentiert werden. Doch denken wir an uns selbst: wie empfindlich sind wir, wenn wir das Gefühl haben, daß man uns nicht gerecht wird; und wie oberflächlich gehen wir mit diesen unterschiedlichen Kulturen und ihren Wurzeln um.

Die globale Zivilisation, die nivellierend über alles gelegt wird, verschärft die Lage zusätzlich. Wir sind uns der Verarmung Südosteuropas gar nicht bewußt und registrieren nur, was nicht zu übersehen ist: Im Umfeld der alten Städte entstehen amerikanisierte Einkaufszentren, McDonalds-Drive-in-Lokale, Automatenspielhöllen und ähnliches mehr. Für diese „Verwestlichung“ können weder die dortigen Regierungen noch die europäische Politik verantwortlich gemacht werden, denn es sind die üblichen Ergebnisse des parallel laufenden Globalisierungsprozesses. So gesehen herrscht eine europäische

Phantasielosigkeit, die unfähig ist, aus der faszinierenden Vielfalt des Kontinents unseren Nachbarn keine entsprechenden Angebote machen zu können. Die „Fastfood-Kultur" schlägt sich auf erbärmliche Weise in der Welt der elektronischen Medien nieder. Wer in Südosteuropa die inzwischen reichlich vorhandenen TV-Kanäle konsumiert, stellt mit großem Bedauern fest, daß ausgerechnet die dümmsten Produkte dieses Genres von der westlichen Welt angeboten werden. Die Investoren, die aus dem Westen kommen, bringen mehr niveaulosen Mist als Qualität mit. Der freie demokratische Westen hat nicht mitgeholfen, verbesserte politische Information oder öffentlich-rechtliche Rundfunkanstalten in Südosteuropa aufzubauen. Hingegen wurden – sehr erfolgreich – Lizenzen für Seifenopern, Pornoshows und flache Unterhaltungssendungen verkauft und von Privaten in der Tschechischen und Slowakischen Republik, in Ungarn, Polen und Rumänien erworben. Möglichkeiten für das regionale kreative Potential gibt es daneben keine. Bei den Printmedien ist es so weit gekommen, daß ein angesehener Schweizer Verlag das Erscheinen altkommunistischer Zeitungen ermöglicht – Produkte, die nie und nimmer dem helvetischen Demokratieverständnis entsprechen. Wo ist die Gabe der Differenzierung, die Empfindsamkeit eines kritischen Journalismus, die Qualität der „civil society"? Ein österreichischer Museumsdirektor wurde kritisiert, weil er nicht ausschließlich, aber auch Kunst aus Mittel-, Ost- und Südosteuropa ausstellte. Bei den auf ihre Freiheit so bedachten Künstlern und ihren Galeristen gilt jedoch nur der Westen als Ausrichtung. Der Westen ignoriert, daß Kunst aus östlichen und südöstlichen Regionen politischer, aufregender und den Menschen mehr ansprechender sein kann. Die blutige Tragödie in Bosnien-Herzegowina hat eine Menge künstlerischer Werke entstehen lassen, die zwar von der Sprache unserer westlichen Produkte weit entfernt sind, aber auf überzeugende Weise die menschliche Sensibilität signalisieren. Es gilt also, jene Mitmenschlichkeit und Empfindsamkeit einzumahnen, die heute zu den ganz selbstverständlichen Versatzstücken unserer Zeit gehören und in geläufiger Sonntagsrede permanent angeführt werden, aber den sensiblen europäischen Zonen und ihren Bewohnern gegenüber fehlen.

Für den Westen waren die Intellektuellen aus den kommunistischen Staaten vor dem Jahr 1989 deshalb so interessant, weil sie überzeugende Protestierer waren und der Ohnmacht des Geistes für kurze Zeit eine beachtliche Macht der Veränderung vermittelt haben. Außerdem boten sie spannenden Stoff für Berichte im Fernsehen und in den Printmedien. Es hat lange gebraucht, bis die Dissidenten, ihr Wort und ihre Literatur im Westen Anerkennung gefunden haben. Aber nun hatten sie etwas zustandegebracht und daher war man stolz auf sie, weil damit auch die eigene Bedeutung unterstrichen wurde. Damit scheint aber auch das Geistesleben in der anderen Hälfte Europas bereits seinen Dienst getan zu haben. Denn was die neuen Grenzen für die dortige Bevölkerung jetzt bedeuten, interessiert hier im Westen herzlich wenig. Hatte man sich früher noch empört, wenn einem Künstler oder Schriftsteller der Paß verweigert wurde, so interessiert heute niemanden, daß anstelle der Verweigerung durch einen kommunistischen Polizeistaat die Verweigerung des Visums durch einen westlichen Konsularbeamten getreten ist. Wer Glück hat, wird als Intellektueller des Ostens gerade noch als armer mißratener Verwandter angesehen, der mit mehr oder weniger fraglichen Ansprüchen vor der Türe steht. Nicht nur die sogenannten einfachen Bürger, auch die Intellektuellen des Westens meinen, daß ohnehin schon eine Normalisierung geschehen sei. Früher hat die freie Welt die Flüchtigen des sozialistischen Lagers mit offenen Händen aufgenommen. Sie waren Ehrengäste bei Symposien, Friedenspreisen und Kongressen. Heute will man die armen Verwandten nach Möglichkeit gar nicht mehr sehen. Sie sollten sich doch ein wenig mehr anstrengen, dann würde es schon gehen, lautet der westliche Kommentar – schließlich habe man selbst ebenfalls eine gewisse Zeit gebraucht, um den vorhandenen Standard auch im geistigen Leben zu erreichen.

Interessanterweise nimmt das Geistes- und Kulturleben auf die große Frage der Erweiterung Europas keinen Bezug. Es bleibt ausgeblendet, obwohl es sich um eine Schicksalsfrage des Kontinents handelt. Es interessiert den Westen noch immer nicht, was da an unendlicher Vielfalt in einer einzigen Ecke Europas vorhanden ist, mit welcher Langsamkeit europäische Universitäten für eine Auseinandersetzung mit der Literatur Rumäniens oder der Bulgaristik eintreten oder die südslawische Sprachenvielfalt universitär akzeptiert wird. Interesse besteht höchstens in der Erkundung der Bereitschaft, das Nachholverfahren für Kenntnisse des Westens zu beschleunigen, ohne adäquat dafür zu sorgen, daß auch wir „Westler" informiert sind, wie unsere neuen „alten" Nachbarn aussehen. Es genügt schon, daß der österreichische Bundespräsident zeitweise seine Kollegen einfliegen läßt, bei den Salzburger Festspielen der eine oder andere Glanzpunkt gesetzt wird oder man sich irgendeines Geistesriesen erinnert, der aus Südosteuropa stammt. Innerlich aufgenommen in den Club der Europäer hat man unsere Nachbarn aber noch lange nicht. Dieses Verfahren wird natürlich durch einige Schwierigkeiten behindert. So wirft man den Ländern im Osten und Südosten Europas ein schlechtes Verhältnis zueinander vor. Weiters stehen sie mit der Vergangenheit auf schlechtem Fuß – schließlich haben sie sich fast ein halbes Jahrhundert kommunistische Diktatur gefallen lassen. Die gegenwärtigen Probleme ergeben sich aus den Schwierigkeiten der Transformation, die nicht rasch genug bewältigt werden können. Hinzu kommen politische Instabilität, geringes Einkommen, Unklarheit und Unsicherheit gegenüber den Werten und Zielen des eigenen Landes, zu deren Klärung der Westen jedoch nichts beitragen kann. Für uns sind die Südosteuropäer noch mit einer Mentalität behaftet, die nicht mehr in unsere Zeit paßt. Die Zukunftsaussichten sehen also düster aus. All das, was Westeuropa schon hinter sich hat, muß im Südosten Europas erst aufgebaut werden. Bis es so weit ist, werden die Menschen mit weiteren willkürlichen Jahreszahlen bezüglich eines EU-Beitrittes vertröstet.

Die Politik hat für Situationen dieser Art eigene Täuschungsmanöver entwickelt: In regelmäßigen Abständen werden Präsidenten, Regierungschefs und Minister der „Europäer im Wartestand" zu den bedeutenden europäischen Treffen eingeladen. Sie kommen auf das Familienfoto, werden schulterklopfend begrüßt und tätschelnd verabschiedet. Vielleicht dürfen sie auch noch kurz – ohne tatsächliche Konsequenz – an den Beratungen teilnehmen. Kultur und Intellektualität hat solche Täuschungsmanöver noch nicht erfunden. Eigentlich ist es mehr eine Ignoranz, die uns beherrscht und uns darauf verzichten läßt, uns kundig zu machen, um all das zu mobilisieren, was Europa *auch* ist. Als Resultat dieser Ignoranz ergibt sich die Unfähigkeit, mit den vorhandenen Konflikten umzugehen und einen konstruktiven Beitrag zu leisten, unseren Mitbürgern Ängste und Sorgen zu nehmen. Stattdessen sehen auch Intellektuelle beim Auftritt von Politikern gelassen zu, wenn diese mit dem Angstmachen ihr Geschäft besorgen. Natürlich protestiert man gegen die Populisten, unterschreibt notfalls eine Erklärung, beteiligt sich am „Lichtermeer" oder entsetzt sich über die Zeitläufte. Eine aktive Strategie der Verständigung und der Präsentation fehlt jedoch noch immer. Eher klagt man über zu kleine Kulturetats und vergißt dabei, daß in Ost- und Südosteuropa für kulturelle Aktivitäten grundsätzlich kein Geld vorhanden ist – denn schon das blanke Überleben in diesen Bereichen stellt ein Kunststück dar. Wäre es unter diesen

Umständen nicht angebracht, hielten westliche Wissenschafter Freisemester an einer der Universitäten Südosteuropas? So mancher „poeta laureatus“, der einen doch beträchtlich hoch dotierten Staatspreis oder eine sonstige Anerkennung erhält, könnte sich an der Übersetzung eines Werkes finanziell beteiligen, einen Studienaufenthalt ermöglichen oder sonstwie eine Brücke zu Dichterkollegen bauen, auf der aufeinander zugegangen werden kann.

Werden Beispiele dieser Art nicht in die Praxis umgesetzt, überläßt man das Feld denjenigen, die Konflikte schüren oder von Konflikten leben, die Angst einflößen und daraus ihre Macht beziehen. Wer hat den Dialog gesucht mit jenen serbischen Dichtern, die in den letzten Jahren einen ganz erheblichen Beitrag zum verstärkten Nationalismus in ihrem Land geleistet haben? Vielleicht hätte ihnen ein Besuch oder ein Auslandsaufenthalt, eine Auseinandersetzung mit ihrem Werk und eine entsprechende Übersetzung den Blick dafür geöffnet, daß bei einer einseitigen Sicht der Dinge die Gefahren für die Menschen größer und die Chancen für die eigene Nation geringer werden. Manche haben es getan – und sind nicht ernst genommen worden, da kritische Intelligenz oft auch als Unannehmlichkeit verstanden wird und nicht als Chance zum Positiven.

Für ein Umdenken ist es noch nicht zu spät. Es bestehen noch viele Möglichkeiten, ein anderes Europa wiederzuentdecken, das unter schwierigen Bedingungen existiert, aber in seiner Wiederentdeckung doch auch Faszination in sich birgt. Daß vielleicht bei einem solchen Besuch in Zwischeneuropa die Qualität der Unterbringung nicht dem gewohnten Standard entspricht, müßte man um der Welt des Geistes und der Kunst willen doch in Kauf nehmen können. Es ist klüger, schon heute mit der Bekanntschaft zu beginnen, als morgen ihr Versagen zu beklagen. Die „Brücke über die Drina“ – so hat Ivo Andric, bosnischer Autor, Nobelpreisträger, mit einem Doktorat aus Wien in deutscher Sprache symbolisch als Verbindung zweier Welten seinen wichtigsten Roman betitelt – ist da, um begangen zu werden, denn schließlich sollte die Neugierde beflügeln, auch unterschiedliche Welten kennenlernen zu wollen. War nicht immer vom Wagnis des Geistes die Rede? Aus unserer gesicherten Existenz heraus ist es ohnehin ein geringes Wagnis. Viel riskanter ist es, die Freiheit des Geistes in Südosteuropa zu leben – auch heute noch, als Europäer ohne kommunistische Bedrohung.

Zu guter Letzt müssen wir alle, die wir uns im Geistes- und Kulturleben bewegen, fragen, wie wir es mit Europa halten. Bei dieser Fragestellung handelt es sich nicht um die Union und ihre Erweiterung, um den Euro oder die Vertiefung der Integration – und was sonst noch auf der Tagesordnung steht. Es gilt vielmehr, die „finalité d'Europe", die endgültig die Gestalt Europas bestimmt, zu definieren – und dies ist nicht nur im geographischen-politischen Sinn gemeint. Angesichts der Entwicklung der Welt müssen wir uns fragen, woran das Europa des 21. Jahrhunderts erkennbar sein wird. Wird es sein Gesicht verloren haben, ein Museum des mondialen Tourismus sein, zur saisonalen Festspiellandschaft verkommen sein? Wie wird die Welt von morgen mit dem Erbe der griechisch-römischen Welt, des jüdisch-christlichen Denkens, der Aufklärung und der Moderne umgehen? Sich hinter der Postmodernen, einer geistig-kulturellen Welt von Zitaten und Erinnerungen zu verstecken, wird zuwenig sein. Nein, wir müssen ein Laboratorium des 21. Jahrhunderts leben, das mit der eigenen Vielfalt umgehen kann, sich nicht als Festung ökonomischen Wohlstands begreift, sondern einen gemeinsamen Beitrag für ein gemeinsames Europa leistet. Dieser Beitrag muß heute geleistet werden, denn im Sinne christlicher Philosophie ist Europa jetzt der „topos" – der rechte Ort – und es ist auch der „kairos" – der rechte Augenblick. Hoffentlich werden diese Aspekte vom geistigen Europa auch begriffen.

5. Österreich und Südosteuropa

Bei näherer Betrachtung der Landkarte, der historischen Verbindungen und der Aktualität liegt es auf der Hand, daß die Entwicklung in Südosteuropa für Österreich von entscheidender Bedeutung ist. Ich möchte die geschichtlichen Komponenten sogar vernachlässigen, da in dieser Diskussion immer wieder mit – ganz und gar nicht berechtigter – Nostalgie argumentiert wird. Für Österreich ist es zukunftsentscheidend, daß die Entwicklung der Demokratie in den Nachbarstaaten, die Stabilisierung der politischen, wirtschaftlichen und sozialen Verhältnisse sowie ein gemeinsames Bewußtsein für Europa gelingt. Hinzu kommt, daß Österreich von allen möglichen Flüchtlingsströmen, Krisenereignissen und internationalen Eingriffen zuallererst bedroht ist. Mit Recht wurde darauf hingewiesen, daß die Last der Flüchtlingsströme innerhalb der EU-Länder mehr aufgeteilt werden müßte. Ebenso darf nicht verkannt werden, daß die Zunahme der österreichischen Bevölkerung zu einem großen Teil darauf zurückgeht, daß es auch eine Migration nach Österreich gegeben hat, und so ist Wien nach langer Zeit wieder eine wachsende Stadt. Diese Entwicklungen verlaufen zwar nicht friktionsfrei, sind aber ein wichtiger Aspekt der weiteren Zukunft des Landes. Wann immer Militärkräfte oder zivile Organisationen in Bosnien, Kosovo, Albanien, etc. einzugreifen haben, geschieht dies über Österreich, durch Österreich und mit Österreich. Ein militärisches Eingreifen im Kosovo stellt das neutrale Land vor die Frage, wie es einer internationalen Staatengemeinschaft die Notwendigkeit der Durchfahrt und des Überfliegens ermöglicht, wie es einen Beitrag zur Sicherheit und Stabilität leistet, noch dazu, wenn Österreich selbst davon betroffen ist. Es ist also mehr als angebracht, sich mit der Gesamtproblematik auseinanderzusetzen und Südosteuropa zu einem österreichischen Thema zu erklären.

Leider gibt es im durchschnittlichen Österreich nur spärliche Kenntnisse über Südosteuropa. Mit Mühe ist es gelungen, entsprechende Sprachstudien zu etablieren, wobei das Interesse an ihnen eher dürftig ausgefallen ist, obwohl es sich um Zukunftsmärkte handelt. Abgesehen davon macht es grundsätzlich Sinn, sich mit den Nachbarn zwecks besseren Verständnisses in seiner eigenen Sprache verständigen zu können. – Der kulturelle Gewinn, den wir quer durch die Geschichte aus der Verbindung mit unseren Nachbarn gezogen haben, ist evident: Das „Wien um 1900", das für wenige Sekunden der Weltgeschichte eine Art Welthauptstadt des Geistes war, hätte ohne diesen geistigen Hintergrund niemals existiert. Auch heute noch ist das österreichische Kulturgeschehen in hohem Maß von Südosteuropäern bestimmt, wie Besetzungslisten von Opern und Orchestern zeigen. Ähnliches gilt für den Bereich der Wissenschaft, die es durchaus verträgt, in einem höheren Ausmaß mit diesen Teilen Europas verbunden zu sein und von den geistigen Qualitäten der Nachbarn zu profitieren.

Aber auch über den eigenen egoistischen Standpunkt hinausgehend wäre es für Österreich nicht unwesentlich, Südosteuropa zu einem Ziel der Europäischen Union zu machen. Den EU-Staaten des westlichen Mittelmeers ist es gelungen, mit der Barcelona-Deklaration das Interesse und Engagement der EU an den Maghreb-Staaten festzulegen. Ähnliches muß Österreich gelingen, nämlich den Donauraum und Südosteuropa in den Blickpunkt der Union zu rücken. Für dieses Vorhaben fehlen allerdings entsprechende österreichische Vorschläge. Längst sollte es eine EU-Einrichtung geben, die sich in Wien mit dieser Region auseinandersetzt, so wie es den Spaniern gelungen ist, eine Einrichtung der EU für Lateinamerika in Madrid zu etablieren. Die inzwischen an Land gezogene EU-Einrichtung zu Fragen des Nationalismus und Rassismus in Wien ist thematisch zu eingeengt und erlaubt logischerweise nur negative Assoziationen. Es empfiehlt sich ein Zusammenwirken mit dem EU-Mitglied Griechenland, denn die Distanz zwischen den beiden EU-Mitgliedern muß in beiderseitigem Interesse geographisch „verkürzt" werden, indem sie durch neue Mitgliedschaften in der Union einander näherrücken.

Es ist schon an anderer Stelle auf die Relevanz der Region und die Chance der Verbindungsfunktion hingewiesen worden. Bei diesen Überlegungen wird Österreich zuallererst profitieren, gleichzeitig sich aber auch einer Herausforderung stellen müssen, die über die gegenwärtige Nabelschau hinausreicht. Ohne anmaßend sein zu wollen, kann daraus auch eine zwar bescheidene, aber notwendige geopolitische Funktion abgeleitet werden. Die Umsetzung gelingt dann, wenn wir die Einstellung, uns aus allem und jedem herauszuhalten, ablegen, denn in einem Ernstfall wird darauf keine Rücksicht genommen werden. Die Präsidentschaft Österreichs in der zweiten Hälfte 1998 war ein positiver Schritt in diese Richtung und hat uns letztlich gezwungen, wieder Verantwortung für andere wahrzunehmen, nachdem wir ein halbes Jahrhundert lang mehr oder weniger von der Weltgeschichte abgedankt hatten. Ohne uns eine Bedeutung geben zu wollen, die wir nicht haben oder uns Risken auszusetzen, die wir nicht bewältigen können, ist es dennoch Ziel, die Selbstverständlichkeit der Nachbarschaft und deren Zugehörigkeit zu Europa zu dokumentieren, zu realisieren und auch im positiven Sinn zu bewältigen.

Gegenwärtig zeichnet sich ab, daß der Erweiterungsprozeß der Europäischen Union lange Zeit in Anspruch nehmen wird.

Es ist noch nicht abzusehen, ob diese Verzögerung ein Pendelschlag nach dem Enthusiasmus von anno 1989 ist oder eine generelle Veränderung des Klimas darstellt, wobei die wohlhabenden Staaten nicht mehr bereit sind, sich der Mühe der Integration mit ärmeren zu unterziehen und für sich alleine bleiben wollen. Eine solche Entwicklung ist auch in Österreich zu verspüren, hätte aber gerade für unser Land dramatische Folgen. Es wäre nicht nur die bleibende Außengrenze der Europäischen Union gegenüber dem Osten und Südosten des Kontinents, sondern auch eine mehr als problematische Trennlinie, die in voller Belastung auf uns zukäme. Selbst wenn die Erweiterung mit Ungarn und Slowenien stattfindet, bleibt die Belastung die gleiche, worunter sicher nicht die vordergründige Erleichterung durch die Verschiebung der Schengengrenze nach Osten und Süden gemeint ist. Es spricht alles dafür, die Trennlinien nicht zu verstärken, sondern praktikable Zwischenlösungen auszuarbeiten, die einige Zeit halten, um die notwendige Frist bis zur Integration in die EU zu gestalten. Damit soll nicht einer Strategie das Wort gesprochen werden, die anstelle eines EU-Beitritts verfolgt wird, sondern es soll im Sinne eines „worst case scenario" an alle Möglichkeiten gedacht werden, die sich durch längere Fristen für die notwendigen Veränderungen der EU ergeben können. Daß es dabei zu einer Verschärfung vorhandener Unterschiede kommen kann, auch zu neuen Trennlinien, ist wahrscheinlich unvermeidlich. Um so mehr muß es im Interesse Österreichs liegen, innerhalb der Europäischen Union für entsprechend unterstützende Maßnahmen einzutreten, die die Spannungen abfedern und alle offenen Möglichkeiten der Kooperation nützen. Die gegenwärtige zögerliche Haltung gegenüber der Erweiterung läßt jene Frage aufkommen, die Europa im 21. Jahrhundert nicht verlassen wird: Was ist die „finalité d'Europe"? – Die endgültige Form Europas und in welcher Weise die Einheit Europas in seiner Vielfalt möglich wird, um im Rahmen der Globalisierung nicht nur dem Wettbewerb standhalten zu können, sondern auch den Kontinent selbst aufgrund seiner reichen Geschichte, seiner starken ökonomischen Präsenz und seiner politischen Bedürfnisse zu artikulieren.

Offensichtlich bedarf es bei diesem Prozeß einer gewissen Pause, denn die Entwicklung in den letzten Jahren ist ziemlich stürmisch gewesen. Damit sind nicht nur die Veränderungen durch den Zusammenbruch der Sowjetunion, des Kommunismus und das Entstehen neuer Staaten gemeint, sondern auch die Tatsache, daß uns die wissenschaftlich-technische Zivilisation kaum Atempausen gelassen hat, das neu Errungene zu verkraften und zu verarbeiten. Geschichte geht ja bekanntlich nicht in konstanten Linien vor, sondern in Wellenbewegungen, ja sogar spiralförmig nach oben. Mag sein, daß die Menschen in Europa ihre neue Welt erst kennenlernen müssen, um sie auch tragen und ertragen zu können.

Somit liegt ein umfangreicher Arbeitskatalog vor, der nicht nur von den politischen Kräften und Eliten, sondern auch von der breiten österreichischen Basis zu vollziehen ist. Einige dieser Aufgaben seien nachstehend genannt; von denen manche schon erfolgreich bearbeitet werden, andere gar nicht wahrgenommen werden.

To relearn Europe

Im Zusammenwirken politischer und wissenschaftlicher Institutionen ist es ratsam, zur Jahrtausendwende einen „Österreich-Bericht zum Millenium“ zu verfassen. Zur Wahrung der Unabhängigkeit solch eines Berichts sollte die Österreichische Akademie der Wissenschaften beauftragt werden, die in einem Konsultationsverfahren dazu beitragen könnte, mögliche Aufgaben und Szenarien für Österreich zu entwickeln. Neben der Erfassung politischer Alternativen zur europäischen Entwicklung und des notwendigen österreichischen Engagements sollte die Aufgabenstellung die Bereiche der Sprachkenntnisse, der Geschichtsforschung, der Ökologie und die Möglichkeit der notwendigen Verbindungen aller Art unter besonderer Berücksichtigung der Nachbarn umfassen.

Sprache kann verbinden, aber auch trennen. Nach wie vor fehlen Übersetzungen der südosteuropäischen Literatur. Hätte der Westen rechtzeitig bestimmte ideologische Entwicklungen in der serbischen Literatur registriert, wäre es wahrscheinlich nicht zu jenen Mißverständnissen gekommen, die schmerzliche und blutige Folgen für ganz Europa hatten. Die Bewahrung der relativ kleinen unterschiedlichen Sprachgruppen ist für die europäische Identität unerläßlich. Hier die europäische Verantwortung einzumahnen, ist von entscheidender Bedeutung. Man kann nicht gut gegen eine Globalisierung unter amerikanischen Vorzeichen ankämpfen wollen, wenn man im eigenen Bereich nichts gegen die Simplifizierung kultureller und literarischer Produktionen unternimmt. Universitäten und Institute verschiedener EU-Länder sollten miteinander vernetzt werden, um eigene EU-Sprachprogramme vor dem Beitritt neuer Staaten (neue Sprachen!) zu entwickeln. Da jeder Beitrittskandidat seine eigene Sprache in die EU einbringt, summieren sich die jetzigen zwölf schrittweise zu einer Zahl, die in kurzer Zeit schwer beherrschbar sein wird. Eine Erweiterung der vorhandenen Kapazitäten im Schul-, Universitäts- und Dolmetschbereich und der Start entsprechender Austauschprogramme sollte daher *jetzt* erfolgen.

Kunst

Kunst kann Kenntnis erschließen, sofern diese gewollt ist. Die Rolle der österreichischen Kunstaktivitäten ist immer noch in hohem Ausmaß von der Ost-West-Teilung geprägt. Österreichische bildende Künstler akzeptieren ihre Kollegen aus Mittel-, Ost- und Südosteuropa nur zögernd. Es wäre für Österreich eine spannende Herausforderung, sich zu einer besonderen Informationsstelle für die neu hinzugekommenen Länder zu entwickeln, wobei das Museum Moderner Kunst/Stiftung Ludwig sich dieser Aufgabe bereits erfolgreich stellt. Ähnliches gilt für die Theaterwelt, bei der die Stadt Wien ihre Bemühungen um ein Informationsnetz mit mittel-, ost- und südosteuropäischen Städten infolge der Bedeutung der Kultur weiter ausbauen könnte.

Das Gustav-Mahler-Jugendorchester unter der Leitung von Claudio Abbado vereint junge Musiker aus 23 verschiedenen europäischen Ländern. Österreich trägt zur Finanzierung entscheidend bei, währenddessen die EU eine Subventionierung ablehnt, da die Orchestermitglieder auch aus Nicht-EU-Staaten stammen. Die Kurzsichtigkeit dieses Arguments braucht keine Erläuterung, denn gerade Musik überschreitet nationale Grenzen am leichtesten.

Die Österreichische Gesellschaft für Literatur leistet seit vielen Jahren (früher unter der Leitung von Wolfgang Kraus, jetzt durch Marianne Gruber) entscheidende Beiträge für ein größeres Europa, die leider von der Öffentlichkeit nie wirklich zur Kenntnis genommen wurden. Es ist beachtlich, wer aller vor 1989 für eine bestimmte Zeit in Wien leben konnte und wer heute im Wiener Palais Wilczek, dem Sitz der Gesellschaft, auftritt. Österreich kann solche Aktivitäten auf europäische Ebene umlegen und so zu dem zentralen Ort werden, wo dieser notwendige Austausch der Vielfalt für die ganze Union stattfindet.

Da das österreichische Verlagswesen nicht sehr finanzkräftig ist, ist hier umso mehr eine europäische Vernetzung zu suchen. Vielleicht käme es auch zu einer Wiederbelebung des Literaturbetriebes, der früher – z. B. im Forum Stadtpark in Graz – umfassende Orientierungen darüber gegeben hat, was die Nachbarschaft bewegt.

Dieses Kapitel erhebt keinen Anspruch auf Vollständigkeit. Es soll den einzelnen Bereichen der Kunst überlassen bleiben, sich selbst Rechenschaft zu geben, inwieweit sie unter den gegebenen Umständen grenzüberschreitend wirken. Grenzen versetzen, die Kraft der Kunst, sie zu verschieben, auszuweiten und zu überschreiten, gäbe unserem Kulturleben einen bleibenden Impetus.

Kultur

In den Jahren nach dem Zweiten Weltkrieg und nach Entstehen des Eisernen Vorhangs waren sich viele Menschen einig, daß es eine österreichische Verantwortung hinsichtlich der kulturellen Verbindungen zu unserer Nachbarschaft gibt. Diese Einstellung resultierte aus unterschiedlichen Motiven: Zum einen fühlte man sich der alten deutschen Sprachinseln verbunden, und die zur Emigration gezwungenen Menschen wollten, in Österreich angekommen, wenigstens die Erinnerung aufrechterhalten. Zum anderen war sich die Kriegsgeneration um den kulturellen Verlust durch die Ost-West-Teilung sehr wohl bewußt. Aus Überlegungen dieser Art sind Einrichtungen wie das Institut für den Donauraum und Mitteleuropa (IDM), 1953 gegründet, oder das Ost- und Südosteuropainstitut (OSI), vom damaligen Unterrichtsminister Heinrich Drimmel ins Leben gerufen, entstanden. Die Verhältnisse nach 1989 führten zu einer Umorientierung, die etwa das IDM mit seiner

Ausrichtung auf den Donauraum, der akuten Hilfe in Fragen der EU-Erweiterung, der Begegnung elektronischer Medien in Mittel-, Ost- und Südosteuropa schon zu einem beachtlichen Teil umgesetzt hat. Das OSI wurde für die unbürokratische Errichtung von Außenstellen für die Wissenschaft eingesetzt. Da gerade dieses Institut auf Ost- und Südosteuropa ausgerichtet ist, muß, angesichts der wichtigen Leistungen auf dem Gebiet der Geschichtswissenschaften, ein entsprechendes Konzept der Präsenz in diesen Ländern und ein Informationsaustausch in Österreich erstellt werden. Ein verstärktes Engagement im Bereich der Aufarbeitung wechselseitiger historischer Mißverständnisse scheint ebenso notwendig wie die Unterstützung der Universitäten und wissenschaftlichen Anstalten in der Entwicklung ihres Beitrags zur „civil society".

Das „Institut für die Wissenschaften vom Menschen" (IWM) hat vor und nach 1989 eine unendlich wichtige Rolle gespielt, um den Dialog im kulturellen Bereich und im wechselseitigen politischen Verständnis überhaupt zu beginnen bzw. auf europäischer Ebene zu erweitern. Die Schaffung des Hannah-Arendt-Preises und die zahlreichen Symposien sprechen für sich. Es ist zu überlegen, die Existenz dieses Institutes durch die Schaffung einer Stiftung abzusichern, um eine bleibende Bindung an Österreich und Wien zu erzielen, denn zweifellos hat das IWM bis jetzt schon die wissenschaftliche Landschaft bereichert.

„Kulturkontakt" – ein Instrument des Wissenschafts- und Unterrichtsministeriums – verwirklichte in den letzten Jahren sehr erfolgreich verschiedene Programme. Mit der Konferenz über Fragen der Bildung in Südosteuropa im November 1998 wurde ein weiterer wichtiger Schritt in diese Richtung gesetzt. „Kulturkontakt" hat sich zum Ziel gesetzt, sich innerhalb der Europäischen Union als Anwalt der Entwicklung der Bildungseinrichtungen in Südosteuropa zu etablieren.

Generell ist mit der Schaffung der „Arbeitsgemeinschaft Ost“ eine verbesserte Koordination aller Einrichtungen, die sich mit Fragen von Mittel-, Ost- und Südosteuropa beschäftigen, gelungen. Damit wurde dem Vorwurf begegnet, daß Einrichtungen wie das Vienna International Center, das Donaueuropäische Institut und Wirtschaftsforschungseinrichtungen wie das Wiener Institut für Internationale Wirtschaftsvergleiche, das Institut für Höhere Studien oder das Wirtschaftsforschungsinstitut konkurrierend arbeiten. In einer weiteren Entwicklung sollten einerseits Vorgaben der Einrichtungen gegenüber den öffentlichen Stellen erarbeitet, andererseits weitere Aufgaben von Regierung und öffentlich-rechtlichen Einrichtungen ausgeschrieben werden.

Bildung

Österreich muß erreichen, daß die EU-Programme Erasmus-Sokrates angesichts der langen Wartezeit für mögliche EU-Beitritte schon vor dem Beitritt in Anspruch genommen werden können. Weiters muß sich Österreich für Austauschprogramme, die junge Menschen aus ganz Europa zusammenführen, einsetzen. Die damit verbundenen Kosten könnten aus PHARE-Mitteln getragen werden. Die „Österreich Kooperation“, die für die Entsendung von Lektoren verantwortlich ist, kann unterstützende Assistenzprogramme durchführen, die den Staaten bei der Durchführung von EU-Programmen auf eigene Beine helfen.

Bildungsbeauftragte haben die Aufgabe, eine Bildungskooperation zwischen Österreich und den betreffenden Ländern herzustellen. Österreichische Vertragsbedienstete des Unterrichtsministeriums sind mittlerweile in Albanien, Bulgarien, Kroatien, Bosnien-Herzegowina und Ungarn tätig. Sie haben die Aufgabe, Projekte bilateraler und gesamteuropäischer Bildungszusammenarbeit zwischen Ost und West zu initiieren und den bildungspolitischen Informationsaustausch zu unterstützen. Know-how-Programme und materielle Hilfe ergänzen diese Aktivitäten, die auf die gesamteuropäische Integration abgestellt sind. Es wurden Programme gefördert, Curricula in „Deutsch als Fremdsprache" zu entwickeln und die Lehrer zu unterstützen, wie auch versucht wird, Berufsausbildungen zu organisieren, durch die sich auch ein wirtschaftlicher Ansatzpunkt ergibt. Organisation und Informationstechnologie stehen neben Tourismusausbildung im Vordergrund. Weiters sollen die Bildungsbeauftragten eine enge Verbindung mit internationalen Organisationen wie UNESCO, Europarat, European Training Foundation der EU, OECD, etc. herstellen. Das Europäische Fremdsprachenzentrum in Graz leistet dabei ebenso Hilfe wie die Zusammenarbeit der deutschsprachigen Länder im Rahmen von DACH (Deutschland-D, Österreich-A, Schweiz-CH).

CEEPUS (Central European Exchange Programme for University Students) war schon immer erfolgreich. Das Programm führt autonom den Austausch von Studenten und Professoren durch. Die Aufenthaltsmonate gelten als „Währung", wobei die finanziellen Differenzen der einzelnen Länder adäquat ausgeglichen werden. Eine Erweiterung dieser Programme auf Lehrer- und Schülerebene ist wünschenswert. Ähnlich agiert EIPOS (Europäisches Institut für postgraduale Studien), das aus einer Vernetzung von Technischer Universität Dresden, Universität Klagenfurt, Donauuniversität Krems und anderen europäischen Universitäten besteht und postgraduale Weiterbildung in exakt beschriebenen Bereichen (Bauingenieurwesen, Transport, Landwirtschaft, Telekommunikation, etc.) anbietet. Die beabsichtigte Schaffung einer virtuellen postgradualen Universität (EUPOS – European University for postgraduate Studies) sollte innerhalb der EU durchgesetzt werden, wobei die wechselseitige Anerkennung der Diplome von entscheidender Bedeutung ist.

Elektronische Medien und Telekommunikation

Zweifellos werden Telekommunikation und elektronische Medien die Zukunft bestimmen. Die geopolitische Positionierung Österreichs kann eine größere Rolle spielen als bislang der Fall war. Eine Verklammerung der Telekommunikationsunternehmen der Region sowie der Ausbau der bestehenden Internetverbindungen sind ein Gebot der Stunde. Warum sollen nur deutsche, italienische und griechische Unternehmen aktiv sein? Ähnliches gilt für die elektronischen Medien, die eine wesentliche Rolle bei der Entwicklung von Demokratie und persönlicher Freiheit gespielt haben. Unter der Intendanten-Ära von Gerd Bacher hat es der ORF verstanden, Schaltstelle der verschiedenen Entwicklungen zu sein. Gegenwärtig gibt es Bemühungen, daran wieder anzuknüpfen. Erfreulicherweise wird die Mittelwelle (Radio 1476) durch den ORF genützt, um mit geringen Mitteln und in partiell freiwilliger Arbeit von Studenten eine Vernetzung Wien–Triest–Sarajevo herbeizuführen. Eine solche Initiative kann unter den Publizistikstudenten und den jungen Journalisten eine neue demokratische Öffentlichkeit schaffen und somit den Informationstransport erleichtern. Auf gleicher Linie liegt der Vorschlag, nach dem Vorbild der TV-Reihe „Hello Austria – Hello Vienna" eine ähnliche unter dem Titel „Hello Neighbour – Hello Europe" zu produzieren. Dieses Magazin könnte leicht zugängliche Informationen über das „neue Europa" in der ganzen Welt verbreiten (z. B. in den USA „Channel 13", China, Südsee oder als Flugzeug-Unterhaltungsprogramm). TV-Sender könnten das Material zur Verfügung stellen und Spots senden, in denen berichtet wird, wie es in den Regionen, die bisher nur durch Konflikt- und Katastrophenmeldungen bekannt waren, abseits des Krieges tatsächlich aussieht. ORF und Bundespressedienst könnte Träger dieser Aktion sein, an der selbstverständlich auch EU-Länder und südosteuropäische Institutionen mitwirken sollen.

Seit 1996 findet in Österreich jährlich mit Unterstützung des ORF die „Conference of Electronic Medias“ für Mittel-, Ost- und Südosteuropa statt. Sie dient dem Meinungsaustausch und der Erarbeitung von Empfehlungen für die südosteuropäischen Radio- und Fernsehanstalten (auf freiwilliger Basis) und ging aus der „Commission for Radio and Television“ hervor. Unter dem Vorsitz des ehemaligen US-Präsidenten Jimmy Carter, in Zusammenarbeit mit der Duke University, North Carolina, begleitete sie den Übergang der sowjetischen Staatsanstalten in freie Medienunternehmen. Bisher wurden Empfehlungen zum öffentlich-rechtlichen Rundfunk, zu Lizenzen und Werbezeiten und zum Umgang mit Politik in den Nachrichten ausgearbeitet. Österreich kann diese Initiative in Kooperation mit dem Beauftragten der OSZE für Medienfreiheit, Freimut Duve, als genuinen Beitrag weiterführen.

Mögliche Wirtschaftsstrategien

Es wäre wünschenswert, ergreife Österreich die Initiative zur Diskussion über mögliche Strategien, mit den Konsequenzen einer Verlangsamung des Erweiterungsprozesses fertig zu werden. Dazu gehört die Überprüfung, inwieweit Organisationen wie EFTA (European Free Trade Association) und der Europäische Wirtschaftsraum (European Economic Area) mögliche Zwischenstadien sein können, um einerseits Nachteile für

Europa hintanzuhalten und es andererseits zu keinem Stillstand der ökonomischen Integration kommt.

Um alle genannten Ziele realisieren zu können, müssen natürlich auch die wirtschaftlichen Verbindungen verstärkt werden. Zweifellos haben die Maßnahmen, die durch die Kontrollbank, die Finanzgarantiegesellschaft (Fgg) und den Ostfonds gesetzt worden sind, gegriffen, um die Präsenz österreichischer Unternehmen in den südosteuropäischen Ländern zu verstärken. Allerdings muß auch eine ökonomische Strategie entwickelt werden, die es den österreichischen Mittelbetrieben ermöglicht, in den Nachbarstaaten erfolgreich tätig zu sein. Eine der angenehmen Seiten dieser Entwicklung ist die Entstehung politischer „windfall profits", die in einer Modernisierung des Banksystems und in einer qualitativen Verbesserung der Gesetzgebung und Gerichtsbarkeit münden. Obwohl die westliche Wirtschaft zunächst sehr innovativ in die Märkte der Nachbarschaft eingedrungen ist, braucht sie doch auch begleitende Maßnahmen. Zunächst einmal muß sich die Politik aus dem Geschäft heraushalten: Die Ausschöpfung der Kredit- und Haftungsrahmen ist vielfach auf durch politische Invervention zustandegekommene Investitionen – wie zum Beispiel in Russland – zurückzuführen. Um diesen Mißbrauch zu verhindern, müssen die Mittelbetriebe gestärkt und die Aktivitäten im Marketingbereich verstärkt werden. Da die Transformationsländer in der Anwendung der Gesetzgebung und bei der Handelsgerichtsbarkeit große Schwäche aufweisen, müssen dementsprechende Ausbildungs- und Beratungsmaßnahmen problemorientiert durchgeführt werden.

Eine besondere Erwähnung verdient der Ostfonds des österreichischen Bundeskanzleramtes, der die EU-Beitrittsländer der Nachbarschaft sowie Bosnien-Herzegowina und Albanien als vorrangig anerkennt. Mit den Mitteln der Steuerzahler wurden unterschiedlichste Projekte gefördert, die von Wirtschaftsinvestitionen bis zu Studien der Gesetzgebung reichen. Diese Möglichkeit sollte durch Aufstockung der Mittel sowie durch die Erweiterung des Kreises der zu fördernden Länder auf Gesamt-Südosteuropa verstärkt werden. Auch hier gilt der (kapitalistische) Gedanke, daß wir mehr Chancen auf dem künftigen Markt erschließen, wenn wir heute helfend eingreifen als dann, wenn es zu spät ist. Diese Aufgabe könnten auch die gegenwärtig verstreuten Kompetenzen im Hinblick auf das Engagement Österreichs in der Weltbank und der daran angeschlossenen Entwicklungsinstitutionen sowie der EBRD wahrnehmen, um eine koordinierte Strategie in der internationalen Finanzinstitution zu erreichen.

Südosteuropa und der Donauraum

Niemand kann Österreich seine diesbezügliche Verantwortung abnehmen, und es wäre auch kurzsichtig, sie zu verleugnen. Damit Österreich diese Aufgabe bewältigen kann, ist ein dementsprechendes verstärktes politisches Engagement der anderen EU-Mitgliedsländer notwendig. Also muß der Einsatz der Kapazität überprüft werden. Praktisch gesehen wäre es zweckmäßig, die diplomatische Präsenz Österreichs in den EU-Mitgliedsländern zu verdünnen, da sie ohnehin auf anderen Ebenen stattfindet (Ministerräte, Fachbereiche, europäische Organisationen, etc.). Das so gewonnene personelle und finanzielle Kapital könnte im Donauraum investiert werden: Gegenwärtig ist die quantitative und qualitative Präsenz Österreichs im Donauraum alles andere denn zufriedenstellend.

Ein erfreuliches Beispiel ist die Diplomatische Akademie, die es im letzten Jahrzehnt verstanden hat, mehr und mehr zur Ausbildungsstätte südosteuropäischer Diplomaten zu werden. Die dadurch entstandenen internationalen Verbindungen sind jetzt schon von Nutzen für Österreich. In gleicher Weise könnte in anderen Verwaltungsbereichen, die für Österreich von besonderem Interesse sind, vorgegangen werden.

Österreich muß sich zum Ziel setzen, innerhalb der EU zu einer aktiven, verantwortungsvollen Südosteuropa-Einrichtung zu werden. Wünschenswert wäre eine solche Funktion im Wirtschaftsbereich – unter anderem, weil eine Reihe von multinationalen und internationalen Unternehmen ihren Wiener Firmensitz mit dem Argument rechtfertigen, hier Südosteuropa näher zu sein, gleichzeitig aber auch die Vorteile eines entwickelten Landes genießen können. Die Argumentation gegenüber Brüssel muß auf die Tatsache hinweisen, daß in allen Mitgliedsländern außer in Österreich EU-Einrichtungen vorhanden sind. Es wäre gut möglich, in Österreich eine entsprechende EU-Ausbildungseinrichtung anzuschließen, die besonders den Beitrittskandidaten, aber auch allen anderen Ländern der Region dient.

Verbesserung der Infrastruktur

Österreich hat im Bereich der Infrastruktur aus den Veränderungen nach 1989 die wenigsten Konsequenzen gezogen. Vernünftige Eisenbahn- und Straßenverbindungen gibt es nur nach Ungarn. Da das österreichische Engagement bei der Verbesserung der Infrastruktur dringend notwendig ist, wurde als eine Voraussetzung dafür TINA (Transport Infrastructure Needs Assessment) ins Leben gerufen, dessen Büro in Wien angesiedelt ist.

Die Transeuropäischen Netze (TEN) sind bisher nur in bunten Landkarten realisiert. Die Installation von Mautsystemen in Südosteuropa führen angesichts der wirtschaftlichen und sozialen Situation zu Unmutsäußerungen (lediglich Slowenien hat es mit Erfolg umgesetzt), ist für die mittlere Zukunft jedoch unabdingbar. Langfristige Finanzierungsmechanismen in einem koordinierten System zwischen Schiene und Straße werden zu einer Dämpfung der akuten Verkehrssituation führen. Der erste Schritt muß die vorhandenen Lücken schließen. So ist es um die Straßen- und Bahnverbindung von Wien nach Prag nach wie vor schlecht bestellt und beschämend in ihrem Zustand. Bratislava ist mit der Eisenbahn erst seit kurzer Zeit rascher zu erreichen, währenddessen die Straßenverbindung ungelöst und die Zahl der internationalen Grenzübergänge ungenügend ist. Eine umfassende Strategie soll auf die Fertigstellung der Verbindungen nach Kroatien, Jugoslawien, Polen und Deutschland (Sachsen) drängen. Im Flugverkehr hat sich die AUA eine gute Position erarbeitet, die trotzdem ständig verbessert werden muß, denn die Konkurrenz schläft nicht. Nichtsdestotrotz ist der Flughafen Wien-Schwechat heute die wichtigste Umsteigestelle Südosteuropas.

Ähnliches gilt für den Energiebereich, für den die Pläne im Bereich von Öl und Gas bereits vorliegen. Hinsichtlich der notwendigen Stromnetze werden intensive Bemühungen unternommen. – Österreich muß sich auch weiterhin aktiv an der Strombrücke nach Osten beteiligen.

Ökologie am Beispiel Österreich

Die Bewältigung der ökologischen Frage ist in unserem Land in den letzten Jahrzehnten beispielhaft gelungen. Die Erfahrungen, die mit dem Wasserwirtschaftsfonds, dem Umweltfonds und anderen Einrichtungen gemacht worden sind, können unter Anpassung an die jeweilige Situation direkt in die Nachbarländer übertragen werden. Dabei entscheidend sind nicht so sehr die finanziellen Mittel als die Ausbildung von

Fachkräften durch österreichische Experten. Österreich kann weiters Verwaltungskapazität zur Verfügung stellen, wobei solche Assistenzdienste im öffentlichen Bereich sicherlich eine gewisse Attraktivität darstellen. Die Übertragung des seit Maria Theresia vorbildlichen österreichischen Grundbuchs in andere südosteuropäische Länder ist zum Beispiel daran gescheitert, daß eine entsprechende Zurverfügungstellung von geeigneten Beamten am Dienstrecht, also an Engstirnigkeit, gescheitert ist.

Österreich sollte den Vorschlag eines südosteuropäischen Umweltplans in die EU einbringen, der Assistenzangebote mit geeigneten Mitarbeitern enthält. Dank der „Donau-Kommission" und der „Vienna Convention" zum Schutz der Donau sind wir mit Instrumenten vertreten, die uns Respekt verschaffen. Auch hier wäre eine EU-Stelle in Österreich vonnöten, um unsere vorbildliche Rolle zu nutzen und gleichzeitig die eigene Umwelt vor Zerstörung zu sichern. Werden keine Alternativen angeboten, darf man sich über Atomkraftwerke in der Nachbarschaft nicht beschweren und sie schließen wollen. Daß sich für Angebote österreichischer Unternehmen jetzt mehr Chancen bieten als bisher, ist ein wünschenswerter Nebeneffekt.

Sicherheitsarchitektur

In seiner jetzigen Lage kann Österreich als neutrales Land kaum Beiträge zu einer gemeinsamen Sicherheitspolitik leisten. Die naive Meinung, es gäbe keine Konflikte mehr, wenn alle Staaten der Region ihre Neutralität erklärten, kann wohl nicht ernstlich als Konzept angeboten werden. Denn halten sich nicht alle Vertragspartner daran, ist dieses Konzept auf jeden Fall zum Scheitern verurteilt. Und gerade in Südosteuropa sieht es nicht nach Einigkeit aus. Die entscheidende Frage für die Zukunft Österreichs wird also die Frage nach strategischen Optionen gegenüber der südosteuropäischen Region sein. Nach dem Beitritt Ungarns und der Tschechischen Republik zur NATO befindet sich Österreich trotz seiner Teilnahme an der erweiterten „Partnership for Peace" in einer etwas isolierten Position. Es ist anzunehmen, daß in Slowenien und der Slowakei die Bestrebungen fortgesetzt werden, der NATO beizutreten. Die neuen NATO-Mitglieder haben bereits angekündigt, sich im Rahmen der NATO für die erweiterte Aufnahme einzusetzen. Österreich muß daher seine Rolle neu bestimmen, wobei das Abseitsstehen Österreichs von dessen Nachbarschaft nicht honoriert wird. Es war bereits von Trittbrettfahrermentalität die Rede. Mit Sicherheit werden sich die Konfliktfälle der näheren Zukunft nicht zwischen einzelnen Staaten ereignen, sondern innerhalb von Staaten und Regionen in Form von Implosionen (Albanien), ethnischen und historischen Konflikten (Zerfall des alten Jugoslawiens) sowie von unkontrollierten Wanderbewegungen (südliche Adria).

Durch diese Entwicklung wird das österreichische Bundesheer in eine Sinnkrise geführt, die es immer schwerer macht, jungen Menschen den „Dienst am Vaterland" abzuverlangen und verantwortliche Offiziere zu gewinnen. Die Debatte sollte daher rationaler als bisher geführt werden, wobei ich davon überzeugt bin, daß eine gewünschte Veränderung der NATO nach diesen neuen Sicherheitsanforderungen viel leichter von innen her zu erzielen ist als durch ein Beiseitestehen, wie wir dies gegenwärtig praktizieren. Die EU wäre gut beraten, die Frage der Sicherheit und der Verteidigung in die Vertragsklauseln miteinzubeziehen, da sonst eine selbständige Artikulation Europas gegenüber den USA nicht gelingen wird.

Zusammenfassend muß gesagt werden, daß Österreich, dieses manchmal an Schicksalslosigkeit leidende Land, vor einer beachtlichen Aufgabenstellung steht. Die österreichischen

Aktivitäten sollten weder den Charakter der Überheblichkeit haben, noch eine Einmischung darstellen, und schon gar nicht der Nostalgie verhaftet sein. Die österreichischen Bemühungen sollen Stabilität in der Nachbarschaft fördern und dadurch die eigene Stabilität und Entwicklung sicherstellen. Es wäre wünschenswert, fühlte sich – neben der Regierung – auch das österreichische Parlament stärker verpflichtet, sich an den Problemlösungen zu beteiligen. In diesem Sinne sollten auch die österreichischen Europaparlamentarier mit der österreichischen Volksvertretung zusammenarbeiten. Rein verfassungsrechtlich ist zwar die nationale Ebene von der europäischen getrennt, die Wechselbezüglichkeit aber nicht zu leugnen. Zu überlegen wäre daher die Form einer „gemischten Kommission", in der die österreichischen Europaparlamentarier mit den entsprechenden Ausschüssen des Nationalrates die Fragen diskutieren, die ein europäisches und gleichzeitig ein nationales Engagement verlangen.

5. Krisenmanagement

Europäisches Kriseninterventionszentrum

Die Entwicklung in Südosteuropa hat auch in der internationalen Staatengemeinschaft eine neue Qualität erzeugt. Die Befassung der großen Mächte dieser Welt mit Fragen des Balkans vor dem Ersten Weltkrieg hat als Konsequenz des schwächer gewordenen Osmanischen Reiches und der Rivalität der europäischen Mächte eine Menge von Kongressen und Verträgen eingebracht, die in traditionellen Machtkategorien abgewickelt wurden. Eine Reihe von „Gipfeltreffen" befaßten sich mit Südosteuropa, die seit dem Wiener Kongreß 1815 zum Instrumentarium der damaligen Weltpolitik gehörten.

Der Integrations- und Globalisierungsprozeß allerdings hat neue Qualitäten erzeugt. So hat die Desintegration Jugoslawiens seit 1991 zu gewaltigen Reisebewegungen geführt. Die EU-Troika – der Außenminister des EU-Vorsitzlandes, sein Vorgänger und sein Nachfolger – ist seit Jahren Stammgast in Südosteuropa. Durch das Scheitern der EU am Konflikt in Bosnien-Herzegowina ist – unter den gegebenen heutigen Umständen – eine neue Form des Engagements entstanden. Daß die Vereinten Nationen letztendlich die NATO beauftragt haben, völkerrechtlich legalisiert einzugreifen, geht über die bisherige Funktion des „peace keeping" – der friedenserhaltenden Maßnahmen – weit hinaus. Die Völkergemeinschaft hat auf eindrucksvolle Weise erstmals die Verantwortung für das „peace making" angenommen und damit einen Kontrast zu einer Haltung gesetzt, die auf das Ausbluten der Konfliktparteien und ein generelles Wegschauen ausgerichtet war. Die EU hat zwar aufgrund ihrer eigenen politischen und militärischen Schwäche vier Jahre gewartet – zu lange gewartet –, aber doch noch rechtzeitig vor dem endgültigen Ausbluten eingegriffen. Die Rechnung wurde, wie immer, von der Bevölkerung, also den Unschuldigen bezahlt, die schreckliche Dramen erleiden mußten. Zumindest hat Südosteuropa dem sich einenden Europa vorgeführt, welche Mängel es aufweist. Ähnliches hat sich in der Kosovo-Frage abgespielt, wobei zu hoffen ist, daß es keiner weiteren Erfahrung mehr bedarf, um die EU innnerhalb Europa endlich handlungsfähig zu machen. Die Umsetzung des Dayton-Abkommens für Bosnien-Herzegowina hat zu einem vermehrten Engagement internationaler NGOs (Non Government Organisation) geführt. Auch die Staatengemeinschaft ging neue Wege: Durch die Schaffung des „High Representative“ und seines „Office“ (OHR) ist eine Basis entstanden, die den Weg zu einem etablierten internationalen Krisenmanagement bahnt. Die Rolle der OSZE bei der Überwachung von Wahlen in Bosnien-Herzegowina, Albanien, etc. mag zwar in der praktischen Durchführung nicht perfekt sein, leitet aber einen Objektivierungsprozeß demokratischer Vorgänge ein, den die Staatengemeinschaft früher nicht gekannt hat. Die beschlossene Entsendung von zweitausend „verifiers“ in den Kosovo, festgehalten in den Vereinbarungen von Slobodan Milosevic und Richard Holbrooke, setzt einen weiteren Schritt in eine Richtung, die für die Zukunft beispielgebend sein kann. Der Vorsitzende der OSZE, der polnische Außenminister Bronislaw Geremek, erklärte 1998 in Oslo, daß die „Kosovo Verification Mission“ (KMV) eine der größten Herausforderungen der OSZE als Institution darstellt: sie wird die Fähigkeit der OSZE testen, mit Sicherheitsfragen erfolgreich umzugehen. Um die NATO zurückzudrängen, hat Russland eine größere Rolle für die OSZE in militärischen Sicherheitsfragen vorgeschlagen.

Es ist mit Sicherheit anzunehmen, daß wir noch mehr Konfliktfälle erleben werden, die nicht unbedingt in Südosteuropa geschehen müssen, sondern sich in allen möglichen Ecken der Welt wiederholen können. Inzwischen hat die internationale Staatengemeinschaft mehr Erfahrung gewonnen, mit Krisenherden umzugehen. Es wäre daher überlegenswert, schnell eingreifende Einrichtungen zu schaffen, die unmittelbar nach Auftreten von Krisen und sofort bei Einleitung eines entsprechenden Friedensprozesses aktiv arbeiten können. Gedacht wird nicht unbedingt an große Institutionen, die selbst bei Nichtverwendung ungeheuer viel Geld kosten, sondern an die Vorbereitung bestimmter Einheiten in einzelnen Staaten, die in relativ kurzer Zeit abrufbar sind. Damit sind nicht nur Streitkräfte gemeint, sondern auch Polizeieinheiten, Katastrophenhilfen, Wahlbeobachter, Ausbildungseinheiten für die Verwaltung, Sozialhilfegruppen, etc. Die OSZE würde sich zweifellos für den Raum ihrer Mitglieder anbieten. Die NATO könnte unter Berücksichtigung des Artikels 2 des Vertrages (strukturelle und wirtschaftliche Hilfsmaßnahmen, Entwicklung von Stabilisierungsstrategien, etc.) höhere Glaubwürdigkeit gewinnen und den Nimbus eines Militärbündnisses alter Prägung verlieren. Gleichzeitig sind Kooperationsachsen zu den privaten Organisationen (NGOs) aufzubauen, da private Einsätze meistens von einem beachtlichen Idealismus getragen werden und strukturell viel effektiver sind, um Stabilität zu erzeugen, Demokratie zu schaffen und das Vorbild der „civil society“ durchzusetzen. Sie verfügen über kurzfristig einsetzbare Einheiten, deren Finanzierung kaum Schwierigkeiten macht, denn oft ist das Sammeln von Spenden erfolgreicher als den Steuerzahler davon zu überzeugen, daß sein Geld auch für andere Menschen gebraucht wird. Ein solches „Europäisches Kriseninterventionszentrum“ stellt eine neue Form von Politik dar, die nicht mehr der Machtausübung folgt, sondern den

Dienst am Menschen zum Ziel hat. Außerdem wäre die europäische Öffentlichkeit die Garantie für eine entsprechende Verwendung der Ressourcen, die von einem einzigen Land allein nicht aufgebracht werden können.

Zwischenlösung Protektorat

Die gegebene Situation in Südosteuropa erfordert die Auseinandersetzung mit einem anderen Gedanken, der delikat zu behandeln ist, da er leicht Anlaß zu Mißverständnissen sein kann. Ich folge zunächst Überlegungen, die in der internationalen Diskussion immer wieder zu hören sind. In Bosnien-Herzegowina ist vorgeschlagen worden, aus dem Land ein Protektorat zu machen. Diese Überlegung kam von den Verantwortlichen des Landes selbst, die dabei am alten Kronland Bosnien-Herzegowina der k. und k. Monarchie Maß genommen haben.

Aus gegebenem Anlaß zahlt sich ein Blick in die Vergangenheit aus: Wie hat Österreich-Ungarn von 1878 bis zum Ende des Ersten Weltkriegs diese Aufgabe gelöst? Bosnien wurde dreißig Jahre lang provisorisch von den Habsburgern verwaltet, um 1908 okkupiert und als Kronland integriert zu werden. Es unterstand beiden Reichsteilen, also dem cisleithanischen und dem transleithanischen. In Wirklichkeit war der Finanzminister für Bosnien verantwortlich – das neue Kronland muß eine beachtliche Stange Geld gekostet haben. Ungefähr hunderttausend Zivil- und Militärpersonen waren damit beschäftigt, nicht nur Ruhe zu garantieren, sondern auch eine beachtliche wirtschaftliche Entwicklung durchzuführen. Die Parallele zur heutigen Situation ergibt sich daraus, daß im militärischen wie im zivilen Bereich unter Einrechnung sämtlicher europäischer und internationaler Organisationsformen ebenso viele Menschen notwendig sind, um den gegenwärtigen Zustand zu ermöglichen – von den bereits jetzt in die Milliarden Dollar gehenden Kosten gar nicht zu reden.

Bei wiederholten Gelegenheiten wurde besonders seitens Bosnien-Herzegowinas informell der Vorschlag gemacht, das Land zu einem Protektorat zu erklären, was es partiell eigentlich heute schon ist: Die Flagge Bosnien-Herzegowinas wurde vom „High Representative“ und seinem Office geschaffen wie auch die Herstellung von Reisepässen und gemeinsamen Autokennzeichen.

Daß inzwischen nicht nur die Sicherheit, sondern auch die Medienfreiheit von außen administriert wird und das politische Geschehen und die regionale Verwaltung, zeigen die täglichen umfangreichen Berichte der OSZE und der EU. Es wäre daher notwendig, sich mit der Realität zu konfrontieren und zu überlegen, ob ein zeitlich begrenztes Krisenmanagement nicht sinnvoller wäre als die gegenwärtigen Bemühungen, die – nach nationalen Gesichtspunkten orientierten – Politiker und Parteien zur Zusammenarbeit zu bewegen. Dieses Krisenmanagement muß den Charakter einer Protektoratsverwaltung besitzen und mit der Aufgabe beschäftigt sein, die demokratische Partizipation des Landes zu entwickeln. Der Integrationsprozeß von Bosnien-Herzegowina ist bisher an der Akzeptierung und Förderung der nationalen Entitäten innerhalb des eigenen Staates gescheitert, und die gegenwärtige politische Situation führt dazu, daß die nationale Separation eher gestärkt als geschwächt wird.

Timothy Garton Ash, langjähriger scharfsinniger Analytiker der Geschehnisse in Mittel-, Ost- und Südosteuropa und Professor in Oxford, hat in einer beachtenswerten Analyse in „The New York Review of Books“ vom Jänner 1999 diesen Gedanken als temporäre Lösung aufgegriffen und untersucht. Er hält das Problem Bosnien-Herzegowina gegenwärtig für unlösbar und kontrastiert diese Tatsache mit der ironischen Bemerkung, daß Sarajevo in seiner Geschichte nie so kosmopolitisch gewesen ist wie jetzt und der High Representative Carlos Westendorp wie eine koloniale Administration regiert. Er geht in seiner Analyse so weit, daß Bosnien-Herzegowina wieder ein österreichisch-ungarisches Protektorat geworden sei, wobei die Amerikaner die österreichischen Habsburger und die Westeuropäer der ungarische Juniorpartner sind – die Westeuropäer allerdings den größten Teil der Rechnung zu bezahlen hätten. Ash befindet Bosnien-Herzegowina zur Hälfte als Protektorat und zur anderen als geteilt. Da aller Voraussicht nach der Westen für längere Zeit in Bosnien-Herzegowina stationiert bleiben wird, ist eine Protektoratsform seiner Ansicht nach unausbleibbar.

Timothy Ash stellt zu Recht die Frage, weshalb ausgerechnet die Amerikaner die neuen Habsburger sein sollten. Es ist in den USA politisch schwer vertretbar, die „Söhne von Kansas und die Töchter von Ohio“ in gefährliche, schneebedeckte Berge zu schicken, um dort ihr Leben zu riskieren und irgendwelche Europäer daran zu hindern, um obskure Flecken Land zu kämpfen. Die Ahnen dieser Amerikaner sind wahrscheinlich aus genau diesen Gründen diesen Bergen entflohen, meint der Analytiker. Der Engländer wird noch kritischer, wenn er die Europäer als die „lokalen Wilden“ bezeichnet, während die Amerikaner die „noblen Weißen“ darstellen.

Eine ähnliche Protektorats-Überlegung wurde durch das Geschehen in Albanien angestellt und vom früheren Premier Fatos Nano sogar vorgeschlagen. Die albanische politische Administration ist keineswegs in der Lage, für das ganze Land verantwortlich zu sein und auch jene Expertise einzusetzen, nach der eine Modernisierung Albaniens verlangt. Auch in diesem Fall wäre es zweckmäßig, einen Mechanismus zu finden, der – über die Beratung hinaus – die Handlungsfähigkeit des albanischen Staates und dessen Verwaltung Schritt um Schritt sicherstellt. Zumindest sollte ein internationaler Konsultationsrat mit Regierung und Verwaltung Seite an Seite arbeiten, um von der „Selbstbedienung“ zum „öffentlichen Dienst“ zu kommen. Es geht nicht um die Entwicklung neuer kolonialer Formen, sondern um die langfristige Minimierung und Reduzierung des Krisenpotentials, um Demokratie und Autonomie zu etablieren. Die OSZE hat hier zweifellos eine bedeutende Funktion, die sie mit ihrer Mitwirkung an dem neugeschaffenen Gremium „Freunde Albaniens“ international beispielhaft begonnen hat.

Verständlicherweise ist kein Staat bereit, ein solches Protektorat zu übernehmen. Was sich allerdings abzeichnet, ist die Entwicklung europäischer und internationaler Formationen, die um des Friedens willen eine solche Dienstleistung anbieten könnten. Zum Unterschied von früheren „Machtübernahmen“, die streckenweise kolonialen Charakter hatten, muß es diesmal eine „Hilfe zur Selbsthilfe“ sein. Nicht von ungefähr ist es zum Einsatz von Politikern gekommen, die aus ihrer Erfahrung heraus den politischen Prozeß der internen Integration in einem Land in Bewegung setzen sollen. Man mag nun über Carl Bildt, den ersten „High Representative“ in Bosnien-Herzegowina oder über seinen Nachfolger, den Spanier Carlos Westendorp, denken wie man will, zweifellos aber haben sie eine neue Kategorie solidarischer politischer Verantwortung ausgelöst. Es werden sicher noch einige Fehlschläge zu verzeichnen sein, wie sie schon vorgekommen sind: etwa in Mostar mit der Mission des ehemaligen Bremer Oberbürgermeisters Koschnik und seinem Nachfolger aus Valencia. Die Richtung aber stimmt, wenngleich der Begriff „Protektorat“ nicht glücklich gewählt ist. Nach dem Ersten Weltkrieg gab es im Nahen Osten „Mandatsländer“ der Briten und Franzosen (Syrien, Libanon, Palästina, etc.), also ist es kein neuer Vorgang, vielleicht aber – unter gemeinsamer europäischer Beteiligung – ein besserer Weg.

Neu ist allerdings, daß zur Krisenbewältigung nicht ein einzelnes Land, sondern eine internationale Organisation herangezogen wird, wobei die Vereinten Nationen für diese Aufgabenstellung wahrscheinlich zu schwerfällig sind. Eine solchen Einrichtung müßte irgendwo zwischen EU und OSZE angesiedelt sein und von Haus aus über eine gesicherte Öffentlichkeit und einen funktionierenden Kontrollmechanismus verfügen. Dadurch würde auch die Verantwortung des Europäischen Parlaments, des Europarates und anderer parlamentarischer Einrichtungen gestärkt werden. Eine solche „Verwaltungsassistenz" sollte für einen definierten Zeitraum ausgesprochen (zum Beispiel auf fünf Jahre) und ständig auf ihren Fortschritt überprüft werden. Ein genau ausgearbeiteter Zeitplan sollte die Wiederherstellung staatlicher Handlungsfähigkeit in den verschiedenen Ressorts (Regierung, Polizei, Grenzschutz, Transportwesen, etc.) darlegen.

Dringend notwendig ist die Evaluierung aller Bemühungen in Bosnien-Herzegowina, da es sich bei diesem Fall um ungeheure Summen Geldes handelt. Diese Mittel wurden von der Staatengemeinschaft aufgebracht, und deren Wirksamkeit verlangt untersucht zu werden. Ich kann mich des Eindrucks nicht erwehren, daß sich die unterschiedlichen Hilfsorganisationen und Beratungseinrichtungen gegenseitig auf die Füße steigen, wobei eine Effizienzüberprüfung wohl eine Selbstverständlichkeit sein müßte. Bei einem Seminar der OSZE in Portorož, an dem ich teilnahm, wurden diese Bemühungen analysiert. Mehrheitlich hat man einander auf die Schulter geklopft; zu einer Diskussion mit den Verantwortlichen der verschiedenen Entitäten in Bosnien-Herzegowina ist es jedoch nicht gekommen. Zum Teil waren ihre Vertreter gar nicht anwesend, zum Teil wollte man sie nicht hören – das positive Bild, das man von sich selbst hat, will nicht beeinträchtigt werden. Abgesehen davon, daß eine solche Konferenz für je einen Tag in Sarajevo und

Banja Luka hätte stattfinden sollen und nicht in einem dem westlichen Standard entsprechenden slowenischen Luxushotel an der Adria-Küste, wäre eine nüchterne Betrachtung des Erreichten auch zweckmäßiger, denn von einer Reintegration Bosnien-Herzegowinas kann bei weitem nicht die Rede sein.

Diese Wahrheit wurde in der letzten Sitzung des Friedensemplementierungsrates in Madrid evident. Der Rat hat die Aufgabe, den Fortschritt der Maßnahmen nach dem Dayton-Agreement vom November 1995 zu überprüfen (Peace Implementation Council). Erst seit kurzer Zeit gibt es eine Regierung in der Föderation, die von Kroaten und Bosniern gebildet wird, während die Verhältnisse in der Republica Srbska immer noch ungeklärt sind. Selbstverständlich haben die beachtlichen Fördergelder einige wirtschaftliche Entwicklungen in Gang gesetzt. Trotz politischer Öffnung ist vor allem in der serbischen Republik nur wenig von einer wirtschaftlichen Gesundung zu bemerken. Um dem High Representative wenigstens die Möglichkeit zu geben, Grundvoraussetzungen für einen gemeinsamen Staat zu schaffen, müßten 30.000 Soldaten der internationalen Friedenstruppe für unbestimmte Zeit in Bosnien-Herzegowina stationiert bleiben. Bisher wurden eine gemeinsame Währung geschaffen, eine gemeinsame Fahne, gemeinsame Pässe und Autokennzeichen, die in lateinischen und/oder kyrillischen Buchstaben geschrieben sind. Eine weitere Aufgabe des hohen Repräsentanten, der als Protektor agiert, besteht in der Entlassung gewählter Vertreter von Volksgruppen, wenn sie gegen die Bestimmungen des Dayton-Agreements verstoßen.

Von einer Flüchtlingsrückkehr kann zur Zeit noch keine Rede sein, obwohl entsprechende finanzielle Mittel angeboten wurden. Nur etwa 45.000 von insgesamt zwei Millionen Flüchtlingen und Vertriebenen sind bisher in ihre Heimat zurückgekehrt. Eine gemeinsame Polizei, ein koordinierter

Kampf gegen Korruption und die vollständige Auslieferung mutmaßlicher Kriegsverbrecher an das internationale Tribunal in Den Haag gibt es noch nicht. Es ist damit zu rechnen, daß in der nächsten Zeit wieder Fortschritte erzielt werden, doch ist damit auch die Tatsache einer neuen Form von Protektorat in Bosnien-Herzegowina verbunden.

Positiv muß die Rolle jener Truppeneinheiten bewertet werden, die von skandinavischen Ländern und der USA in der bescheidenen Stärke von siebenhundert bis achthundert Mann in Mazedonien stationiert sind. Sie garantieren nicht nur die territoriale Integrität, sondern auch die stabile Entwicklung des Landes. Wäre Ähnliches rechtzeitig in Bosnien geschehen, hätte unter Umständen die Chance bestanden, den Konflikt zu vermeiden oder das Ausmaß der Auseinandersetzungen wenigstens zu verringern. Damals gab es dafür kein Geld, heute wäre es nur ein Bruchteil dessen, was bereits aufgewendet wurde und noch aufzuwenden ist. Daher werden in Mazedonien auch jene Truppen (1.800 Mann) stationiert, die zum Schutz der zweitausend „Verifiers" der OSZE im Kosovo notwendig sind, um im Krisenfall eingreifen zu können.

Quasi als Nebeneffekt der südosteuropäischen Entwicklung mußte Europa schlagartig zur Kenntnis nehmen, wo die eigentliche Sicherheitsfrage unserer Zeit liegt. Es sind nicht Konflikte zwischen einzelnen Staaten, die Militärbündnisse notwendig machen, sondern Konflikte innerhalb der Staaten, die zudem eine ganz neue Sicherheitsstrategie verlangen. Auch hier stehen wir erst bei den Anfängen, und es wird ein Nachvollzug des Völkerrechts und die Ausarbeitung neuer, praktikabler Strategien notwendig sein, wie die Kosovo-Frage gezeigt hat. War die völkerrechtliche Logik der Anerkennung der früheren Teilrepubliken des alten Jugoslawiens nachvollziehbar, so ist das Eingreifen in einen innerstaatlichen Konflikt, nämlich der Föderativen Republik Jugoslawien, politisch und rechtlich bedeutend komplizierter. Selbst unter Anerkennung der Tatsache, daß der Kosovo wie die Vojvodina eine autonome Provinz innerhalb der Republik Serbien im alten Jugoslawien war, ist bei der Frage, ob für ein allfälliges Eingreifen der NATO ein Sicherheitsratsbeschluß notwendig ist, Unsicherheit zutage getreten. Es fehlt eine globale Gesetzgebung, die den Schutz der Menschenrechte und der Minderheiten, das Verhindern von Genozid und von Vertreibung („ethnic cleansing") garantiert.

Ganz offensichtlich will niemand einen neuen Staat Kosovo, außer der Mehrheit der Betroffenen. Es muß daher ein politisch plausibler Weg gefunden werden, der es den Serben ermöglicht, mit der Kosovo-Forderung zu leben und andererseits den Kosovo-Albanern ihre Entfaltung garantiert. Dazu bedarf es einer größeren Phantasie als es die bisherigen Vereinbarungen erlauben. Auch hierin erkennt man das Zögern der internationalen Gemeinschaft. Lange Zeit haben die Kosovo-Albaner nur friedlichen Widerstand geleistet und Gewalt vermieden. Der Westen hat diesen Umstand ignoriert, einzig der frühere österreichische Außenminister Alois Mock wies immer wieder darauf hin. Honoriert wurde es ihm nicht. Die Staatengemeinschaft hat erst reagiert, als Gewalt auftrat und die Medien uns die dort herrschenden Zustände ins Wohnzimmer schickten – einmal mehr bestätigte sich die eindrucksvolle Arbeit von CNN. Die politischen Aktionen bestanden zunächst aus Hilflosigkeit, und erst die Androhung von Gewalt hat zumindest eine gewisse Bewegung in den Konflikt gebracht. Die Karten bleiben schlecht gemischt: Die UÇK (Kosovo-Befreiungsarmee) wurde zwar größtenteils verdrängt, kämpfte sich aber – nach Partisanenart – immer wieder nach vorne. Sicherlich wird mit dieser Taktik keine friedliche Lösung erreicht. Für die Mehrheit der Albaner wird der Wunsch nach Unabhängigkeit bestehen bleiben, und die übrige Welt hat sich mit einer Art zerbrechlichem Waffenstillstand abgefunden. Es bedarf eines geeinten Auftretens der EU und der USA, den Belgrader Machthabern klar zu machen, daß jeder weitere tote Kosovo-Albaner ein Argument mehr für die Loslösung von Serbien ist. Das historische Gedächtnis ist in dieser Region überentwickelt, auch wenn international die Unveränderbarkeit von Grenzen durch Gewalt nicht akzeptiert wird. Jede jetzige Lösung im Kosovo kann daher nur eine provisorische sein.

Das bedeutet eine Vorprogrammierung weiterer Konflikte, wobei nur der Zeitpunkt des nächsten Ausbruchs ungewiß ist. Auch hier wäre eine Art von Protektorat angebracht, wobei die Tätigkeit von US-Botschafter Chris Hill und dem österreichischen Botschafter Wolfgang Petritsch für die EU erste Ansätze dieser Art bietet. Sollte es zu einem Verfassungsmodell für den Kosovo innerhalb Jugoslawiens kommen, wird eine solche internationale Assistenz unerläßlich sein.

In diesem Zusammenhang ist es auch berechtigt, Überlegungen anzustellen, inwieweit nicht auf Dauer eine Art Krisenorganisation geschaffen werden soll. Sie hätte die Möglichkeit, angesichts entstehender oder bestehender Instabilitäten auf Dauer zur Verfügung zu stehen. Die Rekrutierung der zweitausend „Verifiers" stellt keine einfache Aufgabe dar, und die Bodentruppen der NATO zur Sicherung der Vereinbarungen müssen nicht nur organisiert werden, sondern bedürfen auch eines funktionsfähigen Rahmens. Die internationale Gemeinschaft muß erst das Instrumentarium entwickeln, um solche Organisationseinheiten rasch abrufen zu können. Früher war es üblich, daß die Vereinten Nationen militärische Einheiten in Krisengebiete gesandt haben, um „peace keeping" zu garantieren. Heute werden 1.800 Mann der NATO als „extraction troops" in das benachbarte Mazedonien geschickt, mehr Bodentruppen noch als Garantie für die erzielten Lösungen eingesetzt – möglicherweise nicht zum letzten Mal in dieser Art, da alte Modelle nicht mehr greifen. Das UN-Instrumentarium existiert noch und ist eingespielt, wenn auch von sinkender Bedeutung. Die UN-Aktivitäten auf Zypern und den Golanhöhen sind Beispiele für solche – heute fast vergessenen – Einrichtungen der Vereinten Nationen.

Wie aber kommen wir im Kosovo und anderswo zu dauerhaften Lösungen? Es hat sich gezeigt, daß die Friedensordnungen nach dem Ersten Weltkrieg keine haltbaren waren. Staaten wie die Tschechoslowakei oder das Königreich der Serben, Kroaten und Slowenen (SHS), später als Jugoslawien bezeichnet, sind zerfallen. Man betrachtete sie als Lösungen nach der Habsburgermonarchie und dem Osmanischen Reich. Heute gehören diese Konzepte der Vergangenheit an. Nur ein Integrationsprozeß, der letztlich in die Europäische Union mündet, kann das Ziel sein. Wie aber die Zwischenstufen zu bewältigen sind, ist offen. Die Schaffung eines Befriedungsinstrumentariums, das jeweils nach Bedarf eingesetzt werden kann, ist auf jeden Fall eine Notwendigkeit. Länder, die in Konflikten leben oder in einer Art von Implosion, wie es in Albanien der Fall war, die ihre eigene interne und effektive Regierungsmöglichkeit verlieren, sind potentielle Patienten einer solchen Einrichtung.

Heute sind jedoch weder Kolonialismus noch Kongreßdiplomatie Antrieb solcher Aktivitäten, sondern egoistisches Interesse daran, die Konsequenzen aus solchen Konflikten nicht auf das eigene Land übergreifen zu lassen. Dann kommt es nämlich zu Flüchtlingsströmen, Migration, zu Kämpfen der Gruppen untereinander in den Gastländern und den daraus resultierenden sozial-politischen Belastungen und wirtschaftlichen Unsicherheiten. Der Phantasie der Politik, aber auch jener, die sich analytisch und wissenschaftlich mit ihr befassen, sind hier keine Grenzen gesetzt. Die Fallbeispiele liegen vor, die bisherigen Lösungen können analysiert werden, und auf das baldige Entwickeln eines Instrumentariums sollte man nicht allzu lange warten.

Als ich der österreichischen Bundesregierung angehörte und die Konflikte im alten Jugoslawien begannen, rief mich meine Mutter, geboren 1905, an und bat mich dringend, mir „nichts mit Sarajevo anzufangen", denn in Sarajevo wurde 1914 der österreichische Thronfolger Franz Ferdinand ermordet, und bei den Olympischen Winterspielen hätten die Österreicher keine Medaillen gewonnen. Diese in einfache Form gebrachte Erfahrung ist für meine Elterngeneration typisch. Heute muß sie in eine andere Richtung weisen, nämlich nach Schritten zu suchen und Strategien zu entwickeln, die eine Konfliktbewältigung aus gemeinsamer Verantwortung ermöglichen. Bei aller Schrecklichkeit der Erfahrung sind bis jetzt die richtigen Schritte gesetzt worden.

Es mag verwundern, daß die Vereinten Nationen in diesen Überlegungen nicht aufscheinen. Das mag damit zusammenhängen, daß regionale Konflikte in erster Linie mit Mitteln desjenigen Kontinents gelöst werden sollten, auf dem sie stattfinden. Die Präsenz der ständigen Mitglieder des Sicherheitsrates, USA, Großbritannien, Frankreich, China und Russland ergeben ohnehin genügend Spannungselemente. Es ist weder wünschenswert noch zielführend, Südosteuropa zu einer globalen Konfliktzone zu erklären, denn mit der Nähe zur arabischen Welt und den eigenen, regionalen Verklammerungen ist genügend Krisenpotential vorgegeben. Im übrigen hat die spezifische Situation der Region auch dazu geführt, daß in Südosteuropa Veränderungen stattfinden und stattfinden müssen, die unter neuen Gesichtspunkten zu sehen sind. Die Gründe hierfür liegen im Zusammenfall des europäischen Integrationsprozesses mit den Vorgängen in den Transformationsländern, dem Zerfall der Sowjetunion und der Verbindung mit den Nahen Osten. Dazu sind neue und spezielle Lösungen und Strategien notwendig. Mag sein, daß daraus eine neue Unübersichtlichkeit entsteht, wie sie von vielen beklagt wird, eine großflächige

Lösung ist aber keineswegs möglich. Sie kann auch nicht irgendeiner Weltinstitution überlassen werden, sondern verlangt den Einsatz vieler: der großen und der kleinen Staaten in der Nachbarschaft, der Politik und der Wirtschaft, der öffentlichen Hände und der Privaten. Gerade hier sind wir dabei, neue Maßstäbe zu schaffen, deren endgültige Form noch nicht absehbar ist. Die spezifische Ausformung der Region macht eine Vielfalt der Antworten notwendig, die dahingehend überprüft werden müssen, ob sie einander nicht widersprechen oder sich überschneiden, und sie sind an ihrer Wirksamkeit ständig zu überprüfen.

Sicherheitspolitik

Österreich trat per 1. Jänner 1995 der Europäischen Union bei und wurde dadurch auch formell Mitglied jener Gemeinschaft, die seit etwa vierzig Jahren neben der NATO wesentlich zu Stabilität und Wohlstand in (West-)Europa beigetragen hat. Wenn man sich die österreichische Bundeshauptstadt Wien als Mittelpunkt eines Kreises vorstellt, zeigt sich, daß sich in einem Radius von nur 1.500 Kilometern – der zweifachen Ost-West-Erstreckung Österreichs – praktisch alle relevanten Krisenzonen befinden, die Europas Stabilität tatsächlich bedrohen können.

Am äußersten Rand dieses Kreises liegt Nordafrika mit seinen ungelösten religiösen, sozialen und wirtschaftlichen Problemen und einem beachtlichen Bevölkerungswachstum, das der Arbeitsmarkt dieser Staaten nicht mehr aufnehmen kann, was – langfristig gesehen – die Migration begünstigen wird. Die instabile Lage und der islamische Fundamentalismus Algeriens zählen zu den besonderen Herausforderungen, denen sich eine Mittelmeerpolitik der EU zu stellen hat.

An den oben beschriebenen Kreis grenzen auch die Spannungsgebiete des Kaukasus sowie des Nahen Ostens. Sollte Zypern EU-Mitglied werden, rückt der nahöstliche Unruheherd noch näher an die Europäische Union heran.

Innerhalb dieses Radius liegt die Türkei, deren unbefriedigendes Verhältnis zur EU ebenso einer Lösung harrt wie das Kurdenproblem, das sich in Form von Einwanderung, z. B. in Deutschland und Italien, aber auch durch Spannungen zwischen Kurden und Türken innerhalb der EU-Länder auf die gesamteuropäische Stabilität auswirkt. Daß dem so ist, zeigt seit Ende 1998 eindrucksvoll der Fall des PKK-Führers Abdullah Öçalan, wenngleich so manches EU-Mitgliedsland wenig Ruhm dabei einholen konnte. Darüber hinaus kann die Türkei mit 61 Millionen Einwohnern und einer hohen Geburtenrate nur dann als Stabilitätsanker für den Kaukasus und die Turkvölker des Kaspischen Meeres dienen, wenn sie selbst ausreichend stabil bleibt und westliche Standards der Demokratie und der Minderheitenpolitik im eigenen Land einsetzt.

Ebenfalls innerhalb des 1.500 Kilometer-Radius liegt ein Teil des europäischen Russlands. Trotz des Zerfalls der Sowjetunion ist Russland nach wie vor das größte Land der Erde und mit einer Einwohnerzahl von 148 Millionen das bevölkerungsreichste Land des eurasischen Kontinents. Das neuerliche Scheitern der „Westler" in Russland, das durch die Abwahl des jugendlichen Ministerpräsidenten Sergej Kirijenko im Sommer 1998 symbolischen Charakter erhielt, die Finanz- und Führungskrise und die unglaubliche Verarmung der Bevölkerung werden Russland noch lange Jahre zu einem potentiellen Krisenherd machen. Eine Schätzung russischer Wirtschaftsexperten zeigt, wie lange der Weg des postsowjetischen Russlands zur erfolgreichen Transformation sein wird: Die Russische Föderation wird erst im Jahr 2014 das Niveau des Bruttoinlandprodukts von 1989 erreicht haben. Die Krise in Russland hat auch die Streitkräfte des Landes erfaßt, die sich bisher aus innenpolitischen Auseinandersetzungen weitgehend herausgehalten haben; nach wie vor wirkt das Trauma des Bürgerkriegs mit seinen Millionen Toten nach. Im Interesse Russlands und der Welt bleibt zu hoffen, daß diese Erinnerung noch lange nicht vergessen wird.

Welche Auswirkungen die Krise der russischen Streitkräfte haben kann, zeigt ein Blick auf die russische Kriegsmarine, die seit dem Untergang der Sowjetunion ca. 150 atombetriebene U-Boote abwracken mußte und mit ihnen – vor allem im Gebiet von Murmansk – nukleare Schrottplätze hinterlassen hat.

Nach offiziellen Angaben sind nicht einmal mehr 30 U-Boote mit insgesamt knapp 400 Raketen einsatzfähig. Ähnlich soll es um die strategischen Bomber der Luftwaffe bestellt sein. Nur jede zweite der insgesamt 75 Maschinen des Typs TU-160 soll einsatzbereit sein. Während also eine allfällige militärische Bedrohung durch Russland mittelfristig als nicht gegeben bezeichnet werden kann, gehen von der Instabilität und Reformunfähigkeit beachtliche Gefahren aus, die sehr wohl zu Konflikten führen können. Zu nennen sind hier mögliche soziale Unruhen, organisierte Kriminalität und die Errichtung von Transit-Routen für den Drogen- und Menschenhandel von Afghanistan über Zentralasien bis nach Westeuropa.

Drei weitere potentielle Konfliktzonen, die Ukraine, Weißrussland und die drei baltischen Staaten reichen noch näher an Österreich heran. Die Entwicklung im Baltikum stellt sich am positivsten dar. In den Ländern Estland, Lettland und Litauen leben ungefähr gleich viele Menschen wie in Österreich. Obwohl die sicherheitspolitische Anbindung dieser Staaten an den Westen noch nicht erfolgt ist, haben innere Stabilität und Wirtschaftsreformen beachtliche Fortschritte erzielt, sodaß Estland bereits zur ersten Gruppe der EU-Beitrittskandidaten zählt. Es wäre aus europäischer Sicht wünschenswert,

Lettland und Litauen zu weiteren Reformen zu ermutigen, um auch diesen Staaten den baldigen EU-Beitritt zu ermöglichen.

Unvergleichlich düsterer ist die Lage in Weißrussland und der Ukraine. Weißrussland hat unter der autoritären Führung von Präsident Alexander Lukaschenko kaum nennenswerte politische oder wirtschaftliche Reformen durchgeführt. Das Land orientiert sich außenpolitisch an der Russischen Föderation, mit der es eine umfassende politische und wirtschaftliche Union bilden will. Abzuwarten bleibt, in welchem Ausmaß diese Ankündigungen tatsächlich verwirklicht werden, ist doch die 1996 feierlich ins Leben gerufene Union der beiden „Bruderstaaten" bisher kaum mit Leben erfüllt worden. Während Weißrussland weitgehend auf die russische Karte zu setzen scheint, hat die Ukraine bisher eine Doppelstrategie gewählt: Neben engen militärpolitischen Beziehungen zur NATO strebt die Führung in Kiew langfristig eine Mitgliedschaft in der Europäischen Union an. Zu diesem Ansinnen gibt es in der EU noch keine endgültige Meinung. Gleichzeitig hat Kiew jedoch umfassende Wirtschaftsverträge mit der Moskauer Regierung abgeschlossen, die das Land – im Falle einer Umsetzung dieser Vereinbarungen – eng an Russland binden werden. Acht Jahre nach dem Zusammenbruch der Sowjetunion ist es der Ukraine noch immer nicht gelungen, der Bevölkerung eine politische und wirtschaftliche Perspektive zu bieten. Dieser Mißstand wirkt sich auch auf das Verhältnis der Bürger zu ihrem Staat aus, dessen Unabhängigkeit nach wie vor ein Produkt der russischen Schwäche und des Mangels an einem „russischen Modell", nicht aber das Produkt eigener Anstrengungen ist. Wie katastrophal die Gesamtlage des Landes ist, zeigt die Bevölkerungsentwicklung. Seit der Unabhängigkeit ist die Bevölkerung durch Auswanderung, niedrige Geburtenraten, Krisen in der Gesundheitsversorgung und im sozialen System von mehr als zweiundfünfzig Millionen Einwohnern auf fünfzig zurückgegangen. Bis zum Jahr 2002 rechnet das Gesundheitsministerium in Kiew mit einem Rückgang der Bevölkerung um weitere zwei Millionen Menschen.

Obwohl es der Ukraine 1997 gelungen ist, potentielle territoriale Konflikte mit den Nachbarstaaten beizulegen, ist nur die Hälfte der 2.400 km langen Grenze zu Russland bis heute näher bestimmt und kontrolliert worden. Seit dem Zusammenbruch der Sowjetunion sind an dieser Grenze nach ukrainischen Angaben etwa 80.000 illegale Einwanderer aufgegriffen worden. Wie gering diese Anzahl ist, zeigt ein Vergleich mit Österreich: Das Bundesheer und die Exekutive haben 1998 an der 354 km langen Grenze zu Ungarn ungefähr 19.000 illegale Grenzgänger aufgegriffen, darunter mehr als 1.500 Schlepper. Die Ukraine, deren westlichster Punkt von Wien nur etwa so weit entfernt ist wie Feldkirch bleibt somit auch mittelfristig instabil und ein nicht ernstzunehmendes Hindernis für alle Formen der organisierten Kriminalität. Darüber hinaus wird die künftige außenpolitische Orientierung der Ukraine über die Rolle Russlands in Europa mitentscheidend sein. Naive Zeitgenossen könnten meinen, die oben aufgezeigten Sicherheitsrisken hätten keine Bedeutung für Österreich und Südosteuropa, da es die neuen NATO-Mitglieder gibt, die uns geographisch und sicherheitspolitisch von den Krisenherden separieren, – und außerdem läge Südosteuropa überhaupt ganz woanders. Die Vernetzung der einzelnen Regionen ist aber unbestritten, und die Gefahr, daß die inneren Krisen nach außen, also zu uns getragen werden, ist evident. Die Bemühungen der OSZE um eine europäische Sicherheitsarchitektur zeigen, daß der Westen diese Gefahr erkannt hat – außer so manchem Österreicher. Wir liegen aber nicht „in the middle of nowhere“, sondern mittendrin, auch durch unsere EU-Mitgliedschaft.

Eine weitere Konfliktzone betrifft Griechenland und die Türkei, und zwar nicht nur wegen der bilateralen Spannungen zwischen dem NATO- und EU-Mitglied Griechenland und dem NATO-Mitglied Türkei. Statistiken der Exekutive belegen die intensive Nutzung der ägäischen Inseln durch Schlepperbanden, die illegale asiatische und afrikanische Migranten sowie Kurden und Albaner nach Europa schmuggeln. In den vergangenen vier Jahren sind in Griechenland mehr als 5.000 Flüchtlinge aus Ländern der Dritten Welt aufgegriffen worden. Hinzu kommt, daß Griechenland auch mit dem Schlepperunwesen aus Albanien und Bulgarien zu kämpfen hat. Nach Angaben des griechischen Gesundheitsministeriums stammt die Hälfte aller Prostituierten in Griechenland aus der früheren Sowjetunion und weitere vierzig Prozent aus Albanien oder Bulgarien. Zwischen 1991 und 1995 sind mehr als 22.000 Frauen nach Griechenland geschmuggelt worden. Korruption und Bestechung erschweren den Kampf gegen die organisierte Kriminalität. Zum besseren Verständnis: Bulgarische oder mazedonische Polizeibeamte verdienen im Monat ca. 70 US-Dollar. Dieses niedrige Einkommen öffnet der Bestechung Tür und Tor.

In unmittelbarer österreichischer Nachbarschaft oder – anders formuliert – ca. 1.000 km Luftlinie von Wien entfernt liegt das sogenannte „Zwischeneuropa“: Südosteuropa und die Länder des ehemaligen Jugoslawiens. Zwischeneuropa ist von dem Umstand geprägt, daß sich diese Region seit dem Zusammenbruch des polnisch-litauischen Großreiches nie mehr zu einem politischen und historischen Subjekt entwickelte, sondern nur mehr die Rolle eines politischen Objekts zwischen den Interessen der damaligen Großmächte Russland, Preußen, Österreich und des Osmanischen Reiches spielte. Auch für diese Staaten Mittel-Osteuropas muß es die Möglichkeit geben, durch Einbindung in multilaterale Strukturen (EU, NATO) eine neue Rolle zu finden, und auch die bilateralen Grenz- und Minderheitenkonflikte dauerhaft zu lösen, die durch die „Pariser Vorortefrieden“ nach dem Ersten Weltkrieg geschaffen und die unter sowjetischer Herrschaft gleichsam auf Eis gelegt wurden.

Das sogenannte Zwischeneuropa, das während der beiden Weltkriege zwischen dem geschwächten Deutschland und der ebenfalls revisionistischen Sowjetunion lag, umfaßt zehn Staaten mit insgesamt 107 Millionen Einwohnern. Polen, Tschechien, Ungarn, Slowenien und Estland zählen zur ersten Gruppe der Kandidaten für eine Aufnahme in die Europäische Union. Diese fünf von insgesamt zehn Staaten mit einer Gesamtbevölkerung von etwa 60 Millionen Menschen verfügen über eine reale euroatlantische Perspektive. Polen, Tschechien und Ungarn sind darüber hinaus ab Mai 1999 NATO-Mitglieder und verfügen damit über eine umfassende sicherheitspolitische Anbindung an Europa und die USA.

Welche Perspektiven aber haben jene Millionen Menschen, die in Rumänien, Albanien, Moldawien, Bulgarien, Mazedonien, Kroatien, der Slowakei, Lettland und Litauen leben? Während die Slowakei die Chance auf eine Aufnahme in die NATO zumindest mittelfristig verpaßt hat, können Riga und Vilnius zu Recht hoffen, in nächster Zeit doch noch in die erste Gruppe der EU-Kandidaten aufzusteigen. Keine derartige Perspektive eröffnen sich für diejenigen Staaten, die heute als „left outs“ bezeichnet werden – Länder, deren Transformation weit zurückgeblieben ist und deren Instabilität und Nähe zum Schwarzmeerraum Europa noch manche Probleme (Migration, organisierte Kriminalität, etc.) bereiten kann.

Für Österreich sind natürlich die Staaten des ehemaligen Jugoslawiens von besonderer Bedeutung. In diesen fünf Ländern leben knapp 24 Millionen Menschen, aber nur das zwei Millionen Einwohner zählende Slowenien hat bisher den Aufstieg zum EU-Beitrittskandidaten geschafft. Kroatien befindet sich auf dem Weg der Konsolidierung, doch wurden einige Erwartungen bei der politischen Transformation nicht erfüllt, wenngleich so mancher westlicher Staat wohl zu wenig Einfühlungsvermögen gegenüber Zagreb gezeigt haben dürfte. Bald steht Kroatien das Ende der Ära Tudjman bevor – eine Zäsur, die Europa und die USA nützen sollten, um diesem Land eine klare euroatlantische Perspektive zu bieten.

Weit pessimistischer ist die Lage in Bosnien-Herzegowina zu beurteilen. Geraume Zeit nach dem Friedensvertrag von Dayton ist es noch immer nicht gelungen, ein selbsttragendes politisches und wirtschaftliches System zu schaffen, obwohl bisher jedes Jahr ungefähr eine Milliarde US-Dollar nach Bosnien geflossen ist. Wenn auch der Wiederaufbau und die Erneuerung der Infrastruktur als Erfolg zu bewerten sind, ist der bestehende Aufschwung fast ausschließlich auf ausländische Hilfe zurückzuführen. Hinzu kommt, daß es zwar Anzeichen für eine politische Stabilisierung gibt; eine Perspektive für den Abzug der 30.000 Mann umfassenden SFOR-Truppe ist jedoch nicht in Sicht. Auch das Jahr 1998, das zum Jahr der Rückkehr der Flüchtlinge erklärt wurde, hat die Erwartungen nicht erfüllt. Von insgesamt 140.000 Rückkehrern war nur knapp ein Drittel Angehörige einer ethnischen Minderheit. Nach wie vor ist fast jeder vierte Bewohner ein Flüchtling. Während ca. 10.000 Kosovo-Albaner nach Bosnien geflüchtet sind, befinden sich noch immer 370.000 bosnische Flüchtlinge in den Nachbarländern und in Westeuropa. Die westliche Staatengemeinschaft muß ihre Anstrengungen verstärken, wenn sie verhindern will, daß aus Bosnien ein zweites Zypern wird, in dem seit fast fünfundzwanzig Jahren ausländische Friedenstruppen stationiert sind.

Der Friedensprozeß in Bosnien ist durch die nach wie vor instabile Lage im Kosovo weiterhin gefährdet. An dieser Situation werden auch die 2.000 OSZE-Beobachter und die Stationierung von NATO-Bodentruppen nicht viel ändern können. Solange sich die Positionen der Albaner (Unabhängigkeit) und der Serben (bestenfalls Autonomie) nicht ändern, kann es keine politische Lösung dieses Konflikts geben. Hinzu kommt, daß die kosovarische Befreiungsarmee UÇK zweifellos auch in diesem Jahr über ausreichende Kapazitäten zur Guerilla-Kriegsführung verfügen wird: Die instabile Lage in Albanien (Waffenschmuggel) und die Spenden der Exilalbaner werden die Aufstockung der Bewaffnung der Freischärler (panzerbrechende Waffen) ermöglichen. Die Beantwortung der Frage, in welchem Ausmaß Europa und die USA den Unabhängigkeitsbestrebungen der Albaner nachgeben können oder müssen, wird beträchtliche Auswirkungen auf die Lage in der Region haben – aber auch auf das Völkerrecht, da es sich um einen Präzedenzfall handelt, der gegen die Helsinki-Akte verstößt.

Der Westen war bisher im Umgang mit Slobodan Milosevic und der Bundesrepublik Jugoslawien wenig erfolgreich. Die zaghaften Versuche, demokratische Ansätze und freie Medien vor allem in Serbien zu stärken und zu schützen, sind in hohem Ausmaß gescheitert. Dieser Bereich verlangt eine umfassende Strategie, mit der der Westen eine politische Mäßigung in Serbien unterstützen kann und muß.

Die Krise im Kosovo, in Albanien und am Balkan hat aber nicht nur beträchtliche militärische Auswirkungen, nicht zu vergessen die stattfindende Migration, von der vor allem das Schengen- und EU-Land Italien massiv betroffen ist. Allein während der Weihnachtsfeiertage 1998 wurden mehr als eintausend illegale Einwanderer an den Küsten Italiens aufgegriffen. Die meisten waren Albaner, Kurden aus dem Irak und aus der Türkei und Flüchtlinge aus den arabischen Staaten Nordafrikas und Schwarzafrikaner. Nach italienischen Angaben beantragten von November bis Ende Dezember 1998 300.000 Migranten eine Aufenthaltserlaubnis. Ungefähr 1,1 Millionen Aufenthaltsgenehmigungen wurden schon erteilt.

Die schwer zu überwachenden Küsten sind ein erfolgversprechendes Operationsgebiet für Schlepperbanden, deren menschliche Fracht oft nicht in Italien bleibt, sondern nach Deutschland und Österreich weiterreisen möchte. Nach Angaben des deutschen Bundesgrenzschutzes ist die illegale Zuwanderung über die Schengener Binnengrenzen massiv angestiegen. Allein nur über Frankreich reisten fast 4.400 Illegale nach Deutschland ein. An der deutsch-österreichischen Grenze wurden mehr als 22.000, an der Grenze zur Schweiz mehr als 18.000 Personen zurückgewiesen. Die massive Einwanderungswelle nach Italien trifft ein Land, in dem 11,2 Prozent der Bevölkerung unter der Armutsgrenze lebt. (In Italien gelten Personen mit einem monatlichen Einkommen unter ATS 4.370 als arm.) Süditalien stellt 77 Prozent dieser Personengruppe, und genau hier findet die illegale Einwanderung statt.

Ein Blick auf die Krisenzonen Europas und des entsprechenden Umfelds zeigt gemeinsame Probleme auf, die für die meisten betroffenen Länder charakteristisch sind: politische Instabilität, ungelöste Transformationsprobleme, Krise des Wirtschafts-, Sozial- und Gesundheitssystems, Korruption und – damit verbunden – ein beträchtliches Erfolgspotential für alle Spielarten der organisierten Kriminalität. Hinzu kommen Streitkräfte, deren Einsatzbereitschaft generell als eher niedrig einzustufen ist und deren eigene Bereitschaft zum Eingreifen in innenpolitische Auseinandersetzungen zum Glück bisher gering geblieben ist. Ein Blick auf die Bevölkerungszahlen zeigt, daß in der mittelbaren und unmittelbaren österreichischen Nachbarschaft fast 270 Millionen Menschen in Staaten leben, deren Zustand cum grano salis als instabil zu bezeichnen ist. Dies und noch mehr bedeutet eine enorme Herausforderung für die euroatlantischen Gemeinschaften. Die entscheidende Frage ist, in welchem Ausmaß es der Stabilitätsinsel EU gemeinsam mit dem Partner USA gelingen kann, Stabilität zu exportieren, um nicht selbst in der Phase der Euro-Umstellung von wachsender Instabilität erfaßt zu werden.

Zweifellos hat die NATO beim Exportieren von Stabilität erfolgreicher agiert als die EU. Es ist der NATO gelungen, Vereinbarungen mit Russland und der Ukraine zu treffen, das Programm „Partnerschaft für den Frieden" zu einem echten militärischen und politischen Faktor der Anbindung der Streitkräfte des ehemaligen Warschauer Pakts und der Sowjetunion zu machen und die Herausforderung der Osterweiterung zu bewältigen. Die NATO hat diese Aufgabe bezeichnenderweise nicht zuletzt durch die Straffung ihrer Kommandostruktur gemeistert. Hinzu kommen umfangreiche Programme auf dem zivilen und wissenschaftlichen Sektor, die zu einer „Verwestlichung" der Eliten beitragen (sollen).

Entscheidend werden die Beschlüsse über die NATO-Erweiterung sein. Schließlich muß festgelegt werden, in welchem Ausmaß die NATO für weitere Beitrittskandidaten offen bleiben soll. Slowenien und Rumänien kommen bereits in Frage. Weitere Kandidaten aus dem Kreis der EU-Beitrittswilligen sind vom polnischen Außenminister Bronislaw Geremek genannt worden. Österreich hat seine Chance zum Stabilitäts-Export ungenützt gelassen, da eine NATO-Mitgliedschaft aus innenpolitischen Gründen bis heute nicht möglich war.

Die kommende Zeit wird für die Zukunft der Europäischen Union von entscheidender Bedeutung sein, denn der Erfolg oder Mißerfolg der nächsten Präsidentschaften werden die Erweiterungsfähigkeit der EU wesentlich beeinflussen. Die institutionelle und finanzielle Struktur der EU läßt ohne Reform und Vertiefung derzeit die Aufnahme neuer Beitrittswerber nicht zu, selbst wenn diese Beitrittskandidaten bereits alle Aufnahmekriterien erfüllen. Die Europäische Union wird daher nur dann eine relevantere weltpolitische und eine stärkere Rolle als europäischer Stabilitätsanker spielen können, wenn es gelingt, die EU handlungsfähiger zu machen. Dazu zählen nicht nur die Reform der Finanzen, der Entscheidungsmechanismen, die Bündelung der Anteile der EU-Staaten beim IWF, eine schrittweise Verschmelzung von WEU und EU, sondern auch ein klarer Fahrplan für die Erweiterung. Die Erweiterung der Europäischen Union um die Transformationsstaaten Mittel- und Osteuropas sowie eine ernstzunehmende Perspektive beispielsweise für Rumänien, Bulgarien oder Moldawien sind entscheidend für die weitere Überwindung der Folgen, die vierzig Jahre europäische Teilung hervorgerufen haben. Auch der Ukraine muß eine europäische Perspektive geboten werden, wobei noch zu klären ist, in welchem Ausmaß eine Aufnahme Polens und Ungarns die bilateralen Wirtschaftsbeziehungen zur Ukraine gefährden. Auf jeden Fall ist nicht nur im Falle der Ukraine eine Parallelität der Stablilisierungsbemühungen von NATO und EU anzustreben.

Die europäische Identität muß auf den Gebieten Sicherheit und Verteidigung ein wesentlicher Bestandteil der Verbesserung der Handlungsfähigkeit der EU bleiben. Ohne die Fähigkeit zur Selbstverteidigung und zur Krisenbeherrschung wird die EU auch weiterhin nur die zweite Geige hinter den USA spielen. Die Umsetzung einer offensiven Strategie muß nicht zuletzt der Bevölkerung in Österreich und Deutschland klarmachen, daß die EU-Erweiterung und die Stabilisierung des europäischen Vorfeldes im Osten, Südosten und in Nordafrika im eigenen Interesse liegt, sollen Migration und organisierte Kriminalität beherrschbar bleiben oder möglicherweise erst werden.

Besonders die österreichische Politik sollte nicht nur bei der EU-Erweiterung, sondern auch in der Frage eines allfälligen NATO-Beitritts die Erfahrung berücksichtigen, daß nur der Wille zur Veränderung einen guten Zustand bleibend erhält. Die EU wiederum kann nur dann politisch voll handlungsfähig sein, wenn sie nicht nur über eine stringente Außenpolitik samt Außenminister verfügt, sondern auch de facto militärisch existiert. Es macht wenig Sinn, auf Dauer viel Geld aufzuwenden, aber nicht mitbestimmen zu können – Europa muß vom „global payer“ zum „global player“ werden.

Im Namen der Zukunft: Stabilität in Südosteuropa

Sehr oft ist das Fehlen ausgearbeiteter Strategien und Pläne bemängelt worden, um die Veränderungen nach dem Fall des Eisernen Vorhangs, dem Zerfall von Jugoslawien und dem Ende der Sowjetunion zu bewältigen. Doch außer einigen begeisterten Äußerungen und der wiederholten Ankündigung, man brauche einen neuen Marshallplan, wurde nicht allzuviel umgesetzt. Zu stark war die Meinung, es wäre Aufgabe der „Transformations"-Staaten, mit sich selbst zurechtzukommen. Die unterschiedlichsten nationalen Strategien wurden sichtbar, und erst der nationale Egoismus seitens einiger westlicher Staaten erweckte besonderes Augenmerk auf bestimmte, einzelne Regionen. Das ist nicht zu kritisieren, sondern als ein Zeichen regionaler Verantwortlichkeit anzusehen. Daß vielleicht da und dort Träume wach wurden, Einflußsphären zu schaffen, kann nicht geleugnet werden. Die Größe der Aufgabe beweist, daß es keine reservaten Räume gibt, sondern praktisch alle Gebiete von Mittel-, Ost- und Südosteuropa eine gemeinsame Verantwortung nicht nur für die anderen europäischen Länder, sondern auch für andere Kontinente darstellt. Natürlich entstammt die Motivation den spezifischen Interessen: für die USA zählt ausschließlich die strategische Bedeutung, für manche arabische und islamische Staaten zählt die religiös-politische Ausrichtung und Russland handelt traditionell. Aber auch Erkenntnisse über die globale Bedeutung des Prozesses, wie sie zeitweise durch die japanische Regierung vertreten wurde, sind zur Sprache gekommen. Es wäre zu mühsam und auch zu wenig weiterführend, alle Stufen dieses Engagements aufzuzählen, ebenso die große Zahl der Ankündigungen über Hilfsprogramme, Allianzen, Initiativen und Plattformen. Für Südosteuropa seien nur die wesentlichsten genannt sowie deren Programme und Ergebnisse, die allerdings im ständigen Fluß sind, da zum Glück in der gegebenen Situation ein Stillstand nicht verzeichnet werden kann und dabei Strategien des Umbruchs sichtbar werden, die trotz aller Mängel in den letzten zehn Jahren einige Erfolge erzielt haben.

Organisation für Sicherheit und Zusammenarbeit in Europa

Die Organisation für Sicherheit und Zusammenarbeit in Europa (OSZE) basiert auf der inzwischen in die Historie eingegangenen Konferenz für Sicherheit und Zusammenarbeit in Europa (KSZE), die mit den Helsinki-Schlußakten von 1975 als bleibende Einrichtung geschaffen wurde. 1994 wurde die Konferenz in Organisation (OSZE) umbenannt. Sie umfaßt inzwischen 55 Mitgliedsstaaten, wobei alle europäischen Länder mit Ausnahme von Jugoslawien (suspendiert) vertreten sind wie auch die USA, Kanada und die zentralasiatischen Staaten der früheren Sowjetunion. Der besondere Vorteil dieser Organisation besteht darin, daß sie relativ mobil ist und neben den Europäern auch noch USA und Kanada umfaßt, wobei die Diskussionen heute eher auf der einen Seite die EU-Mitglieder und ihren Standpunkt kennt, während es auf der anderen Seite zur Verständigung zwischen Russland und den USA kommt. In der OSZE sind auch die zentralasiatischen Republiken vertreten, die sich selbst nach wie vor als Europäer begreifen und weder bereit sind, aus der OSZE auszuscheiden noch die Regionalorganisation der Vereinten Nationen, die „Economic

Commission for Europe" (UN/ECE) zu verlassen. Ebenso scheint sich diese Organisation bei der Finanzierung von Sonderaufgaben leichter zu tun als es den Vereinten Nationen gelingt, die notwendigen Mittel für Akutaktionen aufzutreiben. Mag sein, daß der finanzielle Anteil der USA – und damit die Schwierigkeiten bei der Bewilligung im Kongreß – geringer ist, während die Europäer die Hauptbeiträge zum Budget leisten. Der Sitz der Organisation ist in der Wiener Hofburg, ausgelagerte Einrichtungen existieren in Prag und vor allem in Warschau („Office for Democratic Institution and Human Rights", ODIHR). Ebenso gibt es vor allem in den zentralasiatischen Staaten regionale Büros und eine lange Liste von Einsätzen, die mit beachtlichem Engagement durchgeführt wurden. Um ein Gefühl für die dafür aufgewandten Beträge zu geben, seien einige Zahlen aus dem OSZE-Budget für 1999 genannt: Die Präsenz in Albanien wird mit 45 Mio. ATS dotiert, die Aktivitäten in Moldawien und in Skopje mit je 8 Millionen, während die Gesamtsumme für OSZE-Missionen und Operationen 164 Mio. ATS ausmacht. Als Folgen des Zerfalls von Jugoslawien können die Kosten der Projekte und Missionen in Kroatien (mehr als 300 Mio. ATS) und in Bosnien-Herzegowina mit über 650 Millionen für das Jahr 1999 angegeben werden. Mit diesen Mitteln werden nicht nur administrative Kosten, sondern auch Kampagnen für Demokratisierung, Menschenrechte, regionale Stabilisierung, Wahlkommissionen und Wahlbeobachtungen sowie regionale Zentren und Ombudsmänner finanziert. Damit sind nur beispielhaft Beträge genannt, die in Südosteuropa eingesetzt werden, wobei ganz klar ist, daß dies der größte Brocken der finanziellen Aufwendungen ist, denn das Gesamtbudget der OSZE beträgt weniger als 1,5 Mrd. ATS. Die einzusetzenden Mittel werden sicher noch umfangreicher, da mit der Errichtung der „Kosovo Verification Mission" (KVM) erst begonnen wurde. Nachdem ein Ende des

Konflikts nicht absehbar ist, sind die 760 Mio. ATS für das Jahr 1999 erst ein Anfang. Die Höhe des Betrags mag schockieren, aber die Tatsache, daß etwa zweitausend Personen als „Verifier" eingesetzt werden, läßt den Aufwand in einem anderen Licht erscheinen – noch dazu, wenn man berücksichtigt, welche Kosten uns allen aus einem blutigen Konflikt erwachsen würden.

Daher stellt auch eine der intensivsten Diskussionen innerhalb der OSZE die Frage nach einer europäischen Sicherheitsarchitektur, die die Errichtung eines europäischen Sicherheitssystems zum Ziel hat. Diese Bemühungen entstehen natürlich im Kräfteparallelogramm zwischen der de facto existierenden NATO, die sich in der Region voll entfaltet hat, und Russland. Sie bildet das Rückgrat der in Bosnien-Herzegowina stationierten Truppen und ist mehr oder weniger die einzige militärisch verfügbare Einheit. Eigens dafür wurde die „Combined Joint Task Force" (CJTF) errichtet. Die Westeuropäische Union (WEU) besteht daher mehr oder weniger auch hier nur auf dem Papier und wird weiter Gegenstand eingehender Diskussionen im Hinblick auf eine Integration der militärischen Aufgaben des Kontinents in die EU bleiben. Die Petersberg-Gespräche haben das seit geraumer Zeit zum Ziel.

In der Zwischenzeit war die OSZE in den verschiedensten Bereichen erfolgreich tätig. Es ist ihr gelungen, durch eine Mission unter Leitung des ehemaligen österreichischen Bundeskanzlers Franz Vranitzky den toten Punkt der innenpolitischen Krise Albaniens zu überwinden. Die Mission führte eine Reihe von Wahlbeobachtungen durch, wie etwa in Mazedonien und selbstverständlich in Bosnien-Herzegowina. Ihre wöchentlichen Berichte geben einen klaren Überblick nicht nur über den Stand der Realisierung des Dayton-Vertrages, sondern auch der innerpolitischen Entwicklung des nach wie vor politisch geteilten Landes. Dabei geht es nicht nur um Wahlbeobachtung und

Hilfe bei der Organisation von Wahlen, sondern auch um Demokratisierung, Menschenrechte, Medienfreiheit, regionale Stabilisierung und um die ständige Auseinandersetzung mit radikalen nationalen Positionen. Gleiches wird unter anderen Bedingungen in Albanien versucht, wie etwa der Wiederaufbau einer Polizei (vor allem mit EU-Hilfe), einer funktionierenden Gerichtsbarkeit sowie der Finanzverwaltung, der Privatisierung, der Bewältigung der Folgen der Pyramidenspiele, die Wiedereinrichtung einer Wasser- und Stromversorgung und vor allem eine Belebung der Wirtschaft. Im Gesamten dürften die Aktivitäten in Bosnien-Herzegowina, Albanien und im Kosovo als partieller Beginn einer Form von Protektoratsverwaltung angesehen werden.

Die institutionelle Unübersichtlichkeit des neuen Europas wird in diesen kleinen geographischen Räumen sehr deutlich. Es muß allerdings festgehalten werden, daß die handelnden Personen vor Ort mehr Sinn für Kooperation entwickeln, als das von den Verantwortlichen in Regierungen und Organisationen vorgesehen war. Es wäre wünschenswert, ein einheitliches Modell zu schaffen, das nicht nur effizienter, sondern auch sparsamer arbeitet und im Land selbst die Möglichkeiten reduziert, die internationalen Bemühungen zu umgehen.

Eine besondere Einrichtung ist der seit 1992 im Rahmen der OSZE geschaffene „High Commissioner for National Minorities" (HCNM), der in der Person des früheren Außenministers der Niederlande, Max van der Stoel, besondere Anerkennung genießt. Es ist ihm gelungen, beachtliche Aktivitäten zu entfalten, obwohl er nur dann tätig werden kann, wenn die betroffenen Regierungen zustimmen. Sein Aufgabengebiet umfaßt Besuche von Gebieten mit Minderheitsproblemen, die Ausübung einer Warn- und Beratungsfunktion und die ständige Berichterstattung an die Öffentlichkeit. In Südosteuropa wurden zum Beispiel Maßnahmen gesetzt, die den Unterricht in griechischer Sprache im Süden von Albanien, aber auch die albanische Minderheit in Mazedonien, die Roma in Rumänien und andere Minderheiten unterstützen. Da es in Südosteuropa aufgrund der historisch gewachsenen Mischverhältnisse kaum ein Land gibt, das keine Minderheitenprobleme kennt, sind diese Initiativen von besonderer Bedeutung. Generell kann festgestellt werden, daß in den letzten Jahren eine gewaltige Verbesserung eingetreten ist, da die neuen Regierungen verstanden haben, daß eine Vertreibung der Minderheiten zu keiner Lösungen führt, sondern höchstens neue Probleme schafft.

Der OSZE-Ministerrat in Oslo hat sich für das Jahr 1999 ein ambitioniertes Programm vorgenommen. Die Kosovo-Verifizierungsmission (KVM) gilt zu Recht als die größte und schwierigste Operation, die von der OSZE jemals in Angriff genommen wurde. Die Betrauung dieser Organisation ist auch eine Anerkennung, die sich aus den bisherigen Erfahrungen und der Sachkompetenz ergeben hat. Von den in Südosteuropa anliegenden politischen Problemen wurden als künftige Aufgaben der OSZE die Weiterentwicklung in Bosnien-Herzegowina, die Polizeikontrolle in der kroatischen Donauregion und die Fortführung der bisherigen Missionen bestimmt. Die Erklärung enthält einen besonderen Hinweis hinsichtlich der subregionalen und bilateralen Zusammenarbeit als Ergänzung der OSZE. Dieser Wunsch nach Zusammenarbeit drückt sich auch im Beschluß aus, daß die südosteuropäischen Regionalinitiativen künftig auf allen Konferenzen und Seminaren der OSZE vertreten sein sollen. Eine besondere Erwähnung verdient das „Economic Forum“, das die OSZE jedes Jahr in Prag veranstaltet. Allerdings muß ganz nüchtern festgestellt werden, daß durch diese Einrichtung eine gewisse Konkurrenz zur „Economic Commission for Europe“ der Vereinten Nationen geschaffen wurde.

Selbstverständlich ist die Europäische Union in Südosteuropa – vor allem in den Krisengebieten – stark vertreten. Das geschieht nicht nur durch ihre Missionen, sondern im Falle von Beitrittskandidaten (Rumänien, Bulgarien, Ungarn, Slowenien) auch mit ihren Programmen. Es ist offensichtlich, daß die Europäische Union vorrangig in den Krisenregionen Europas Verantwortung übernehmen will. Das beweist auch die Personalbesetzung der einzelnen Stellen und Initiativen in Bosnien-Herzegowina, Albanien und im Kosovo. Beispielhaft sei hier auf die European Community Monitor Mission (ECMM) verwiesen, die in Südosteuropa eine besondere Aufgabe hat. In Sarajevo installiert, agiert sie dort seit 1991 in einem größeren Radius und ist heute für die Entwicklungen im früheren Jugoslawien (ohne Slowenien) und in Albanien zuständig. Sie ist ein Partner der OSZE nicht nur bei der Überwachung von Wahlen in Bosnien-Herzegowina und Mazedonien, sondern befaßt sich ebenso mit der Vorarbeit für die Installierung der Kosovo-Verification Mission. Angesichts der differenzierten Situationen in Mikrobereichen ist diese Funktion, Augen und Ohren der EU zu sein, von entscheidender Bedeutung. Solange die EU nicht über jene logistischen Mittel verfügt wie die USA als Supermacht (Luftraumüberwachung), bleibt die vor allem am Boden konzentrierte Tätigkeit der einzige europäische Beitrag zur Sicherheit der Region.

„Economic Commission for Europe“ der Vereinten Nationen

Die ECE wurde als UN-Regionalkommission für Europa geschaffen, wobei auch bei ihr die Mitgliedschaft von USA und Kanada einerseits und Russland und den zentralasiatischen Republiken andererseits ein Charakteristikum ist. Die Organisation residiert im alten Völkerbundpalais in Genf, wo viele internationale Organisationen angesiedelt sind: Hochkommissar für Flüchtlingsfragen, World Trade Organization (WTO), das Internationale Komitee für das Rote Kreuz (IKRK), die Internationale Arbeitsorganisation (ILO) und viele andere größere und kleinere Einrichtungen. In der Vergangenheit hat die Arbeit der UN/ECE unter dem Umstand gelitten, daß sie infolge der Ost-West-Teilung in hohem Ausmaß politisch blockiert war. Dies hat sie jedoch nicht daran gehindert, eine beachtliche Expertise zu entwickeln, die sich insbesonders in einzelnen Fachbereichen niederschlug. Die Bemühungen dieser Organisation, im Transportbereich, in Fragen des Zolls und der Grenzkontrolle, der Energie, der Ökologie, der Sicherung und Förderung der Klein- und Mittelbetriebe, etc. sachliche Lösungen zu erarbeiten, sind beachtlich und stellen heute für die Regionalinitiativen in Südosteuropa eine ganz entscheidende Unterstützung der Bemühungen dar, die außerdem die Rekrutierung eigener, teurer Experten erübrigen. So stützen sich insbesonders die Southeast European Cooperative Initiative (SECI) und die Special Programm for the Economies of Central Asia (SPECA), aber auch andere Einrichtungen auf die ECE, wodurch die Zusammenarbeit mit der Europäischen Kommission verstärkt worden ist.

Zentraleuropäische Initiative

Die ersten Anstrengungen zur Gründung der ZEI gingen im November 1989 von den Regierungen der Länder Österreich, Italien, Ungarn und der Föderativen Sozialistischen Republik Jugoslawien aus, um die Beziehungen dieser Staaten mit unterschiedlichen politischen und wirtschaftlichen Orientierungen auszubauen. 1990 trat die Tschechoslowakei bei (Pentagonale), und durch das Hinzutreten von Polen wurde die ZEI zur Hexagonale.

Die Initiative zur Gründung der ZEI ging vom italienischen Außenminister Gianni de Michelis aus, einem geborenen Venezianer. Sie entstand aus strategischen Überlegungen, vielleicht auch aus Michelis' geschichtlichen Genen, die von der „Serenissima" – der alten Republik an der Adria – geprägt sind. Offensichtlich ging es ihm auch um die Entwicklung einer eigenständigen Rolle italienischer Außenpolitik in der damaligen EG. Welche Intentionen auch immer damit verfolgt wurden, war es zweifellos ein richtiger Schritt in die richtige Richtung. So kam es trotz unterschiedlicher politischer Systeme zu einer – auch in der Öffentlichkeit anerkannten – Kooperation zwischen Italien und Südosteuropa, vielleicht im Erahnen späterer Veränderungen. Alois Mock hat als damaliger österreichischer Außenminister die Initiative mit außerordentlichem Interesse unterstützt und sein Augenmerk vor allem auf kulturelle Aktivitäten gelenkt, um die Gemeinsamkeiten herauszuarbeiten. Dadurch entstanden wertvolle Binnenkontakte, die beim Zerfall Jugoslawiens nicht ohne Bedeutung waren. Franz Vranitzky und Alois Mock waren sich der aus dieser Entwicklung entstehenden Schwierigkeiten bewußt, wenngleich sie auch zu unterschiedlichen Schlußfolgerungen kamen. Franz Vranitzky unterstützte den jugoslawischen Ministerpräsidenten Ante Markovic, dessen innenpolitische Aktivitäten zu spät in Gang gesetzt wurden, währenddessen er auf ökonomischem Gebiet außerordentlich erfolgreich war. Seine politische Bewegung hätte aller Voraussicht nach die Mehrheit erhalten, wären nicht die politischen Eliten Sloweniens und Kroatiens, später auch von anderen Teilrepubliken, durch die Hinwendung Slobodan Milosevic' zum serbischen Nationalismus vom Ende der Gemeinsamkeit überzeugt gewesen.

1992 entstand aus der Pentagonale die „Central European Initiative", der heute sechzehn Staaten angehören: Albanien, Bosnien-Herzegowina, Bulgarien, Italien, Kroatien, Mazedonien, Moldawien, Österreich, Polen, Rumänien, Slowakei, Slowenien, Tschechische Republik, Ukraine, Ungarn und Weißrussland. Das Centre for Information and Documentation der ZEI befindet sich seit 1996 in Triest, wird im wesentlichen von Italien und Österreich getragen, verfügt über einen jährlich wechselnden Vorsitz und eine Reihe von Arbeitsgruppen und Konferenzebenen, deren bedeutendste zweifellos das Treffen der Ministerpräsidenten und Außenminister ist.

Es ist der ZEI zu verdanken, daß 1997 aus Anlaß des Vorsitzes durch Bosnien-Herzegowina die erste große internationale Begegnung in der Hauptstadt dieses krisengeschüttelten Landes stattfinden konnte. Allein dieser Umstand war ein ganz wichtiger Beitrag zur Stabilisierung nach dem Dayton-Prozeß.

Die wesentlichsten Arbeitsgebiete der ZEI umfassen wirtschaftliche und technische Kooperation, Entwicklung der Infrastruktur bei Transport, Energie, Telekommunikation und Landwirtschaft, die Stärkung der demokratischen Institutionen, die Beobachtung der Einhaltung von Menschenrechten und Minderheitenfragen, der Umweltschutz, die Zusammenarbeit auf dem Gebiet von Wissenschaft und Technologie, der Medien, Kulturerziehung, Jugendaustausch und Förderung des Tourismus. Einzelne Arbeitsgruppen betreuen inzwischen fünfzehn Projekte. Die laufenden Arbeiten werden von einer Troika (amtierender Vorsitzender mit dem Vorgänger und dem nächsten Vorsitzenden) sowie vom Komitee der nationalen Koordinatoren wahrgenommen. Gegenwärtig werden Studien auf dem Sektor des Bankwesens und der Finanzen, des Handelsrechts über die Rolle der Sozialpartner in der Berufsausbildung, der Gemeindeverwaltung, der sozialen Absicherung von Behinderten sowie Veranstaltungen zur Vorbereitung der Integration in die EU durchgeführt.

Einen besonderen Aspekt bildet die Zusammenarbeit mit der European Bank for Reconstruction and Development

(EBRD), die in Triest ein eigenes Sekretariat für Projekte der ZEI eingerichtet hat und mit London, dem Sitz der EBRD, in Verbindung steht. Dieses Sekretariat übernimmt die Assistenz zur Vorbereitung von Projekten, insbesonders bei Investitionen, um daraus bankgerechte Projekte zu entwickeln. Weiters hilft es Studien bei der Durchführung von Projekten, bei der Entwicklung von Systemen und Institutionen sowie bei beruflichen Ausbildungen. Die Finanzierung erfolgt durch einen speziellen Fonds, der von Italien in der EBRD eingerichtet wurde.

Schon vor dem Jahr 1989 gab es, dem Beispiel der Alpenländer folgend, Formen regionaler Zusammenarbeit. Der Regionalismus hat sich, begründet in der Eigenart der Landschaft und ihrer Menschen, zuallererst in den Alpen entwickelt. Verkehrs- und Umweltprobleme, die stark ausgeprägte kulturelle Identität und die Scharnierwirkung der Alpenübergänge haben den Regionalismus gefördert. Diesem Beispiel folgte man in Südosteuropa mit der „Arge Donauraum", wobei die Größen und Anteile der kooperierenden Gebiete äußerst unterschiedlich sind. Den österreichischen Bundesländern Niederösterreich, Wien und Burgenland wie auch der Slowakei standen die westungarischen Komitate gegenüber, die infolge des Budapester Zentralismus nur geringe eigenständige Möglichkeiten besaßen.

Die Zusammenarbeit ist allerdings nicht nur durch das Angrenzen an den Donaustrom definiert. Sie wurde im Sinne eines Raumes, der er tatsächlich ist, breiter verstanden. So gehören insgesamt dazu: Land Baden-Württemberg, Freistaat Bayern, Land Oberösterreich, Land Niederösterreich, Land Wien, Land Burgenland, Slowakische Republik, Komitat Győr-Moson-Sopron, Komitat Komárom-Esztergom, Komitat Pécs, Budapest, Komitat Fejér, Komitat Bács-Kiskun, Komitat Tolna, Komitat Baranya (alle Ungarn), Republik Kroatien,

Republik Serbien, Region Lovech, Region Moniana, Region Russe (alle Bulgarien), Bund der Donaukreise aus Rumänien, Republik Moldawien und die Region Odessa. Die Tschechische Republik hat Beobachterstatus.

Die bedeutendsten Erfolge und die wichtigsten Projekte für die kommenden Jahre der „Arge Donauraum“ liegen im Raumordnungs- und Umweltbereich – zum Beispiel die Untersuchung der Ozonbelastung zwischen Bayern und Budapest und das „Leitbild für eine nachhaltige Entwicklung im Donauraum“ (von der 7. Konferenz der Regierungschefs am 17. Oktober 1996 genehmigt); im Bereich Tourismus und Kultur das Konzept eines Radwanderweges entlang der Donau, ein Verzeichnis von historisch-technischen Sehenswürdigkeiten, die Einrichtung eines Restaurierungsateliers für zerstörtes Kulturgut in Osijek (Kroatien), die Erstellung einer Grundkarte für den gesamten Lauf der Donau; im wirtschaftlichen Bereich vor allem die Weiterentwicklung umweltfreundlicher Verkehrsträger (Schiff, Bahn etc.), Studien über Verkehrsprojekte, Leitlinien zur Verkehrsentwicklung, usw.

Die sich erst heute entwickelnden Regionalinitiativen haben also schon ihre Vorgänger im Raum des europäischen Transitoriums.

Višegrád-Staaten

Die Kooperation der Višegrád-Staaten ist weniger in Zusammenhang mit Südosteuropa denn als Beispiel großer Bedeutung zu verstehen. Sie entstand auf Initiative dreier Staatspräsidenten, die nicht als Berufspolitiker anzusehen sind, sondern im Rahmen der „samtenen Revolution“ jeweils ihre eigene Rolle in ihrem eigenen Land gespielt haben. Gründungsmitglieder waren Václav Havel als tschechoslowakischer Präsident, der als Dichter und Dissident vor und nach 1989 eine ebenso prägende Funktion ausgeübt hat wie ein Elektriker der Danziger Lenin-Werft, Lech Walesa, und der ungarische Historiker und Dichter Árpád Göncz. Diese Vereinigung wurde nach dem Sitz des legendären ungarischen König Matthias Corvinus benannt – nicht zuletzt deshalb, weil zumindest zu seinen Zeiten eine gewisse Gemeinsamkeit dieser Länder bestand.

Nach der Trennung der Tschechen von den Slowaken nehmen vier Staaten an dieser Kooperation teil, die im wesentlichen nur aus einer informellen Konferenz besteht und von den Ministerpräsidenten getragen wird. 1992 ist daraus die Initiative für die Central European Free Trade Association (CEFTA) hervorgegangen. Die CEFTA kann als eine Art Trainingcamp für den europäischen Integrationsprozeß betrachtet werden und übt vor allem in der Phase bis zur Aufnahme in die EU eine wichtige Funktion aus und ist damit Beispiel für andere Länder.

Heute umfaßt die CEFTA Polen, Ungarn, Tschechische Republik, Slowakei, Slowenien und Rumänien. Bulgarien und Litauen haben sich um die Aufnahme beworben. Weiters dient die CEFTA vor allem dem Abbau von Handelsschranken und der Schaffung eines gemeinsamen Marktes – ähnlich wie die EFTA in ihrer ersten Phase.

Initiativen in Südosteuropa

In Südosteuropa ist es zu einer Reihe von Initiativen gekommen, die von außen immer unter dem Gesichtspunkt der Rivalität beurteilt werden. In Wahrheit sind es Reaktionen auf unterschiedliche Situationen und gleichzeitig Kinder unterschiedlicher Befindlichkeiten, Einflüsse und Verantwortungen. So gibt es die „Balkan Conference for Stability and Cooperation in Southeast Europe“, die zu verschiedenen Zeitpunkten eine ganz wichtige Funktion der Begegnung ausübte – vor allem dann, wenn es gravierende Wechsel der politischen Verantwortung in Parteien und Personen gab. Seit der ersten Konferenz in Sofia im Juli 1996 führt sie Begegnungen und Gespräche durch und hilft mit, so manches Spannungselement, das in der jeweiligen regionalen Öffentlichkeit entstanden ist, abzubauen. So hat die Konferenz der Ministerpräsidenten 1997 in Kreta einen wesentlichen Beitrag zur Entspannung zwischen Griechenland und der Türkei geleistet, aber auch zu Treffen von Regierungschefs, die erstmals aufgrund politischer Veränderungen Verantwortung übernommen haben und daher einander nicht kannten. Institutionell ist nicht viel zu erwarten. Für den Erhalt eines positiven politischen Klimas ist es aber wichtig, Begegnungen ohne Einfluß von außen durchzuführen.

Der Weg zu mehr Eigenverantwortung muß in Südosteuropa massiv gefördert werden. In Abwandlung der Monroe-Doktrin des 19. Jahrhunderts („Amerika den Amerikanern“) könnte man postulieren: Südosteuropa den Südosteuropäern!

Das Dayton-Abkommen hat in der Europäischen Union und in den USA Überlegungen angeregt, auf welche Art und Weise Stabilität und Frieden erreicht werden können. Bedauerlicherweise ist die Entwicklung einer gemeinsamen Strategie von Brüssel und Washington nie zustande gekommen, obwohl auf beiden Seiten Versuche in diese Richtung unternommen wurden. Auf Seite der USA war es oft Mangel an Geduld , bis eine europäische Position überhaupt erarbeitet werden konnte bzw. die Überwindung der unterschiedlichen Interessen möglich war. Richard Holbrooke hat dazu in seinem Buch „To End a War“ in der ihm eigenen Art Stellung genommen. Er meint, daß die Europäer nicht fähig wären, irgend eine Art von Strategie zu koordinieren geschweige denn Verhandlungspositionen unter sich selbst festzulegen. Besonders kritisch ist Holbrooke gegenüber Frankreich. Er wirft dem Kommandanten der UN-Truppen in Bosnien, der von Paris gestellt wurde, Sympathien für die Serben vor. Dieser Vorwurf ist Holbrookes Begründung, weshalb er und sein Team die Europäer überhaupt nicht konsultierten und die Verhandlungen allein führten. In der Folge waren die Spannungen zwischen der EU und den anderen Mitgliedern der Bosnien-Kontaktgruppe sehr hoch. Aufgrund dieser Erfahrung ist Holbrooke in der Kosovofrage ähnlich vorgegangen, wobei sich die EU die schriftlichen Ergebnisse, die Holbrooke mit Slobodan Milosevic erzielt hatte, erst vom jugoslawischen Botschafter in Bonn besorgen mußte.

Holbrooke führt in seinem Buch die Gründe an, weshalb die USA vier Jahre lang gezögert hatten, in Bosnien einzugreifen: Zwischen dem State Department und dem Pentagon gab es Spannungen bezüglich einer verstärkten Rolle der IFOR (Implementation Force: UN-Eingreiftruppe). Zu tief sitzen die Erfahrungen aus dem Vietnamkrieg, zu tief die der Carter-Intervention im Iran und ähnliche, jünger zurückliegende, wie in Mogadischu. Aus diesen Gründen muß einkalkuliert werden, daß die USA in Südosteuropa eine Rolle wider Willen spielen, wobei jede innenpolitische Veränderung drastische Auswirkungen haben kann, und die Rücksichtnahme auf Moskau noch immer ein traditioneller Bestandteil der amerikanischen Außenpolitik ist.

Seitens der EU existiert das Gefühl, daß die Amerikaner in Südosteuropa eigentlich nichts verloren hätten – wenngleich das Dayton-Abkommen ohne Amerikaner nie zustande gekommen wäre. Die unbewältigte Geschichte dahinter sind wohl jene vier Jahre, in denen die Europäische Gemeinschaft alleine versucht hat, eine Pazifizierung im auseinanderfallenden Jugoslawien und die Etablierung einer haltbaren Ordnung herbeizuführen, bis der schreckliche Krieg in Bosnien-Herzegowina durch das Eingreifen der NATO und unter Beteiligung der USA beendet werden konnte. Es hat keinen Sinn, auf die Zwischenstufen einzugehen, zum Beispiel, in welchem Ausmaß die Vereinten Nationen erfolgreich waren oder versagt haben, und welche naiven und realistischen Positionen von den verschiedenen Regierungen eingenommen wurden. Das Resultat besteht aus zwei unterschiedlichen Aktivitäten, wobei die eine, der Royaumont-Prozeß, von der Europäischen Union ins Leben gerufen wurde, während die „Southeast European Cooperative Initiative" (SECI) über Initiative der USA entstanden ist und aufgrund eines Memorandums (Points of Common US-EU Understanding) gemeinsam mit der Europäischen Union besteht.

Südosteuropäische Kooperationsinitiative

Ein Ansatzpunkt für die Gründung von SECI war seitens der USA neben dem Wunsch, ein stabiles Ambiente rund um Bosnien-Herzegowina zu ermöglichen, mit dem Ziel, die eigenen Truppen bald wieder nach Hause zu bekommen, vor allem die Lehre aus der Entwicklung Europas nach 1945. Das State Department brachte immer wieder in Erinnerung, daß es der Marshallplan war, aus dem sich die Organisation for European Economic Cooperation (OEEC, später OECD) entwickelt hatte, eine bedeutende Rolle im wirtschaftlichen Wiedererstehen des westlichen Europas spielte und schließlich die Grundlage für die Schaffung der Europäischen Union war. Das Erreichen wirtschaftlichen Fortschrittes ist nach dieser Ansicht der einzige sichere Weg zu politischer Stabilität und wirklicher Freundschaft zwischen den Nationen.

Eine weitere Überlegung war, daß der amerikanische Steuerzahler und die reicheren Länder Europas nicht bereit sein werden, ähnliche Summen wie die nach dem Zweiten Weltkrieg in Südosteuropa zu investieren. Das amerikanische Argument führt den Umstand an, daß nicht nur die USA heute ein reiches Land sind. Charakteristisch ist die weitere Überlegung, es läge heute mehr an den Unternehmen, sich nach neuen Investitionsmöglichkeiten umzusehen, und die Aufgabe der Politik bestehe darin, die dazugehörigen Rahmenbedingungen zu schaffen, in denen private Investitionen getätigt werden können, als umfangreiche Subsidien zu geben, um eine positive Wirtschaftsentwicklung einzuleiten.

Dabei war das Ziel der US-Überlegungen nicht nur die Reform der ehemaligen kommunistischen Länder, sondern auch, aus den heutigen Kleinstaaten größere Einheiten zu schaffen und grenzüberschreitende Zusammenarbeit zu erzielen. Dieses Vorhaben wurde von manchen Ländern fälschlicherweise als Wunsch verstanden, das alte Jugoslawien wiedererstehen zu lassen – daran denkt in Washington wirklich niemand. Für amerikanischen Unternehmen ist jedes dieser Länder zu klein, zu unbekannt und zu unterschiedlich, um ein interessantes Investitionsgebiet darzustellen.

Natürlich war sich das State Department über die unterschiedliche politische Landschaft Südosteuropas im Klaren: Griechenland Mitglied der EU, Türkei und Griechenland Mitglied der NATO, EU-Beitrittskandidaten der ersten und zweiten Reihe (Ungarn, Slowenien, Rumänien, Bulgarien) und weitere Kleinstaaten, die in verschiedenen Formen von Krisen geschüttelt werden. Es ging also um die Schaffung eines lockeren, gemeinsamen Rahmens der Zusammenarbeit, wobei von Beginn an die Bundesrepublik Jugoslawien mitwirken sollte und an den ersten Vorbereitungssitzungen folgerichtig teilgenommen hat. Erst die Kommunalwahlen und die Studentenproteste Ende 1996 schlossen eine Teilnahme Jugoslawiens durch die „out of all-sanctions“ aus. Interessanterweise hat sich

Moldawien für eine Mitwirkung sehr interessiert, wenngleich hier auch nicht unbedingt von einem klassischen südosteuropäischen Land gesprochen werden kann, wie das – zu Recht – Ungarn, Slowenien und Kroatien für sich in Anspruch nehmen.

Die USA wollten die Initiative der OSZE im Rahmen der Bemühungen um den zweiten Korb der Helsinki-Akte (wirtschaftliche Maßnahmen) ansiedeln. In dieser Phase wurden während des gesamten Jahres 1996 Verhandlungen mit der Europäischen Union geführt, wobei eine Zusammenlegung dessen, was heute SECI und Royaumont-Prozeß genannt wird, nicht gelang. Die USA waren durchaus dafür, in der EU fand sich jedoch keine Übereinstimmung. Das Ansinnen, die Initiative direkt in der OSZE zu verankern, wurde ebenfalls abgelehnt; die technische und organisatorische Abwicklung im Rahmen der OSZE wurde aber akzeptiert. Daher befindet sich der Sitz des SECI-Büros (ein Koordinator und zwei Assistenten) im Rahmen der OSZE in der Wiener Hofburg.

Die „Final Points of Common US-EU Understanding" umfassen im wesentlichen folgende Punkte:

– SECI soll die regionale Stabilität durch die Entwicklung der wirtschaftlichen und ökologischen Zusammenarbeit insbesonders durch Miteinbeziehung des privaten Sektors fördern.

– SECI wird sich mit anderen Initiativen in der Region koordinieren und komplementär arbeiten.

– Die Bundesrepublik Jugoslawien wird nur dann an SECI teilnehmen, wenn sie auch an anderen internationalen Organisationen mitarbeitet und jene Umstände beseitigt sind, die die Ursache für die laufenden Restriktionen sind.

– Um ihre eigenen Aktivitäten zu fördern, wählen die SECI-Staaten eine Persönlichkeit aus, wobei der Vorsitzende der OSZE (1996 war es der Schweizer Dr. Flavio Cotti) die Verantwortung für diesen Vorschlag übernimmt. Der Koordinator

soll ein Europäer sein, der auch im Dezember 1996 in meiner Person bestellt wurde.
– SECI soll nicht in Konkurrenz zu anderen Initiativen und Institutionen treten und die Europäische Union und die USA ständig über ihre Aktivitäten informieren.

Eine diesbezügliche Vorbereitungskonferenz fand im November 1996 statt. Der organisatorische Rahmen wurde im darauffolgenden Dezember in Genf beschlossen, und die UN/ECE um Unterstützung des Koordinators gebeten. Als oberstes Organ wurde das „Agenda Committee" geschaffen, das am 29. Jänner 1997 erstmals tagte. Die „participating states" umfassen Albanien, Bosnien-Herzegowina, Bulgarien, Griechenland, Ungarn, Moldawien, Rumänien, Slowenien, Mazedonien (FYROM) und die Türkei. Kroatien besteht (aus innenpolitischen Gründen) nach wie vor auf einen Beobachterstatus, nimmt aber an allen Initiativen teil. Im Agenda Committee Meeting gibt es auch noch die Kategorie der unterstützenden Staaten („supporting states"), zu denen die USA, Schweiz, Österreich, Italien und bald Deutschland zählen. Die Europäische Union ist durch die Kommission und durch den Rat vertreten. Russland nimmt an den Sitzungen und selektiv auch an Projektgruppen teil, wenngleich ohne besondere Initiative. Die Projektgruppen stehen jeweils unter dem Vorsitz eines Experten aus den Reihen der teilnehmenden Staaten, wobei sie von einem Experten der UN/ECE und vom SECI-Sekretariat unterstützt werden. Weitere Teilnehmer sind die internationalen Finanzinstitutionen (IFI), insbesonders die Weltbank, und die European Bank für Reconstruction and Development (EBRD). Die Europäische Investitionsbank (EIB) hat ihre Bereitschaft erklärt, mit SECI zusammenzuarbeiten, wenngleich sich bis jetzt kein passendes Projekt gefunden hat.

Über Initiative von SECI ist ein Treffen der regionalen Initiativen Zentraleuropäische Initiative (ZEI), Black Sea Economic Cooperation (BSEC), Royaumont-Prozeß und SECI zustande gekommen. Bisher fanden in Istanbul, Salzburg und Wien Begegnungen statt. Hervorragend funktioniert die Vernetzung mit einschlägigen Instituten wie dem Institut für den Donauraum und Mitteleuropa (IDM) in Wien, dem Centro Studi Nord Est (CSNE) in Venedig und Triest, dem American Enterprise Institute/New Atlantic Initiative in Washington D. C., der Bertelsmannstiftung in Gütersloh, der Central European University in Budapest, dem Rumanian Institute of International Studies in Bukarest, der Open Society Foundation und anderen einschlägigen Einrichtungen. Für die Projektgruppen und Aufgabenstellungen der Initiative werden vor allem bestehende Institutionen herangezogen, um die grenzüberschreitende Zusammenarbeit zu fördern und bestehende Möglichkeiten zu nützen.

Zum Zeitpunkt Februar 1999 bestanden folgende Projektgruppen: Boarder Crossing Facilitation (Verbesserung des Grenzverkehrs) mit besonderen Arbeitsgruppen für Verbesserung der Infrastruktur, Vereinfachung und Standardisierung der Prozeduren; Reform des Zolls und der Grenzpolizei; Bekämpfung der grenzüberschreitenden Kriminalität und Korruption; die Projektgruppe zur Entwicklung der Transportinfrastruktur entlang der internationalen Straßen; weiters eine Projektgruppe für Energiesparen, für den Ausbau der Gaspipelines zur Diversifizierung des Angebots und der Sicherheit der Versorgung. Eine gemeinsame Projektgruppe mit BSEC wurde für die Verbindung der Elektrizitätssysteme unter dem Aspekt kontinentaler Verbindungen eingerichtet. In der ökologischen Frage beschäftigt sich ein Programm mit Flüssen, Seen und anliegenden Meeren, im ökonomischen Bereich gibt es eine Projektgruppe für Klein- und Mittelbetriebe sowie zur Entwicklung von Finanzierungsschemata und der Untersuchung der Handelshemmnisse, und schließlich befaßt sich eine weitere Gruppe mit der Verbesserung der Investitionsmöglichkeit im Wege der Kooperation von regionalen Börsen.

Der private Sektor wurde durch die Schaffung des „Business Advisory Councils“ einbezogen. Diese Einrichtung arbeitet völlig autonom und wählt ihre Mitglieder eigenständig aus. Vertreten sind Unternehmer, die innerhalb und außerhalb der Region in mehrere Staaten investiert haben, von Staat und Regierung unabhängig sind und ihre Tätigkeit ehrenamtlich auf eigene Kosten ausüben. Bemerkenswert ist der Co-Vorsitz, der vom griechischen Unternehmer Costa Carras und dem Vorsitzenden der türkischen Koç-Gruppe, Rahmi Koç, ausgeübt wird. Die Begegnungen finden vier bis fünfmal im Jahr jeweils in einem anderen Land der Region statt, dienen der Beratung und Unterstützung der SECI-Aktivitäten, Gesprächen mit der jeweiligen Regierung am Ort und einem Treffen mit der Geschäftswelt des Gastlandes.

Die Finanzierung der Organisationskosten von SECI (jährlich 300.000,– US-Dollar) wird von den „supporting states“ USA, Schweiz, Österreich und Italien übernommen. Im Laufe des Jahres 1999 tritt Deutschland dieser Gruppe bei. Die Finanzierung der Projekte soll so stattfinden, daß aus ihnen „bankable projects“ (durch Bankkredite finanzierbare Projekte) gemacht werden können. Allfällige Kosten für Expertisen, Beratung durch Fachleute und Vorbereitungsaufwand werden durch die „supporting states“ sowie durch Stiftungen und Private finanziert. Ein Nebeneffekt der Verbindung mit der Wirtschaft besteht darin, daß die Ausweitung der westeuropäischen Bankenpräsenz stattfindet, wobei zwischen der Banco Intesa (entstanden aus der Fusion von Banco Ambrosiano Veneto und Cariplo in Italien), Raiffeisenzentralbank, Bank Austria (Österreich), Garanti Banka (Türkei) und Commerce Bank (Griechenland) eine lose Zusammenarbeit entstanden ist. Ebenso sind eine Reihe von US-Unternehmen in verschiedene Projekte involviert (z. B. die Firma Honeywell beim Energiespar-Projekt).

Per 1. Februar 1999 wurde eine Überprüfung der Aktivitäten und der Effektivität von SECI durch die teilnehmenden Staaten und durch EU und USA durchgeführt, wobei die generelle Linie und die Arbeitsweise von SECI ihre Bestätigung gefunden hat, einige Projekte für abgeschlossen erklärt und Erweiterungen der Aufgabenstellungen beschlossen wurden. Insbesonders wurde die „complementarity" zu anderen Initiativen und Einrichtungen, vor allem aber zu den PHARE-Aktivitäten bestätigt. Auf Seite der USA werden Mittel aus dem „Support of East European Democracy Act" (SEED) genommen. Diese Finanzierungen dienen dazu, größere Bankkredite zu mobilisieren. Die Weltbank hat diese Initiative vor allem in Bereichen des Programms zur Verbesserung der grenzüberschreitenden wirtschaftlichen Zusammenarbeit und der Bekämpfung der Kriminalität und Korruption anerkannt.

Innerhalb von SECI wurde nie Zweifel daran gelassen, daß alle Bemühungen ausschließlich dazu dienen, daß in absehbarer Zeit durch unterstützende Maßnahmen alle teilnehmenden Staaten jene Reife erreichen, die eine Teilnahme am europäischen Integrationsprozeß möglich macht. Vielleicht ist die – vor allem durch die notwendige Vertiefung der EU und die Schwierigkeit der Akzeptanz in den Mitgliedsländern eintretende – Verlangsamung dieses Prozesses ein zusätzlicher Motivationsschub für die Zusammenarbeit der Länder in Südosteuropa. Lokale Spannungen (Griechenland/ Türkei, Krise in Albanien, etc.) haben zum Glück keinerlei Einfluß auf die laufende Arbeit von SECI.

Royaumont-Prozeß

Der Royaumont-Prozeß wurde nach einem ehemaligen Kloster in der Nähe von Paris genannt, in dem die erste Konferenz über den „Process for peace, stability and good neighborliness" stattgefunden hat. Nach einer wenig erfolgreichen Anfangsperiode wurde ein Koordinator nach dem Beispiel von SECI eingesetzt. Zur Zeit wird diese Funktion vom ehemaligen griechischen Wirtschaftsminister und EU-Abgeordneten Panagiotis Roumeliotis wahrgenommen. Ursprünglich war diese Initiative eine Idee des „Stabilitätspakts für Europa", der im März 1995 beschlossen wurde und die europäische Aktivität in Begleitung des Dayton-Abkommens übernahm. Im Unterschied zur wirtschaftlich-technischen Sichtweise von SECI konzentriert sich der Royaumont-Prozeß auf eine Verständigung der Bürger, auf den Ausbau von Demokratie sowie auf den Dialog von Kultur und Religion in einer einzigen Region. Das grundlegende Dokument konstatiert ausdrücklich, daß Südosteuropa gegenwärtig keine Region ist, in der ein fruchtbarer Austausch von Ideen und Kulturen stattfinden kann, sondern daß es sich um einen Ort der Spannungen und fragilen Balancen handelt. Der Royaumont-Prozeß wird als ein neues, analytisches und diplomatisches Werkzeug angesehen, um die bestehenden Probleme Südosteuropas in den Griff zu bekommen, wobei besonders auf die Konfliktaustragungen, denen kulturelle, ethnische und religiöse Verschiedenheiten zugrunde liegen, hingewiesen wird.

So wie SECI auf die private Initiative abzielt, weist auch der Royaumont-Prozeß darauf hin, daß die Politik allein diese Fragen nicht lösen kann. Es ist dringend nötig, die einzelnen Vorurteile zu überwinden, die Kenntnisse der Bürger untereinander zu verbessern, Unterschiede zu tolerieren und gleichzeitig zu Ähnlichkeiten zu entwickeln. Das heißt, daß alle Komponenten der „civil society" zusammengebracht werden müssen, um kulturelle und soziale Vorurteile zu überwinden und grenzüberschreitende Verständigung und Stabilität zu fördern.

Im November 1997 bestellte der Ministerrat der Europäischen Union den Koordinator der Royaumont-Initiative, und im Januar 1998 verabschiedete er einen Aktionsplan, der folgende Aufgaben umfaßt: Ständige Begegnungen der verschiedenen Gruppen der „civil society", die mit dem Inhalt der Initiative befaßt sind; Stärkung der Demokratie durch Parlamentarismus in den südosteuropäischen Ländern; Zusammenarbeit mit Justiz und öffentlicher Verwaltung, um die Gesellschaftsstrukturen, die Korruption begünstigen, zu bekämpfen. Weitere Aufgabengebiete umfassen den Aufbau eines sozialen Dialogs und einer Zusammenarbeit unter den Gewerkschaften; die Entwicklung geeigneter Instrumente, um die Chancengleichheit zwischen Mann und Frau zu erlangen und die Zusammenarbeit der verschiedenen NGOs, vor allem im sozialen, ethnischen und religiösen Bereich. Die Steuerung der Initiative erfolgt durch eine Konferenz, auf der die Regierungen der Länder Südosteuropas, die Mitgliedstaaten der Europäischen Union sowie die USA, Russland, die Beitrittskandidaten der EU und internationale Organisationen vertreten sind.

Die ersten Aktivitäten haben sich auf eine Deklaration und einen Aktionsplan für die regionalen Medien konzentriert; weiters auf eine Konferenz betreffend Erziehung und Kultur in Graz im November 1998, eine Begegnung der Vorsitzenden der außenpolitischen Ausschüsse der Parlamente Südosteuropas mit dem Europäischen Parlament, und der Suche nach Finanzierung einzelner Projekte. Inzwischen wurden 79 Projekte vorgelegt, die außerordentlich breit gestreut sind. Einige Beispiele: Medienkontakte, akademische Kooperation, interethnischer Dialog, Städtezusammenarbeit, Zusammenarbeit von Jugendorganisationen, Wissenschaft und Technologie, die Frage der

Minderheiten, die Stellung der NGOs in den einzelnen Staaten Südosteuropas, und anderes mehr. Die Finanzierung erfolgt durch einzelne EU-Mitgliedsländer (z.B. Griechenland, Österreich, Luxemburg). Weitere Budgetmittel sollen aus der „Gemeinsamen Außen- und Sicherheitspolitik" (GASP) der Europäischen Union folgen. Die Notwendigkeit dieses Prozesses ist unbestritten. Der Royaumont-Koordinator betont immer wieder, daß – längerfristig gesehen – Royaumont und SECI unter der Schirmherrschaft von z. B. der OSZE zusammengelegt werden sollen. Die diesbezügliche Finanzierung ist in der Europäischen Kommission nicht leicht durchzusetzen, da nach Ansicht der Kommission keine ausreichenden Rechtstitel bestehen und bei Finanzierungen im Rahmen der „Agenda 2000" vor allem PHARE-Mittel herangezogen werden sollen. Mittelfristig wird sicherlich eine Finanzierung aus privaten Mitteln, Stiftungen und nationalen Aktionsprogrammen notwendig sein.

Da die Bundesrepublik Jugoslawien an der Royaumont-Initiative teilnimmt, stehen aktuelle Probleme wie Kosovo und andere Konfliktherde auf der Tagesordnung. Dadurch ergibt sich zwar eine Befassung mit Streitthemen, andererseits aber nicht die Möglichkeit, die Aktivitäten in Bosnien-Herzegowina, Albanien und Kosovo direkt zu beeinflussen. Es wird daher nicht nur eine Koordination dieser Bemühungen notwendig sein, sondern auch eine Übersicht über alle Aktivitäten der verschiedenen NGOs, Stiftungen und nationalen Programmen, um nicht nur einen sparsamen Einsatz der Mittel, sondern auch deren Effektivität sicherzustellen. Natürlich spielen nationale Eigenheiten und Interessen wie auch persönliche Eitelkeiten dabei eine große Rolle.

Das Büro des Royaumont-Prozesses ist zweigeteilt und befindet sich einerseits in Brüssel am Sitz des Rates der EU-Minister, anderseits in Athen. Die Finanzierung erfolgt aus Mitteln der EU und durch die griechische Regierung.

Black Sea Economic Cooperation

Nach dem Auseinanderfall der Sowjetunion entstand die Gemeinschaft unabhängiger Staaten (GUS), die international unter den Abkürzungen Commonwealth of Independent States (CIS) oder New Independent States (NIS) firmiert. Dieses Instrumentarium steht im wesentlichen unter dem Einfluß Russlands und hat seine Rolle als „Ersatz“ für die Sowjetunion weitgehend eingebüßt, da Russland mit zu vielen hausgemachten Problemen beschäftigt ist und die einzelnen Interessen der Mitgliederstaaten in unterschiedlichste Richtungen führen. Diese Entwicklung ist de facto ohne Einfluß auf Süd- osteuropa geblieben, während eine andere Initiative, die Black Sea Economic Cooperation (BSEC) durchaus eine bedeutende strukturelle Rolle für sich in Anspruch nehmen kann.

Die Vereinigung der Länder rund um das Schwarze Meer, die bis nach Albanien erweitert wurde, genießt inzwischen völkerrechtlichen Status. Es werden jährliche Gipfeltreffen abgehalten, die meistens von den Staatspräsidenten bestritten werden und Ort von Deklarationen und anderen wichtigen Begegnungen sind. Angesichts der Spannungsverhältnisse (Türkei/ Griechenland, Aserbaidschan/Armenien, Russland/ Ukraine, Russland/Moldawien, etc.) ist diese Ebene von ganz entscheidender Relevanz, da sie nicht nur der Pazifizierung dient, sondern auch der Identifizierung gemeinsamer Probleme.

Neben den Gipfeltreffen bestehen eine Reihe von Projektgruppen, die im wesentlichen von Ministern oder Vizeministern bestritten werden, was dem politischen Entwicklungsstatus entspricht. Denn ohne Staat funktioniert angesichts der langen, vom Staatssozialismus geprägten Tradition gar nichts. Es bleibt zu hoffen, daß der Weg in den privaten Bereich durch die grenz- überschreitende Kooperation in den nächsten Jahren erfolgreicher wird.

So wie sich eine Überschneidung der Zentraleuropäischen Initiative mit der Southeast European Cooperative Inititiave (SECI) ergibt, so überschneidet sich SECI mit der Black Sea Economic Cooperation, die am 25. Juni 1992 in Istanbul gegründet wurde. Sie besteht aus elf „participating states“: Albanien, Armenien, Aserbaidschan, Bulgarien, Georgien, Griechenland, Moldawien, Rumänien, Russische Förderation, Türkei und Ukraine. Durch die Jalta-Charta, die im Juni 1998 von den Staatspräsidenten unterzeichnet wurde, ist aus BSEC eine regionale, internationale Organisation geworden, deren ständiges Sekretariat in Istanbul, direkt am Bosporus, angesiedelt ist. Beobachterstaaten sind Österreich, Ägypten, Israel, Italien, Polen, Slowakei, Tunesien und BSEC-Kandidaten wie Bosnien-Herzegowina, Kroatien, Zypern, Frankreich, Deutschland, Jordanien, Kasachstan und Slowenien. Die Bundesrepublik Jugoslawien, Mazedonien, der Iran und Usbekistan haben um Mitgliedschaft angesucht. Das „Business Council“ und der „International Black Sea Club“ wurden als Unterorganisationen installiert. Weiters sind noch eine Reihe von NGOs vertreten, deren Qualität äußerst unterschiedlich ist (z. B. Black Sea University, Bukarest; BSEC-Foundation, Tampa, Florida).

Entsprechend der politischen Situation der Mehrheit dieser Länder arbeitet BSEC vor allem auf der staatlichen Ebene, wobei die Stimme des Rats der Außenminister bei Entscheidungen ausschlaggebend ist. Es gibt eine parlamentarische Versammlung und eine Fülle von Ministerkomitees, die sich unter anderem mit der Zusammenarbeit von Wissenschaft und Technologie, Bankwesen und Finanz, Statistik, Gesundheitsfürsorge, Transport, Energie, Landwirtschaft, Umwelt, Telekommunikation, Tourismus, Verbrechensbekämpfung, illegaler Migration, Waffen und der Aufarbeitung von radioaktivem Material befassen. Die Schaffung der „Black Sea Trade and Development Bank“ hat längere Zeit in Anspruch genommen. Sie wurde in Thessaloniki etabliert und kam mit Hilfe der EBRD zustande, um den besonderen Finanzierungsanforderungen dieser Region gerecht zu werden.

BSEC kooperiert natürlich auch mit UN/ECE, der Europäischen Kommission, der OSZE, der WTO, der UNIDO und mit anderen Einrichtungen. Die Bedeutung der Kooperation mit den Regionalinitiativen Südosteuropas wurde in die Jalta-Charta ausdrücklich aufgenommen.

Innerhalb der BSEC spielt die Russische Föderation aufgrund ihrer Größe eine besondere Rolle und verfügt im ökonomischen und politischen Bereich über großen Einfluß. Auch bei dieser Organisation ist die gleichzeitige Mitgliedschaft von Griechenland und der Türkei von Bedeutung wie auch die Vertretung der Kaukasus-Staaten (Armenien, Aserbaidschan, Georgien), die seit dem Zerfall der Sowjetunion unter besonderen Spannungsverhältnissen stehen. Das friedensstiftende Element von BSEC ist daher hoch anzusetzen, wobei auch großes Interesse an der Nutzung von Erfahrungen anderer Initiativen besteht. – BSEC hat zum Beispiel das Programm von SECI für „Boarder Crossing“ übernommen.

Die Besetzung des Generalsekretärs und seiner Stellvertreter erfolgt in einem Rotationssystem. Die Finanzierung übernehmen die teilnehmenden Staaten. Die Türkei hat mit der Bereitstellung von Sekretariatsräumen einen weiteren Anteil übernommen.

Die besondere Aufgabe von BSEC ist wohl darin zu sehen, daß rund um das Schwarze Meer eine Reihe von Konfliktstoffen zwischen und innerhalb der Staaten existiert, sodaß jede Gesprächsebene begrüßt werden muß, die dazu beiträgt, durch Zusammenarbeit die Spannungselemente abzubauen und zu beseitigen. In diesem Zusammenhang sind nicht nur das griechisch-türkische Verhältnis und die zeitweise kriegsähnlichen

Zustände zwischen Armenien und Aserbaidschan zu nennen, sondern auch das russisch-ukrainische Verhältnis (Krim, Schwarzmeerflotte) und die Probleme Moldawiens mit Transnistrien und die traditionellen Spannungselemente zwischen Armenien und der Türkei. Es ist zu hoffen, daß ein weiterer Ausbau grenzüberschreitender Kooperation gelingt, wobei die dazu benötigtenVoraussetzungen hier sicher noch komplizierter sind als in Südosteuropa.

Special Program for the Economies of Central Asia

Diese jüngste Initiative ist ein Kind der Entwicklung zu Regionalinitiativen und hat in ihrer Aufgabenstellung vor allem an SECI Maß genommen. 1997 wurden umfangreiche Vorbereitungen durchgeführt, um aus den SECI-Erfahrungen zu lernen. Die UN/ECE und die „Economic and Social Commission for Asia and the Pacific" (ESCAP) waren unterstützend und beratend tätig, um für Kasachstan, Kirgisistan, Tadschikistan, Turkmenistan und Usbekistan die Möglichkeit zu realisieren, ein entsprechendes Programm zu entwickeln. Auch hier liegt das Ziel in der Verstärkung der Zusammenarbeit in der Verbesserung der ökonomischen Entwicklung, um die Integration mit Europa und Asien zu erleichtern, wie das grundlegende Dokument betont. Weiters sind unterstützende Staaten und Beobachter außerhalb der Subregion vorgesehen, wobei auch an die Beteiligung internationaler Finanzinstitutionen gedacht ist.

Folgende Bereiche wurden als Gebiete der Zusammenarbeit im Wege von Projektarbeitsgruppen unter Vorsitz jeweils eines Landes festgelegt: Transport und Grenzüberschreitung, Energieproduktion und -verteilung, Wasserversorgung, Gas- und Ölpipelines, Auslandsinvestitionen, Schutz der Umwelt und die Entwicklung der Klein- und Mittelbetriebe.

Das höchste Gremium ist das „Regional Advisory Committee". Die Initiatoren wünschen eine Beteiligung der Russischen Föderation, der USA, China, Japan, Frankreich, Deutschland, Italien, Großbritannien, Korea, Indien, Pakistan, Iran, Türkei, der Europäischen Union sowie der Weltbank, der Islamischen Entwicklungsbank, der Asiatischen Entwicklungsbank und der EBRD. Da die SPECA erst seit kurzem existiert, können noch keine Ergebnisse festgestellt werden. Es bleibt aber zu hoffen, daß das stabilisierende Element durch eine regionale Zusammenarbeit auch für diese Region gegeben ist.

Einige kritische Anmerkungen

Die erwähnten Initiativen und Organisationen entstanden in relativ kurzer Zeit, was ein Zeichen äußerst dynamischer Entwicklung ist. Im wesentlichen wird miteinander und nicht konkurrierend gearbeitet, wenngleich Spannungen wie zum Beispiel zwischen der EU und den USA nicht immer auszuschließen sind. EU und USA sind davon überzeugt, daß Stabilisierung und kontinuierliche politische Entwicklung im Sinne der Demokratie unabdingbar sind. Es sollten von Anfang an eine Reihe von Maßnahmen beschlossen werden, die nicht nur die Finanzbudgets schonen, sondern auch für eine größtmögliche Effektivität sorgen. Das Fehlen einer entsprechenden Öffentlichkeit, die solch eine Behandlung erzwingt, ist eine Schwäche der gegebenen Situation. Die nationalen Parlamente haben kaum jenen Überblick, der notwendig wäre, und die Zahl der sachkundigen Journalisten hält sich in Grenzen. Ich möchte daher einige Eindrücke zusammenfassen, die nicht unbedingt den Anspruch erheben, bis ins Letzte überprüft worden zu sein, sich aber aus der Erfahrung meiner mehrjährigen Tätigkeit ergeben haben.

Generell ist vorauszuschicken, daß es keine international verpflichtende Evaluierung all dieser Organisationen, Initiativen und Büros gibt. Im Hinblick auf die Interessen des Steuerzahlers und des zweckmäßigen Einsatzes der vorhandenen Mittel und der entsprechenden Effizienz wäre es notwendig, unabhängige Einrichtungen zu beauftragen, eine Bewertung vorzunehmen. Mit dieser Maßnahme ließe sich viel Geld einsparen, das anderweitig dringend gebraucht wird. Die Verlegenheit der internationalen Staatengemeinschaft zeigt sich auch in der großen Anzahl von Gipfeltreffen, deren deklamatorischer Charakter wohl manchen Zwecken der jeweiligen Innenpolitik genügt, nicht aber dazu dient, entsprechende Ergebnisse zu erzielen.

Ähnliches muß über die Forschungstätigkeit gesagt werden. Es wird viel Geld verwendet, um die Lebenssituation von Minderheiten zu untersuchen oder die Frage zu klären, weshalb der Wasserspiegel des Kaspischen Meeres im Steigen begriffen ist. Weniger Mittel gibt es allerdings für die Realisierung der daraus resultierenden notwendigen Maßnahmen. Inzwischen hat sich eine Gilde von meist hoch dotierten internationalen Fachleuten herausgebildet, die das Gefühl haben müssen, für Schreibtische und Archive zu arbeiten, da sie kaum mit praktischen Umsetzungen ihrer Forschungsergebnisse rechnen können. – Die Kommunikationsmechanismen sind auf diesem Gebiet eher unterentwickelt.

Da Regierungen und Amtsinhaber häufig wechseln, wird die praktische Umsetzung der Programme auch nicht erleichtert. Als Koordinator von SECI verwende ich sehr viel Zeit, um die neuen Gesprächspartner der jeweiligen Regierung mit dem letzten Stand der Dinge vertraut zu machen. Dies soll nicht als Kritik verstanden werden: personeller Wechsel ist ein Kennzeichen des Transformationsprozesses. Die Ergebnisse der Politik hingegen werden sehr stark von politischen Führungswechseln beeinflußt und verlangen eine neue Form des politischen Trainings.

Zu erwähnen bleiben die internationalen Finanzinstitutionen (IFI). In diesem Zusammenhang ist der International Monetary Fund (IMF) bedeutsam (und in letzter Zeit oft im Gespräch gewesen), die mit ihm verbundene Weltbank (World Bank) und das eigens von den Europäern geschaffene Instrument der European Bank for Reconstruction and Development (EBRD). Auch bei diesen Einrichtungen wäre eine Überprüfung der Effizienz sinnvoll.

Meine Erfahrung hat gezeigt, daß die Weltbank anpassungsfähiger ist als die EBRD. Bei der EBRD muß aufgrund der inneren Verfaßtheit in besonderem Maß auf den finanziellen Erfolg der Ausleihungen geachtet werden. Es ist also schwierig, die EBRD oder die Weltbank als einen Ersatz für den Marshallplan anzusehen, der heute in der Gestalt von 1948 nicht mehr umsetzbar wäre, aber in der Funktion der Internationalen Finanzinstitutionen genauso dargestellt werden sollte.

Die Zinssätze der EBRD sind höher als die privater Banken, und die Garantien und Sicherheiten meist von den Staaten zu hinterlegen, wodurch sich de facto eine Priorität für Staatsfinanzierungen oder Unternehmen im Staatseigentum ergibt. Das kann nicht Sinn dieser Institutionen sein, weil solch ein Weg wohl kaum eine Ankurbelung privater wirtschaftlicher Tätigkeiten ermöglicht. (Auch mittlere Unternehmen sind unter den Kreditnehmern selten anzutreffen.) Mag sein, daß sich die Kreditabwicklung äußerst kompliziert gestaltet; das eigentliche Hindernis ist das von den Banken vorgegebene Mindestmaß des auszuleihenden Betrages: unter einer Summe von zehn bis fünfzehn Millionen US-Dollar werden Gelder nicht vergeben. – Mittelbetriebliche Strukturen werden durch diese Vorgangsweise nicht gefördert. Zwar wurde versucht, mittels kombinierten Einsatz von Entwicklungsbanken und Privatbanken helfend einzugreifen; die Frage nach dem Risiko bleibt auch bei dieser Alternative ungelöst.

Ein weiteres Problem stellen die langfristigen Investitionen dar, die im Bereich der Infrastruktur (Wasser- und Abwasserversorgung, Umweltfragen, Autobahnen und Eisenbahnen, etc.) notwendig sind. Ein klassisches Beispiel für eine schlechte Lösung ist das ein wenig mehr als 40 Kilometer umfassende Autobahnteilstück von Mosonmagyarovar nach Györ in Ungarn. Für die Benützung dieser kurzen Strecke ist eine astronomisch hohe Gebühr zu entrichten (ATS 90,-), was dazu führt, daß die meisten Ungarn, aber auch die Ausländer weiterhin die alte Staatsstraße benützen.

Die Ausstattung der internationalen Finanzinstitutionen steht in ihrer Präsentation in einem unangenehmen Kontrast zur relativen Armut jener Staaten und Wirtschaften, zu deren Wohlergehen sie eigentlich geschaffen wurden. Zu Recht hat man das Marmorgebäude der EBRD in London kritisiert, das von Mitterand-Intimus Jacques Attali zu verantworten ist.

Natürlich ist auch viel Positives geschehen, aber die Art und Weise, wie Finanzierungen in den Transformationsländern und Krisenregionen stattfinden, bedarf einer ständigen Überprüfung. Es ist auch nicht damit zu rechnen, daß die reicheren Staaten Europas und die übrige Welt mehr Geld als bisher zur Verfügung stellen werden. Größere Mittel sind aber dringend notwendig, denn man kann auf der einen Seite nicht kritisieren, daß der Transformationsprozeß zu langsam erfolge, und gleichzeitig womöglich noch viel Geld dabei verdienen wollen. Eine entsprechende Verbesserung der Finanzierungen könnte nicht nur den Strukturwandel beschleunigen, sondern auch zusätzliche Arbeitsplätze in den entwickelten Ländern schaffen sowie die Wanderbewegungen reduzieren. Ob die Kürzung der Beiträge der EU-Mitglieder, wie sie von einigen Regierungen verlangt wird, die richtige Strategie ist, darf bezweifelt werden. Meines Erachtens sollte eine rasche Erleichterung der Finanzierung der notwendigen Infrastrukturinvestitionen erreicht werden, um die Rückzahlung der ausstehenden Mittel zu erleichtern. Die Verbesserung der Infrastruktur ist eine entscheidende Voraussetzung für Wirtschaftswachstum und Integration.

Es bleibt abzuwarten, inwieweit die „Agenda 2000" der Europäischen Union in der Lage ist, hier Abhilfe zu schaffen. Bisher hat die PHARE-Aktion nur Mittel für „expertise and feasibility studies" zur Verfügung gestellt. Das so erarbeitete Material ist später liegengeblieben, und die Projekte konnten meistens nicht verwirklicht werden, da eine zusätzliche Finanzierung gerade in Südosteuropa von außen unbedingt notwendig ist. Kläranlagen oder Trinkwasserleitungen sind nur mit „soft loans", also zu entsprechend günstigen Bedingungen, finanzierbar, denn es ist schon eine ungeheure politische Anstrengung, bei der Bevölkerung die Akzeptanz der entsprechenden kostendeckenden Gebühren zu erreichen. Es rächt sich nun, daß im kommunistischen System öffentliche Dienstleistungen kostenlos in Anspruch genommen werden konnten und damit der Anschein erweckt wurde, Leistungen des Staates würden keine Kosten verursachen. Es ist daher auch unmöglich, gleichzeitig Preise anzuheben und die notwendigen Investitionen zu finanzieren, um moderne Lösungen im ökologischen Bereich zu erreichen. Die „Agenda 2000" sieht vor, daß PHARE-Mittel auch zur Finanzierung verwendet werden können, wobei – entgegen der Tradition der Europäischen Kommission – die Einsetzung der Mittel keineswegs den betreffenden Regierungen allein überlassen bleiben soll, sondern auch eine Projekt- und Qualitätsüberprüfung stattfinden muß. In diesem Zusammenhang könnte die Europäische Investitionsbank (EIB) eine umfassendere Rolle spielen, als das gegenwärtig der Fall ist. Diese Einrichtung der EU ist eigentlich eine Staatsbank zur Finanzierung vor allem der Transportinfrastruktur, die allerdings bis heute auf die Mitgliedsländer der Union beschränkt geblieben ist. Mehr und mehr wird deutlich, daß die Infrastrukturfrage nicht nur innerhalb der Union gestellt wird, sondern ganz Europa umfaßt. Angesichts der Tatsache, daß das EU-Mitglied Griechenland eine beachtliche Strecke von den anderen EU-Mitgliedern entfernt ist, erhält der Auf- und Ausbau eines leistungsfähigen Straßen- und Eisenbahnnetzes in Südosteuropa eine besondere Bedeutung. Der Nutzen für die EU liegt dann in dem Umstand, im globalen Wettbewerb besser positioniert zu sein. Der Ausbau der Donauschiffahrt zum Beispiel würde auch noch den ökologischen Aspekt berücksichtigen. Seit dem Zusammenbruch des alten Jugoslawiens und der kriegerischen Handlungen hat sich die Frachtleistung auf der Donau auf ca. 25 % der früheren Kapazität (vor 1991) reduziert, wobei auch damals nicht die vollen Möglichkeiten ausgeschöpft wurden. Angesichts des Rhein-Main-Donau-Kanals empfiehlt sich eine solche Strategie, die nicht nur regionalen, sondern auch kontinentalen Nutzen hat.

Grundsätzlich müssen Strategien der Veränderung vorhanden sein, damit jene kleinen und mittleren Schritte, die fast täglich in Südosteuropa geschehen, einer allgemeinen Orientierung folgen können. Da in der politischen Berichterstattung meistens nur Katastrophen und Ausweglosigkeiten referiert werden, unterbleiben die Darstellungen jener Fortschritte und Veränderungen, die selbst angesichts der äußerst unterschiedlichen Befindlichkeiten erzielt werden konnten. Das ist bedauerlich, denn die letzten zehn Jahre sind auch in Südosteuropa nicht sinnlos verstrichen. Im Vergleich zu den Transformationsländern Ost-Mitteleuropas muß man sich aber vor Augen halten, daß hier der Ausgangspunkt ein weit schlechterer war, von niedrigerem Niveau begonnen wurde und eine Fülle von Interferenzen durch kriegerische Auseinandersetzungen und politische Spannungen geschahen. Generell darf gesagt werden, daß die Transformation in Südosteuropa erst später eingesetzt hat, da dem Zusammenbruch des alten Jugoslawiens 1991 eine Fülle von Konflikten und Ungewißheiten folgten in Rumänien und Bulgarien erst seit 1996 nicht-kommunistischen Regierungen an der Macht sind und eine Reihe von Implosionen wie in Albanien und politischen Spannungselementen (Mazedonien, Griechenland, Türkei) bestanden. Wer sich das bisher Geschehene und unterwegs Befindliche betrachtet, wird feststellen, daß nicht nur einiges an gutem Willen, sondern auch ein beachtliches Engagement vorhanden war und ist, die zu konkreten Ergebnissen geführt haben.

8. Praktische Maßnahmen – Schritt um Schritt

Nicht einmal in einer Unternehmensplanung kann man im luftleeren Raum vorgehen und wie bei einem Planspiel unter Verzicht auf die Beachtung vorhandener Gegebenheiten agieren. Mehr noch gilt dies für politische Strukturen, administrative Traditionen und gesetzliche Regelungen – noch dazu, wenn sie nach einer Ära kommunistischer Gestaltung stattfinden und auf die Unterschiedlichkeit der Verhältnisse in Südosteuropa aufbauen müssen. Das Ziel war und ist aber vorgegeben: Nämlich die Verbesserung der wirtschaftlichen Voraussetzungen als Grundlage für ein besseres Leben der Menschen in Südosteuropa. Da die Zeit der nationalen Ökonomien längst vorbei ist, muß man sich vor allem auf die gemeinsame Zusammenarbeit konzentrieren. Um diese Vorgaben zu erfüllen, müssen Grenzen überschritten werden, und zwar besonders dann, wenn ein falsch verstandener Nationalismus und Egoismus versucht, wirtschaftliche Kooperationen zu behindern. Dazu ein Beispiel aus der Praxis: Jede südosteuropäische Grenze ist gekennzeichnet von langen Warteschlangen, von komplizierten Visa-Formalitäten und rigorosen Zollregelungen. Daß Korruption und Kriminalität das Übrige tun, ist bekannt. Unter solchen Umständen aber werden neue Investoren nicht zu finden sein, und die wirtschaftliche Entwicklung noch weiter hinter den übrigen europäischen Staaten zurückbleiben.

So einfach die Analyse ist, so kompliziert sind die notwendigen Maßnahmen. Es ist bezeichnend, daß sowohl die Southeast European Cooperatiave Initiative als auch die Zentraleuropäische Initiative und die Black Sea Economic Cooperation diese Probleme zuerst aufgegriffen haben. In Ost-Mitteleuropa tat man sich dabei leichter, da es hier Nachbarn gibt, die durch die Entwicklung der Europäischen Gemeinschaft zur Europäischen Union bereits als Modell zur Verfügung standen und es nur darum ging, quasi eine Seite der Grenze zu verändern. In Südosteuropa muß der Prozeß auf beiden Seiten durchgeführt werden, wobei es für die Umsetzung aber noch des gemeinsamen Willens bedarf. Charakteristisch ist und bleibt das Faktum, daß nach wie vor in den meisten Fällen die Zollstationen durch ein breites Niemandsland getrennt sind und mittlerweile ein Eldorado an Zollfreizonen und Dutyfree-Geschäften entstanden ist, das als Ort der Steuerflucht für keinen Staat angenehm ist. Noch dazu weiß man nicht, wohin das so gewonnene Geld tatsächlich abfließt.

Grenzerleichterungen

Am Beispiel von SECI kann man die allgemeine Problemstellung sehr gut dokumentieren: Im Januar 1997 kamen die teilnehmenden Staaten überein, Aktionen zu setzen, um Handelserleichterungen beim Grenzübertritt zu ermöglichen. So rasch der grundsätzliche Beschluß gefällt war, so mühevoll war seine Umsetzung. Das Problem war rasch erkannt, aber kaum jemand wollte zunächst akzeptieren, daß es überhaupt ein Problem gibt. Das Ausüben der Souveränität nicht nur durch das Einheben von Zöllen, sondern auch durch die entsprechende Kontrolle war quasi Ausdruck des eigenen staatlichen Stolzes. Infolge Geldmangels waren oft die Straßen, die zu den Grenzstationen führen, zu schmal, Parkplätze so gut wie nicht vorhanden und die Kontrollen auf altertümliche Weise durchgeführt, ohne die modernen Mittel der Elektronik einzusetzen.

In einem ersten Schritt der Zusammenarbeit gelang es, die wesentlichsten Grenzstationen der Region zu definieren, wobei fünfunddreißig Übergänge als bedeutend eingestuft wurden. Dazu kamen noch jene, die schon im Rahmen von PHARE-Programmen in den EU-beitrittswilligen Staaten einer Verbesserung unterzogen wurden und werden. Oft war die Zusammenkunft der Zoll- und Polizeibehörden der betreffenden Länder ein erstmaliges Treffen, da zur Zeit der kommunistischen Herrschaft selbst bei gleicher Ideologie keine besondere Kooperation erwünscht war. Neu entstandene Staaten wiederum faßten eine gewisse Distanz zum Nachbarn als Zeichen der Souveränität auf, und der – aus politischen Gründen stattgefundene – starke Personalwechsel tat noch das Seine hinzu. Dennoch lagen im Herbst 1997 die Vorschläge auf dem Tisch, was alles bei welchen Grenzstationen geändert werden sollte. Ein allgemein anerkannter Experte, ein pensionierter amerikanischer Zolloffizier, der die Sanktionen gegen Jugoslawien geraume Zeit überwacht hatte, überprüfte die Vorschläge und arbeitete in Zusammenarbeit mit den einzelnen Staaten eine Unterlage aus, die die Grundlage für die Suche nach Finanzierungsmitteln sein könnte.

Die Weltbank erklärte sich bereit, ein „Schirmprojekt" zu akzeptieren. Nach der Praxis dieser Institution ist es notwendig, daß zwar jedes Land einen eigenen Kredit beantragt, tatsächlich wird jedoch eine gemeinsame Vorgangsweise verlangt. So war es möglich, daß auf diesem Weg die Weltbank neue Wege beschritt und erstmals einen finanziellen Gesamtrahmen für mehrere Länder ins Auge faßte. Die Finanzminister der betroffenen Staaten mußten diesem Plan zustimmen. Bereits ausgenützte Kreditrahmen in der Weltbank stellten allerdings eine gewisse Begrenzung der Möglichkeiten dar. Auch der Umstand, daß nicht alle Staaten in gleicher Weise Zugang zur Weltbank hatten oder andere Programme herangezogen werden mußten, um die Finanzierung sicherzustellen, engten das Vorhaben ein. Zu guter Letzt stellte sich heraus, daß ein Finanzierungsrahmen von über 140 Mio. US-Dollar notwendig ist, der bis Juni 1999 realisiert wird. Danach kann gebaut, renoviert und modernisiert werden.

Die Weltbank ihrerseits hat vernünftigerweise eine Reihe von Auflagen bereits im Vorbereitungsprozeß formuliert, deren Ziel es ist, nicht nur moderne Ausstattungen zu liefern, sondern auch dafür zu sorgen, die Bedingungen des Grenzübertrittes zu verbessern. Dazu zählen nicht nur Visa-Erleichterungen, Vereinfachung der Zollmanipulationen und die Reorganisation der Zollbehörden und der Grenzpolizei, sondern auch die Bekämpfung der Kriminalität und Korruption und eine verbesserte Ausbildung des Personals. Dieses von SECI in Zusammenarbeit mit der UN/ECE entwickelte Programm hat allgemein überzeugt, sodaß es von BSEC und SPECA übernommen wurde und auch bei den Grenzstationen der Ukraine und Georgiens Anwendung findet.

Seit März 1998 geht man in einem weiteren Schritt daran, eine Vereinfachung und Standardisierung der Verwaltungsvorgänge zu erreichen. Grundlage ist das „Single Administrative Document" der EU, das in der Konsequenz der weiteren Anwendung natürlich auch zu einer Liberalisierung des Handelsverkehrs führen muß.

Gleichzeitig wurde die Reform von Zoll- und Grenzpolizei in Angriff genommmen, wobei die USA, Österreich, Italien und die Schweiz vor allem in Rumänien für die Umsetzung Assistenz geleistet haben. Seit Juni 1998 wird mit Hilfe von eigens nach Rumänien entsandten Beamten die Restrukturierung der Zollorgane vorgenommen Es wird auch an eine Ausdehnung des Programmes auf Mazedonien, Bulgarien und Moldawien gedacht. Das Programm umfaßt nicht nur das technische Training des Personals, sondern auch die Veränderung des grundsätzlichen Aufbaus der Behörde. Gleichzeitig erfolgt eine Durchsicht der geltenden Gesetze und administrativen Regelungen sowie Bemühungen, die Gehälter der Grenzorgane zu erhöhen, um mit der jetzigen geringen Entlohnung nicht die Versuchung zur Korruption zu fördern.

Aber auch auf Seite der Grenzbenützer wurden Maßnahmen getroffen. Man folgte dem Beispiel der Europäischen Union, wo in den meisten Ländern „Pro-Committees" existieren, die die Benützer der Grenzen, also Frächter, Spediteure, Handelsfirmen, etc. zusammenfassen, damit sie gemeinsam gegenüber der öffentlichen Hand ihren Standpunkt artikulieren. In bestechend kurzer Zeit ist es 1998 gelungen, in allen elf SECI-Staaten solche Pro-Committees zu gründen, wodurch die private Wirtschaft vom Staat unabhängiger wird. Das „Business Advisory Council" (BAC) von SECI hat handfeste Hilfe geleistet, und EURO-PRO hat gemeinsam mit der UN/ECE vor Ort geholfen, wobei insbesonders die Schweiz ihre Grenzerfahrung zur Verfügung gestellt hat. So gelang es bereits im September 1998, SECI-PRO, die Vereinigung aller PRO-Komitees der Regionen, zu etablieren. Vier Konferenzen, abgehalten in Tirana, Sofia, Skopje und Rom, haben bereits stattgefunden.

Der Kampf mit der Kriminalität

Nicht nur die beschämend geringe Entlohnung der Grenzorgane, sondern auch die Unsicherheiten des Transformationsprozesses fördern ein Klima der Kriminalität und Korruption. Europa macht es sich zu leicht, wenn es die Behauptung aufstellt, Südosteuropa sei eine Brutstätte solcher Entwicklungen. Es existiert eine globale Mafia, die die Situation der Veränderung ausnützt und dabei ungeheure Geschäfte und Profite macht. Natürlich werden durch diese Region Drogen transportiert, sie werden aber hier nicht produziert: Drogen sind von Afghanistan bis nach Europa unterwegs, und der Ort der Entdeckung kann genausogut ein Flughafen in Westeuropa oder in den USA sein. Die öffentliche Meinung schiebt den Drogenschmuggel als Argument gegen die EU-Erweiterung in den Vordergrund, wobei vergessen wird, daß Wien nach dem Zweiten Weltkrieg Schauplatz des berühmten Orson-Welles-Films „Der dritte Mann", der Resselpark vor der heutigen Technischen Universität ein bekannter Umschlagplatz illegaler Waren war und heute nach wie vor im zweiten Wiener Gemeindebezirk am Mexikoplatz alle mögliche Schmuggelware zu haben ist. Ausschließlich nationale Maßnahmen werden diesbezüglich nicht sehr effektiv sein, und leider entwickelt sich EUROPOL innerhalb der EU zu langsam, um global organisierten Verbrechern wirklich das Handwerk legen zu können.

Die Vereinten Nationen widmen ihre Aufmerksamkeit schon seit 1948 dem Drogenhandel und -schmuggel. In Wien wurde deshalb das „Center for International Crime Prevention" als United Nations Office for Drug Control and Crime Prevention eingerichtet. Es ist im Vienna International Center untergebracht, verfügt über einen kleinen, effektiven Stab und hat die Aufgabe, die Mitgliederstaaten der UN in der Verbrechensbekämpfung zu unterstützen und zu beraten. Die Skala der Bemühungen reicht von Antikorruptionsmaßnahmen über die Kontrolle des organisierten Verbrechens bis hin zum illegalen Menschentransport. Länder in Transformation sind heute Orte gemeinsamer internationaler Anstrengungen, wobei das Center auf Finanzierung der einzelnen Aktionen angewiesen ist.

Die rumänische Regierung hat sich in letzter Zeit für die Schaffung eines regionalen Zentrums für „cross border crime fighting" interessiert. Im Prinzip ist ein Agreement durch die SECI-Staaten akzeptiert, wobei die Erreichung von EU-Standards gerade in dieser Frage von entscheidender Bedeutung ist. Daher wurde die Zusammenarbeit mit dem „Regional Intelligence Liaison Office“ (RILO) in Warschau gesucht. Denn auch die OSZE ist bemüht, auf diesem Gebiet Erfolge zu erzielen. Ebenso wurde Interpol – mit Sitz in Lyon – herangezogen, um die Standards eines regionalen Interpol-Zentrums für Bukarest sicherzustellen und das Netz dieser Organisation zu nützen. Es wird daran gedacht, EU-Anrainerstaaten einzuladen, am Betreiben dieses Zentrums mitzuwirken, was in erster Linie durch Personalsubventionen geschehen soll, um eine entsprechende Verbindung sicherzustellen. Ziel des Agreements ist, eine aktuelle Datenverbindung herzustellen, damit nicht nur die Basisinformation, sondern auch die aktuelle Begleitung entsprechender krimineller Aktivitäten auf elektronischem Weg möglich ist. Praktisch gesagt geht es darum, besonders verdächtige Transporte durch die SECI-Staaten zu verfolgen, um zu beobachten, welche Wege gegangen werden und an welchen Punkten die kriminelle Last verteilt wird. Gerade auf diesen Gebieten entwickelt sich eine gut koordinierte Zusammenarbeit der regionalen Initiativen.

Ohne die Möglichkeiten der modernen Telekommunikation können Handelserleichterungen heute nicht mehr umgesetzt werden. Daher wird in allen Regionalinitiativen daran gearbeitet, die Verbindungen zu verbessern. Weiters ist ein Projekt in Diskussion, Glasfiberkabel entlang des Eisenbahnnetzes zu legen. Mit Hilfe der Telekommunikationsfirmen konnte bereits eine dynamische Entwicklung eingeleitet werden – Internet, Mobiltelefone und Satellitenkommunikation haben in kurzer Zeit einen hohen technischen Standard erreicht.

Transportinfrastruktur

Es ist ein Charakteristikum kommunistischer Staaten, Investitionen in die Infrastruktur vernachlässigt zu haben. Prinzipiell mutet das seltsam an, weil man meinen sollte, daß ein auf der „Weisheit" des Staates beruhendes System gerade hier besser auf die Schaffung der Voraussetzungen für das tägliche Leben aller Bürger ausgerichtet sein müßte. Dennoch war das Gegenteil der Fall: Die historischen und politischen Verhältnisse haben das ihre dazu getan, um Südosteuropa ein schwaches Netz an Eisenbahnen, Autobahnen und Straßen zu hinterlassen. Zwar haben inzwischen internationale Konferenzen Korridore – übergeordnete Straßennetze – festgelegt, die zwar rein theoretisch alle Wünsche erfüllen, aber weit von ihrer Realisierung entfernt sind. Die geringe Bereitschaft, international auch in solche Korridore zu investieren, führt dazu, daß mit einer raschen Umsetzung noch lange nicht zu rechnen ist. Selbst innerhalb der EU gibt es für den Alpentransit keine zusätzlichen Gelder; allein der Schweiz ist es bisher vorbehalten gewesen, offensichtlich als ein Zeichen ihrer Integrationswilligkeit die nächsten Schritte zur kühnen Realisierung großer Projekte einzuleiten.

Ausgehend von UN/ECE existieren bereits eine Reihe von Übereinkommen, deren Anwendungen im Rahmen der „Trans-European-North-South-Motorway" (TEM) und der „Trans-European-Railway" (TER) besondere Bedeutung für Südosteuropa haben. Zwischen ZEI, BSEC und SECI besteht eine äußerst intensive Zusammenarbeit, die zwar keine zusätzlichen Mittel zur Finanzierung beim Bau von Autobahnen und Eisenbahnen erschließen konnte, aber wenigstens versucht, in der Administration „Flaschenhälse" zu reduzieren. Daraus ist ein „Memorandum of Understanding" entstanden, das eine Liberalisierung der Transportregelungen intendiert und mit der

Europäischen Union synchronisiert werden soll. Unverzichtbar ist allerdings das Aufstellen zusätzlicher Mittel für den Bau von Straßen und Eisenbahnen. Es ist zu hoffen, daß die Agenda 2000 hier mehr Möglichkeiten zur Verfügung stellt, wobei jedoch ohne Mautsystem selbst kurzfristig keine positiven Veränderungen möglich sind. Hier ist natürlich rasch die Grenze der politischen Durchsetzbarkeit erreicht, da das geringe Pro-Kopf-Einkommen der Region hohe Mautgebühren nicht zuläßt und sie politisch auch schwer verträglich sind. Slowenien und partiell Ungarn haben in diesem Bereich eine neue Entwicklung eingeleitet; große Lösungen werden allerdings hinsichtlich der Finanzierung nur durch ein integriertes Mautsystem möglich sein. Die USA haben sich bei der Umsetzung des Korridors Nr. 8 (Straßenverbindung Türkei – Bulgarien – Mazedonien – Albanien) besonders engagiert. Ebenso versucht Griechenland, eine Transversale durch die Halbinsel herzustellen.

Ein besonderes Problem liegt in der schon legendären Frage nach einer zweiten Brücke über die lange Grenze entlang der Donau zwischen Rumänien und Bulgarien vor. Die einzige Brücke, die zwischen Ruse und Giorgiudej existiert, ist einer jener problematischen Flaschenhälse, der auch durch die bestehenden Donaufähren an anderen Stellen nichts an seiner Problematik verliert. Rumänien und Bulgarien sind sowohl wegen der Trassenführung als auch wegen der Notwendigkeit der Brücke unterschiedlicher Meinung. Die Rumänen hoffen, den Verkehr über ihr Gebiet leiten zu können, während die Bulgaren daran interessiert sind, Sofia stärker in das internationale Netz miteinzubeziehen. Zur Zeit sind noch keine konkreten Beschlüsse gefaßt, es ist aber damit zu rechnen, daß eine Übereinkunft bald erzielt wird, da andere Staaten an einer zweiten Donaubrücke sehr interessiert sind.

Auch diese Frage führt zu einer stärkeren Kooperation von Regionalinitiativen, da Straßen und Eisenbahnen ja nicht im

Nirgendwo enden, sondern ihre konsequente Fortführung verlangen. Bei einem Kongreß der BSEC war zum Beispiel einmal von der Wiedererstehung der alten Seidenstraße die Rede; alte Straßenbezeichnungen aus der Zeit des Imperium Romanum wie die Via Egnatia in Griechenland werden genannt, es wird auf die alten Heeresstraßen verwiesen – alles Zeichen, daß nach der Überwindung der Grenzschranken die Erleichterung der Transportwege der nächste notwendige Schritt wirtschaftlicher und politischer Entwicklung darstellt.

Die einzelnen Initiativen haben natürlich auch ihre besonderen Interessen, etwa die ZEI beim Pan-European Transport Corridor Nr. 5, liefern aber auch Beiträge zu einem besseren Informationssystem, wie etwa einem Central European Transport Information Reporting System (CETIR). Daneben gibt es jedoch Probleme, die aus der heutigen aktuellen Situation entstanden sind wie die Wiederherstellung der Flugpiste in Sarajevo oder die Klärung der entsprechenden Anbindungen zwischen den einzelnen neu entstandenen Staaten wie zum Beispiel in der Kaukasusregion und in Zentralasien.

Schlüsselfrage Energie

Man sollte meinen, daß bei unterschiedlichen politischen Systemen doch die Sparsamkeit im Umgang mit natürlichen Ressourcen ein gemeinsames bestimmendes Element sein sollte. Doch gerade der Verbrauch von Öl, Gas und Strom ist ein klassisches Gegenbeispiel. Das kommunistische System hat den Konsumenten dazu erzogen, mit den Ressourcen großzügig umzugehen, da es – als Resultat der ideologischen Haltung – kein realistisches Verhältnis zwischen Verbrauch und Preis gegeben hat. Energie zur Verfügung zu stellen war eine öffentliche Dienstleistung, die letztlich dazu führte, daß in den Zeiten vor 1989 der Begriff Energiesparen in der östlichen Hälfte Europas ein Fremdwort war. Dazu kam noch die mehr als fragwürdige Erzeugung dieser Energie: gerade in den kommunistischen Staaten gab und gibt es Kohlekraftwerke, die eine Bedrohung der Umwelt darstellten und darstellen. Atomkraftwerke (Tschernobyl, Kosloduj in Bulgarien, etc.), die eine akute Sicherheitsgefährdung darstellen, sowie ein Verteilernetz, dessen Leitungsverluste ein katastrophales Ausmaß erreichen. Die Reaktionen sind bemerkenswert: Statt Thermostate einzubauen öffnete man die Fenster, wenn es in den Räumen zu heiß wurde. Isolierungen wurden als nicht notwendig erachtet, denn die Energieverschwendung schlug sich im Preis nicht nieder. Eine effiziente Art der Wärmeerzeugung wurde nicht gesucht und ein die Natur und die Ressourcen schonender Umgang war völlig unbekannt. Die Folgen sind deutlich sicht- und spürbare Umweltschäden. Dabei öffnet sich eine ganz gefährliche Schere: einerseits werden – dem System der Marktwirtschaft folgend – die Energiepreise erhöht, andererseits stagnieren die Einkommen. Aus diesem Dilemma ergibt sich eine vermehrte Belastung der Haushalte und eine mangelnde Konkurrenzfähigkeit in der Produktion. Energieintensive Unternehmen haben keine wie immer geartete Chance, auf dem europäischen Markt konkurrenzfähig zu sein, wie sich im Eisen- und Stahlsektor, aber auch in anderen industriellen Bereichen sehr deutlich zeigt, wobei sich auch die Rückständigkeit im technologischen Fortschritt zu Buche schlägt. Daher sind Energiefragen sowohl bei SECI als auch BSEC generell ein besonderes Anliegen, wenngleich sie auch unterschiedlich behandelt werden. Bei BSEC ist es infolge der nach wie vor starken Rolle des Staates ein eigenes Ministerkomitee, das auch entsprechende Beschlüsse faßt, die sowohl die Versorgung, das Leitungsnetz und Krisenfälle betreffen, während SECI mehr auf maßgeschneiderte Programme des Energiesparens in den einzelnen Ländern, auf den Ausbau des Gaspipeline-Netzes und der regionalen Verbindungen des Elektrizitätsnetzes Wert legt.

Als erschwerendes Handicap erweist sich das völlige Fehlen jeglichen Umweltbewußtseins. Grüne Gruppierungen sind in Südosteuropa weitestgehend unbekannt, und das notwendige private Engagement beim Energiesparen hält sich in Grenzen. Um bei kommunalen Wärme- und Energiesystemen ebenso Erfolge zu erzielen wie im Bauwesen und in der Industrie, sind gemischte Aktivitäten, die von Staat und Bevölkerung gemeinsam getragen werden, besonders notwendig. Einige Staaten betreiben nach wie vor intensiv genutzten Kohlebergbau, der zwar viele Menschen beschäftigt, im Falle eines reduzierten Energieverbrauchs aber weitere, zusätzliche Arbeitslose (siehe den Bergarbeiterstreik in Rumänien) schafft. Rein theoretisch wäre es relativ leicht, einen umfassenden Energiesparplan zu erarbeiten, bei der praktischen Durchsetzung stößt man aber auf erhebliche Schwierigkeiten. So ist man gezwungen, eine Strategie einzuschlagen, die Schritt um Schritt jene Standards erreichen soll, die innerhalb der Europäischen Union bereits üblich und Bestandteil der jeweiligen nationalen Politik sind.

Innerhalb von SECI wurde der Versuch unternommen, Energiespar-Demonstrationszonen einzurichten, die zunächst einmal für Maribor (Slowenien), Pecs (Ungarn), Varna (Bulgarien), Constança (Rumänien) und Skopje (Mazedonien) ins Auge gefaßt werden. Entsprechende Machbarkeitsstudien wurden in Auftrag gegeben und liegen teilweise auch schon vor. Die Projekte sollen zunächst anhand von Schulen, Krankenhäusern und öffentlichen Gebäuden umgesetzt werden, da die Finanzierbarkeit solcher Unternehmungen im staatlichen Bereich leichter durchzuführen sind als in den ungeklärten privaten Besitzungen. Es stehen keine öffentlichen Mittel zur Verfügung, sondern es werden private Kredite mit einer Laufzeit von fünf Jahren herangezogen, die – durch die Einsparungen – auch in dieser Zeit rückzahlbar sind. Schwieriger ist es, auf eine relativ kurze Zeit Wärmedämmung bei Gebäuden bankmäßig zu finanzieren, da die Rentabilität der Investition erst längerfristig gegeben ist und außerdem bei solchen Renovierungen auch andere notwendige Verbesserung angesichts des Zustandes der Bauten durchgeführt werden müssen.

Der private Sektor wird dabei in zweifacher Weise wirksam: Größere europäische und amerikanische Unternehmen haben angeboten, in einem der Länder gleich die gesamte Umsetzung des Energiesparprogramms bei allen Schulen oder anderen geschlossenen Einheiten zu übernehmen. Die Probleme, die dabei zu überwinden sind, liegen in der unterschiedlichen administrativen Verantwortung: Oft sind die Gemeinden für Primärschulen allein zuständig, während bei den Sekundärschulen die Verantwortung zwischen den Gemeinden und der nationalen Regierung geteilt ist. Manchmal ist für die Gebäudeerhaltung die Gemeinde allein zuständig, während die Finanzzuweisungen für den Betrieb Sache der Regierung sind. Allein schon in der Feststellung, wer die administrative Verantwortung hat und die notwendigen Entscheidungen trifft, liegt schon eine jener Problemstellungen, die oft eine begleitende Umstellung der Verwaltung notwendig machen. Andererseits aber ist es eine große Chance, für Klein- und Mittelbetriebe zusätzliche Arbeit und Aufträge zu schaffen, denn große Unternehmungen brauchen eine kritische Masse, damit sich die Angelegenheit für sie rechnet. So hat sich die Etablierung von Einheiten herausgebildet, die unter der Bezeichnung ESCO (Energy Saving Company) bekannt geworden sind. Sie organisieren das Energiesparen und werden von privaten Unternehmen getragen.

Neben großen Unternehmen sowie kleinen und mittleren Betrieben stellen die Banken den dritten Partner. Ihnen kommt es zu, entsprechende Finanzierungen zu ermöglichen, wobei zur Durchführung an eine Kombination privater Banken und der EBRD gedacht wird. Es gibt ein entsprechendes Interesse der westeuropäischen Banken, auf diese Weise in den hiesigen Markt einzusteigen, wobei auch Klein- und Mittelbetriebe benachbarter Länder, wie zum Beispiel aus dem Nordosten Italiens, große Hilfestellung anbieten und auch – quasi als Nebeneffekt – zur Verbesserung der Berufsausbildung in den betroffenen Ländern beitragen können. Das Hauptproblem liegt aber zweifellos in der Organisation bzw. auch in den gesetzlichen und administrativen Voraussetzungen sowie in der Gewöhnung an die Notwendigkeit des Energiesparens.

Ein anderes Kapitel, das die Regionalinitiativen beschäftigt, ist die Versorgung mit Erdgas, das, aus ökologischen Gesichtspunkten, die freundlichste Energievariante darstellt. Die bisher vorhandenen Netze entsprechen nicht den europäischen Standards, wobei sich Südosteuropa geographisch beachtlich nah an den Gas- und Ölfeldern rund um das Kaspische Meer befindet. Daraus ergeben sich eine Fülle von politischen Fragen: Gegenwärtig findet ein beachtlicher Konkurrenzkampf statt, wer den Zuschlag erhält, für Gas und Öl eine Pipeline zu bauen. Die Russen haben sich auf Novorossijsk konzentriert, und mit Hilfe von multinationalen Unternehmen ist eine entsprechende Verbindung mit Aserbaidschan entstanden. Die Türkei wiederum ist interessiert, entweder einen Hafen am Mittelmeer und/oder am Schwarzen Meer anzubieten, von dem aus Öl und Gas abgenommen werden kann. Rumänien möchte seinen Hafen in Constança zu einem europäischen Anknüpfungspunkt der Versorgung machen. Italien bietet an, algerisches Gas durch die Adria nach Kroatien und weiter in das übrige Südosteuropa zu leiten. Daher hat sich auch SPECA mit dieser Frage befaßt und eben jene Arbeitsgruppe für Stromproduktion und Verteilung bzw. Zusammenarbeit in der Diversifizierung von Gas- und Ölpipelines geschaffen. Faktum ist, daß die einschlägigen russischen Unternehmen wie Gazprom und Lukoil für BSEC und SECI eine ganz entscheidende Rolle in der Region spielen. Für Russland stellen diese Naturprodukte neben der Waffenproduktion eine der wenigen sicheren Einnahmen in harter Währung dar, sodaß der Gedanke der Diversifizierung, nämlich Öl und Gas auch aus anderen Ländern zu beziehen, gerade in Moskau sehr kritisch gesehen wird.

Da der Ölmarkt und die Pipelines auf internationaler Ebene unter den großen Unternehmen entschieden werden und die Kooperationen trotz aller Spannungen weltweit stattfinden, hat sich SECI vor allem auf Gaspipelines, die Diversifizierung des Gasbezugs und die Sicherheit der Versorgung konzentriert. Gründe für diese Konzentration sind die Schonung der Umwelt und die Chance, eine Verbindung verschiedener Gasmärkte herzustellen. Die einschlägige Projektgruppe umfaßt internationale Unternehmen, Regierungsstellen, finanzielle Institutionen und Kommerzbanken. Trotz aller Probleme ist es zum Beispiel gelungen, die äußerst fragliche Versorgung von Bosnien-Herzegowina im Winter 1997/98 wie auch die künftige Versorgung sicherzustellen. Ebenso wurde 1998 ein Projektvorschlag erarbeitet, der von Unternehmen aus der Region, aus Westeuropa und den USA getragen war. Das Konzept enthält Vorschläge für die Versorgungssicherheit der Region, den Ausbau des Pipelinesystems sowie für Kennzahlen des Verbrauchs für eine Erweiterung unter mittel- und langfristigen Gesichtspunkten. Die bisher nicht gerade stürmische wirtschaftliche Entwicklung hat zunächst dazu geführt, daß die Nachfrage mit den bestehenden Verteilungssystemen gedeckt werden kann. Es bleibt abzuwarten, inwieweit eine Verbesserung der Wirtschaft auch eine Veränderung der Nachfragesituation erzeugt. Die Aktivitäten aller Regierungen auf diesem Sektor sind beachtlich und – von der Natur des Energieträgers her – auf grenzüberschreitende Kooperation abgestellt.

Ein weiteres Problem, um das sich BSEC und SECI gemeinsam kümmern, ist die Verbindung der Elektrizitätsversorgungen in der Region und deren Integration in das (west)europäische System. Diese Frage wird in der Öffentlichkeit wenig diskutiert, ist aber von strategischer Bedeutung für die Zukunft: Nicht nur brauchen die Subsysteme Verbindungen, es wird auch der große Zusammenschluß der traditionellen europäischen Gebiete mit Südosteuropa, den Staaten am Schwarzen Meer und mit Zentralasien vorbereitet. Die Zielvorstellung ist die Entwicklung synchroner Verbindungen durch den Ausbau der bestehenden Systeme und der Herstellung neuer Verbindungen; die Verbindung Südosteuropas mit dem System der Union for the Coordination of Production and Transmission of Electricity (UCPTE), wobei es um die Überwindung des Spannungsunterschiedes (40 bzw. 50 Hertz) geht, sowie die Verbindung mit den Schwarzmeerstaaten und denen Zentralasiens mit der UCPTE durch Südosteuropa. An diesem Punkt kommt die geopolitische Bedeutung der Region deutlich zum Ausdruck: gerade im Bereich des Stromnetzes kann sich Südosteuropa zu einem Scharnier der großen Versorgungssysteme entwickeln.

Nach etwa einjähriger Arbeit wurde eine entsprechende gemeinsame Linie zwischen SECI einerseits und BSEC andererseits gefunden, bei der das „Project on Balcan Energy Interconection“ durch eine Task force verfolgt wird, die aufgrund eines Beschlusses der Energieminister der Schwarzmeerregion besteht.

Die aktuelle politische Situation hat eine Reihe von akuten praktischen Problemen erzeugt: Es geht um die Wiederherstellung bestehender Stromverbindungen und Umspannwerke in Bosnien-Herzegowina und Kroatien, um den südlichen Flügel der UCPTE zu bedienen. Es handelt sich um zwei Umspannwerke, das eine in Mostar, das andere in Ernestinovo, die durch den Krieg zerstört wurden und deren Wiedererrichtung weder von Bosnien-Herzegowina noch von Kroatien finanziert werden kann. Bisher ist die Bereitstellung von Mitteln durch die EU oder durch die „donors conference“ für Bosnien-Herzegowina nicht geglückt. Diese beiden Stationen sind jedoch für die Existenz und einen weiteren Ausbau des Netzes von erheblicher Bedeutung. Gleichermaßen muß der Ost-West-Korridor für die Hochspannungsverbindungen von Montenegro, Mazedonien mit Albanien und Bulgarien wieder hergestellt werden, und auch jener mit der Türkei. Daraus ergibt sich die Notwendigkeit eines integrierten Stromnetzes für Südosteuropa, eines Teleinformationssystems für die diversen Umspannwerke und Versorgungszentralen sowie die Anpassung an die moderne technische Entwicklung. Die erste Phase des Projektes wurde im Februar 1999 abgeschlossen, jetzt wird mit der Realisierung begonnen.

Lebenselixier Wasser

Doch nicht nur der Energiesektor bedroht die Umwelt, auch die problematische Situation der Wasserversorgung bzw. die Grundwasserverschmutzung haben großen Anteil daran. Bedauerlicherweise sah das alte industrielle System keinerlei Mittel für den Umweltschutz vor, in der Landwirtschaft dominierte eine intensive Düngung, und die Modernisierung der Kläranlagen wurde nie richtig in Angriff genommen.

Ansatzpunkt für SECI war vor allem die Situation entlang der Donau, an der es, von der österreichischen Grenze beginnend, hundertachtzig „hot spots“ gibt, die zu einer radikalen Verschlechterung der Güteklasse dieses Lebensflusses führt. Während die Donau bei Hainburg Güteklasse 2 aufweist, erreicht sie im Donaudelta meistens Güteklasse 4-5. Aber auch andere Bereiche der Region leiden darunter, wie etwa die Zuflüsse zur Donau (Save, Drau, March, etc.), die Adria und die Schwarzmeerküste. Das Interesse an der Erhaltung einer gesunden Donau auch außerhalb Südosteuropas geht soweit, daß Österreich den Vorsitz in dieser SECI-Arbeitsgruppe übernommen hat, in der sich auch Deutschland aktiv beteiligt. Die Vertragswerke über die Reinhaltung sind weit gediehen (man denke an die Vienna Convention), die Realisierungen lassen aber auf sich warten. Die internationale Assistenz in der Analyse ist beachtlich, gibt es doch ein „Danube Strategic Action Programme“ von Global Enviralmental Facility (GEF), ein „Danube Basin Project“ der NATO und eine Reihe von besonderen Einrichtungen wie etwa bei der Weltbank und der EBRD, um Beiträge zur Bewältigung dieser ökologischen Frage zu leisten. Technisch ist das Problem leicht zu lösen, politisch und finanziell stößt es allerdings auf große Schwierigkeiten. Neben der Tatsache, daß langfristige Ausleihungen notwendig sind, um die Investitionen im Bereich der Kläranlagen und der Trinkwasserversorgung durchführen zu können, ist die Motivation der Bürgermeister und Regionsverantwortlichen gefordert, um diese Investitionen überhaupt durchzuführen. Das Problem liegt – wie beim Energiesparen – in der Akzeptanz der Kosten: Schritt um Schritt muß durchgesetzt werden, daß sauberes Wasser wie auch die Entsorgung ohne entsprechende Nutzungsgebühren durch den Bürger nicht gewährleistet werden können.

Gegenwärtig wird an der Entwicklung von Finanzierungsschemata für die einzelnen Länder gearbeitet, um die jeweiligen regionalen Unterschiedlichkeiten zu berücksichtigen. Diese sollen durch Einbeziehung von Fachleuten, internationalen Finanzierungsinstitutionen, privaten Banken und den Experten der einzelnen Länder entwickelt werden und ein maßgeschneidertes Konzept für die jeweiligen Staaten erbringen. Slowenien ist hier beispielgebend: mit einer eigens geschaffenen Umweltsteuer wird bereits ein Investitionsprogramm finanziert. In eigenen Seminaren, die 1999 in Ungarn und Kroatien abgehalten werden, muß Überzeugungsarbeit geleistet werden, um die politische Durchsetzbarkeit dieser Programme sicherzustellen. Der Hinweis auf die EU-Standards ist von entscheidender Bedeutung, weil damit auch auf die kontinentale Verantwortung für die Umwelt und die Bedeutung des Wassers als Lebensader der Menschen aufmerksam gemacht wird. Schwieriger ist die Situation im Bereich der Landwirtschaft – hier steht eine Gesamtlösung für den Agrarbereich noch aus. Die Umweltbelastung durch Industriebetriebe sinkt zur Zeit, einerseits weil neue Investitionen bereits unter Berücksichtigung heutiger Umweltstandards durchgeführt werden, andererseits die klassische alte Industrie mit massiven Umweltbelastungen infolge mangelnder Rentabilität oft geschlossen wurde.

Das alles entscheidende Problem besteht in den knappen Budgets der Transformationsländer, die für Umweltschutz im allgemeinen nur geringfügige Mittel vorsehen. Die Prioritäten der Finanzminister liegen in anderen Bereichen; und oft werden sie von akuten Notwendigkeiten wie Gehaltserhöhungen im öffentlichen Dienst, Schuldenarrangements, Bankenzusammenbrüchen, etc. geprägt. Die hier beschriebenen Umstände erklären den oft starken Druck, der von EU-Staaten auf Transformationsländer hinsichtlich der notwendigen Umweltpolitikmaßnahmen ausgeht, denn zunächst muß ein bestimmter ökonomischer Standard erreicht werden, um Umweltinvestitionen durchführen zu können, wenngleich bei neuen Anlagen mit der modernsten Technologie gearbeitet wird. Auch hier tritt die Bedeutung der Agenda 2000 zutage, aber auch anderer finanzieller Mittel, die in der Gemeinsamkeit der globalen Verantwortung für Umweltfragen zur Verfügung gestellt werden müssen. – Wir alle dürfen nicht vergessen, daß im 21. Jahrhundert die Wasserressourcen eine entscheidende Rolle für die Zukunft der Menschheit spielen wird.

In der ZEI wurden Programme für den Landwirtschaftsbereich vor allem deshalb entwickelt, weil hier die größten Hindernisse eines EU-Beitritts für manche Länder zu erwarten sind. Folgerichtig hat Polen den Vorsitz einer solchen Arbeitsgruppe übernommen, da immerhin fast ein Viertel der polnischen Bevölkerung von der Landwirtschaft lebt. Für die Länder am Schwarzen Meer und in Zentralasien stellt sich die Agrarfrage völlig anders: Es sind nämlich teilweise Versorgungsprobleme, die sich aus der schlechten Organisation ergeben – heute kämpfen die traditionellen Agrarländer Ukraine und Russland mit der Notwendigkeit, Getreide aus dem Westen importieren zu müssen. Auch daraus ergibt sich eine völlig veränderte Prioritätenliste, die bei uns schwer verstanden wird. Die Artikulation dieser Schwierigkeiten aber fällt schwer, da man beim westlichen Partner nicht als Umweltsünder dastehen will. Schon allein die Probleme rund um die Atomkraftwerke sind groß genug und spannungsgeladen. – Wer es nicht glaubt, lese Zeitungen im Kleinformat mit großen Schlagzeilen.

Entwicklung der Wirtschaftsstrukturen

Südosteuropa ist ein klassischer Bereich der Klein- und Mittelbetriebe. In der gesamten Wirtschaftsgeschichte war diese Unternehmensform prägend und ein stabilisierendes Element der Gesellschaft. Die kommunistische Wirtschaftsideologie hat zu einer weitestgehenden Liquidation dieser Betriebe geführt, wobei sich ein Kleinunternehmertum legaler und halblegaler Art in Nischen gehalten oder entwickelt hat. So hat vor 1989 die private ungarische Landwirtschaft in Form einfachen Anbaus hinter dem eigenen Haus fast die Hälfte der Versorgung dieses ehemaligen Agrarlandes abgedeckt. Den westlichen Touristen sind die Verkaufsläden entlang der Heeresstraßen des heutigen Fremdenverkehrs bekannt, in denen Korbflechtereien, Stickerei, Holzschnitzereien, Keramik, etc. verkauft wurde und wird. Das Unternehmertum wurde in die häusliche Atmosphäre abgedrängt, hat aber zur Verbesserung der Einkommenssituation beigetragen.

Es ist von politisch enormer Bedeutung, wieder eine mittelständische Wirtschaft zu schaffen. Konsequenterweise haben daher die Zentraleuropäische Initiative, SECI und BSEC jeweils Initiativen für Klein- und Mittelbetriebe gesetzt. So gut wie alle Staaten Südosteuropas richteten Agenturen, Fonds, Ministerien und Finanzierungsinstrumente ein, wenngleich die Erfolge sich bisher in Grenzen halten. Noch sind die Rahmenbedingungen zu problematisch, ob es nun die Gesetzgebung oder die Gerichtsbarkeit, das Bankennetz, das Steuersystem oder generell die Staatseingriffe sind, die als Barrieren auftreten. Die Zahl der Arbeitslosen in der SECI-Region, die zwischen vier und fünf Millionen liegt, macht allerdings die Schaffung neuer Arbeitsplätze, ja neuer Wege der Selbstbeschäftigung als Kleinunternehmer notwendig. Damit geht Hand in Hand, daß zur Verbesserung der Wirtschaftsstruktur auch kleine und mittlere Unternehmen von außen herangezogen werden müssen. Der Nordosten Italiens ist beispielgebend vorangegangen und brachte ca. 3.000 Unternehmer nach Rumänien, die in den verschiedensten Produktionsbereichen – von der Schuherzeugung bis zum Fensterrahmen – tätig sind.

So wurden eine Reihe von Fonds geschaffen, die entweder durch Beteiligung der Weltbank, der EBRD oder staatlichen Hilfsprogramme entstanden sind. Die USA haben in Bosnien-Herzegowina und Albanien diesbezügliche Versuche unternommen, wenngleich die Unternehmenskultur bei der Durchführung oft erhebliche Schwierigkeiten erfährt.

Die Regionalinitiativen sind ähnliche Wege gegangen und befinden sich in einem Informationsaustausch, der in einer Kooperation enden soll. Mit Hilfe der UN/ECE sind Seminare in den einzelnen Ländern veranstaltet worden, die sich mit „best practice for financing small and medium enterprises“ beschäftigt haben. Ebenso wurde mit Hilfe von LEASEUROPE, der Europäischen Föderation der Leasingkompanien Seminare organisiert, um diese Form der Unternehmenshilfe in der Region einzuführen. Unterstützende Staaten haben sich daran beteiligt, und Italien lud zu einem Trainingskurs, um die traditionellen Erfahrungen seines Unternehmertums weiterzugeben. Die internationalen Finanzinstitutionen haben nationale Einrichtungen angehalten, entsprechende Finanzierungsinstrumente zu schaffen. Weiters gibt es einen Versuch österreichischer, griechischer, türkischer und italienischer Banken, in Zusammenarbeit mit der Weltbank und EBRD aktiv zu werden.

Die letztbeschriebene Entwicklung verläuft in zwei Richtungen: Zum einen sollen die Belastungen der Klein- und Mittelbetriebe durch ein Zuviel an Verwaltung reduziert werden, zum anderen will man die klimatischen, legalen und gerichtsmäßigen Hindernisse untersuchen, die einer weiteren Entwicklung der Klein- und Mittelbetriebe im Wege stehen. Das SECI-Business Advisory Council hat eine erste Untersuchung in den Staaten durchgeführt, um die Erfahrung der Unternehmen wirksam zu erforschen und den Regierungen Konsequenzen daraus vorzuschlagen. Insbesonders wird versucht, eine funktionierende Handelsgerichtsbarkeit einzuführen, um die Rechtssicherheit nicht nur für ausländische Investoren, sondern auch für die oft ungeschützten Klein- und Mittelunternehmen zu verbessern. Generell kann gesagt werden, daß man sich der Bedeutung dieser Art von moderner Wirtschaft bewußt ist, sie allgemein fördern will, jedoch noch nicht jenes freie, sichere Klima geschaffen hat, daß das Blühen einer mittelständischen Wirtschaft ermöglicht. Die traditionelle Veranlagung in Südosteuropa geht aber zweifellos in diese Richtung, noch dazu wo nicht mit großen Industrie-Investitionen zu rechnen ist. Die Veränderungen in den Wirtschaftsstrukturen haben dazu geführt, daß entweder große globale Einheiten entstehen oder kleine, lebendige, anpassungsfähige Unternehmen die regionalen Bedürfnisse abdecken.

Eine entscheidende Voraussetzung für ein Wirtschaftswachstum liegt in der Berücksichtigung gewachsener Strukturen jedes einzelnen Landes. Hier sind auch die Grenzen der Beratung von außen zu sehen. Vereinfacht gesagt: Die Unternehmer jedes Landes müssen einen erfolgreichen Entwicklungsprozeß selbst herbeiführen. Dieser Lernprozeß ist allein schon deswegen notwendig, da es bei vom Kommunismus gestalteten Ökonomien jenes Problem gibt, das der frühere polnische Staatspräsident Lech Walesa einmal drastisch beschrieben hat: „Es ist leicht, aus einem Aquarium eine Fischsuppe zu machen, aber sehr schwer, aus einer Fischsuppe ein Aquarium wieder herzustellen." – Die Tradition der zentralen Wirtschaftsplanung läßt die Etablierung einer Unternehmenskultur, in der lokale Bedingungen stimmen, nur zögernd zu. So ist nicht die Gesetzgebung allein, sondern auch deren Handhabung, das Entstehen von wirtschaftlichen Rackets, die Korruption begünstigen und oft abenteuerliche Kreditbedingungen, die kaum unseren Usancen entsprechen, das Problem. In Südosteuropa kann der Staat nicht ohne weiteres zusätzliche Garantien übernehmen, da er heute schon bei fast allen internationalen Finanzinstitutionen schwer verschuldet ist; so ist also die Gründung von Garantiefonds auf anderer Basis ein entscheidender Auftrag. Es gibt gegenwärtig Garantiefonds in Rumänien und Mazedonien. Neue Garantieschemata werden in Moldawien, Bulgarien, Albanien, Bosnien-Herzegowina und Kroatien angewendet.

Einige Zahlen über die Bedeutung der Klein- und Mittelbetriebe seien genannt: In Kroatien machen die Klein- und Mittelbetriebe 83 % aller Unternehmen aus und beschäftigen 60 % aller Arbeitnehmer. Unter den Klein- und Mittelbetrieben führen mit 96 % die Kleinstunternehmen. In Bulgarien gibt es ungefähr 200.000 Privatfirmen, wovon 90 % weniger als drei Personen beschäftigen. In Albanien haben unter den 80.000 Unternehmern, die seit 1990 entstanden sind, 46.000 nur einen Beschäftigten und 11.500 drei bis zehn Arbeitnehmer. So wird verständlich, daß diese Unternehmen bei beschränkten finanziellen Kapazitäten nicht gleichzeitig mehrere Geschäftsfelder betreuen können. Die importierten Waren sind oft leistungsfähiger und billiger als die Produkte aus dem eigenen Land. So gibt es kaum jene Gewinne, die zur Erneuerung der Betriebe erforderlich sind.

Ein besonderes Thema stellen die ausländischen Investitionen (Foreign Direct Investment) dar. Sie sind notwendig, um moderne Technologien und Know-how ins Land zu bringen und damit – in Kombination mit der billigen Arbeitskraft – sowohl am heimischen Markt als auch im Export konkurrenzfähig zu sein. Aus den Mitarbeitern der ausländischen Unternehmen werden solche, die später in den Unternehmen ihres eigenen Landes tätig sein können oder selbst zu Unternehmern werden. Es handelt sich also nicht um Überfremdung, sondern um eine Beschleunigung des Transformationsprozesses. Außerdem kann nur so die Verbindung mit anderen Märkten hergestellt werden, da dadurch die Sprachbarrieren, die Unterschiede des gesetzlichen und wirtschaftlichen Systems und die großen Entfernungen leichter überwunden werden können. Auslandsinvestitionen unterliegen natürlich auch großem politischen Einfluß, wie man anhand von Banken und Versicherungen, Telekommunikation und Energie feststellen kann. Die einzelnen Staaten versuchen sich abzuschirmen, um quasi Herren im eigenen Land zu bleiben, und Investitionen werden so unattraktiv gemacht, daß niemand mehr an ihnen interessiert ist.

Aber genau hier sind die Berührungspunkte zwischen dem lokalen Markt der jeweiligen Region und der Einbindung in die kontinentale und globale Wirtschaft zu sehen. Eine entscheidende Bedeutung kommt der Währungshärte, der Besteuerung, dem Bankennetz und der Stabilität der Politik und der Gesetzgebung zu. In diesem Zusammenhang sei nicht geleugnet, daß ausländische Unternehmen einerseits durch Geschenke angelockt werden, andererseits aber nach Verbrauch der Fördermittel wieder von den Märkten verschwinden – ein Verhalten, das gerade in dieser sensiblen wirtschaftlichen Situation sehr schmerzhaft ist. SECI, vor allem das „Business Advisory Council", unterzieht sich seit Beginn ihrer Arbeit der Mühe, all diese Gesichtspunkte den einzelnen Länder, den Regierungen und der Öffentlichkeit zu vermitteln.

Im Rahmen von SECI wurde eine weitere Aktivität ins Leben gerufen, die der Förderung von Investitionen dient, nämlich die Zusammenarbeit der südosteuropäischen Börsen. Seit April 1998 wird an der Errichtung einer regionalen Plattform gearbeitet, um Anlegern einen größeren Markt anbieten zu können, um auf diese Weise das internationale Börsenparkett zu betreten. Durch die Ereignisse in Südostasien motiviert, ist auch daran gedacht, die gesetzlichen Rahmen und die Kontrollmechanismen zu verbessern, um entsprechende Sicherheit zu garantieren. Die Istanbuler Börse hat die Leitung übernommen, wobei naturgemäß neben der Türkei auch Griechenland eine entscheidende Rolle zukommt. Bisher haben sich die Börsen der Region als relativ krisenfest erwiesen, wenngleich die Marktsegmente noch nicht als so groß anzusehen sind. Da aber auch an Privatisierungen im Telekommunikationsbereich, im Verkehrswesen und bei Staatsunternehmen gedacht ist, wird sich mit der Zeit ein Anlegermarkt entwickeln.

Hilfe kennt viele Namen

Der regionalen Situation entsprechend haben sich unterschiedlichste, ergänzende Aktivitäten entwickelt. Die Zentraleuropäische Initiative hat sich beispielsweise beim Entstehen von Industriezonen, Tourismuskooperationen und Computernetzwerken engagiert, aber auch bei Fragen der Minderheiten und Migration, der Wissenschaft und Technologie, der Statistik und des Jugendaustausches.

Die BSEC versucht, wieder eine stärkere Akzeptanz der Länder in internationalen Organisationen zu erreichen, um z. B. innerhalb der World Trade Organisation (WTO) eine gemeinsame Artikulation zu erreichen. Die Kooperation zwischen Universitäten und Forschungsstätten steht ebenfalls auf ihrer Tagesordnung.

Ein Ziel von SECI ist, die Aktivitäten, Vorschläge und Programme in den einzelnen Ländern durchzusetzen und die jeweiligen Nachbarstaaten zu informieren. Griechenland veranstaltet dankenswerterweise alljährlich – auf Initiative der nordgriechischen Industriellenvereinigung – eine Tagung unter dem Thema „Economic Cooperation in Southeast Europe“. Präsentationen und Seminare zu SECI wurden in Albanien, Slowenien und Kroatien veranstaltet. Der „New Atlantic Initiative“-Kongreß in Istanbul hat sich ebenso mit diesen Problemstellungen befaßt. Das Economic Forum der OSZE ist eine natürliche Plattform, um die Zusammenarbeit auch entsprechend zu promulgieren. So lautet das Thema 1998 Energie und war auf das Engagement von SECI zurückzuführen.

Die Liste ließe sich beliebig fortsetzen und ist ein Zeichen von Beweglichkeit internationaler Organisationen und Initiativen sowie der allgemeinen Wirtschaft.

9. Bildung und Erziehung: Voraussetzung zur Veränderung

Die Bereiche Bildung und Ausbildung weisen grobe Mängel auf, deren Bewältigung – ebenso wie das Erstellen eines qualitativen Angebots – eine grundlegende Voraussetzung für eine erfolgreiche wirtschaftliche Entwicklung darstellen. Auf diesem Gebiet haben die eher ökonomisch-technisch organisierten Initiativen wie SECI und BSEC einen natürlichen Berührungspunkt mit dem Royaumont-Prozeß und einschlägigen Aktivitäten der Zentraleuropäischen Initiative. Gegenwärtig sind Bemühungen im Gange, in jenen Bereichen Aus- und Weiterbildung anzubieten, für die entsprechende Ausbildungen notwendig sind (ökonomischer Umgang mit Energie, Wasser- und Abwasserversorgung, Bankenwesen, Klein- und Mittelbetriebe). Bis jetzt haben private Institutionen diesbezüglich schon viel unternommen. Es fehlt auch nicht an hoffnungsvollen Gründungen wie etwa dem „Balkan College" in Sofia, das eine europäische Erziehung in verschiedenen Sprachen gewährleisten soll. Die Budapester Central European University schlägt die gleiche Richtung ein und nimmt Studierende aus ganz Südosteuropa auf.

Natürlich liegen noch viele Bereiche brach, die im Moment jedoch von sekundärer Bedeutung sind: Besonders im Bildungs-, Wissenschafts- und Kulturbereich gibt es noch große Defizite. Nachdem die EU-Rahmenprogramme nur von Beitrittskandidaten in Anspruch genommen werden können, wird nicht nur dem vorhandenen „brain drain" im Bereich von Wissenschaft und Technologie Vorschub geleistet, sondern auch die Chancen einer geistigen und wirtschaftlichen Gesundung reduziert. Mit Sicherheit müssen hierfür spezielle Programme entwickelt werden, um nicht ein geistiges Vakuum in der Zeit des allgemeinen wissenschaftlich-technischen Fortschritts zu erzeugen. Noch dringlicher sind Fragen der Bildung und Erziehung, denn es steht nicht nur die Gestaltung der jungen Generation unter modernen demokratischen Gesichtspunkten zur Diskussion, sondern auch die Ausnützung eines intellektuellen Potentials, das Europa durchaus gebrauchen kann. Es mag merkwürdig scheinen, daß die Situation im Kulturbereich noch am günstigsten ist, aber das Interesse an Folklore und die weltweite Vermarktung kultureller Events haben dazu geführt, daß auch in diesem Teil Europas Kultur und Unterhaltung stark vertreten sind. Dennoch sind auch hier die Dinge mehr dem Zufall als einer geplanten Überlegung überlassen.

Eigentlich sind Bildung und Erziehung in der gegebenen Situation unter einem kontradiktorischen Trend zu sehen: Einerseits versuchen wir, das gesamteuropäische Bewußtsein durch die Propagierung des europäischen Bürgers zu fördern, andererseits erweitern wir die Europäische Union und schaffen dadurch nicht nur für die Beitrittskandidaten eine Fülle von Problemen, sondern auch für die Mitgliedsstaaten. Xenophobie mischt sich mit einem Defizit an Kenntnissen über diese „neuen" Europäer. Das bedeutet, daß der Integrationsprozeß selbst mit einem neuen Verständnis ausgestattet werden muß. Erziehung und Bildung sind der Schlüssel zu einem besseren Verständnis dieses einmaligen historischen Vorgangs, und nur auf diese Weise können wir die gemeinsamen Werte, auf denen unsere Kultur beruht, erarbeiten, aufrechterhalten und weitervermitteln. Wie anders sollen junge Menschen ihre neue Aufgabe als Bürger dieses Kontinents erfüllen?

Nicht nur in der EU, sondern auch in Mittel-, Ost- und

Südosteuropa müssen diese Themen berührt werden. Es gilt die Frage zu beantworten, woraus heute das Motiv für eine europäische Integration besteht. Von jetzt an müssen wir Europa anders wahrnehmen als es in der Vergangenheit der Fall war. Unsere Geschichte muß differenzierter verstanden werden, gemeinsame Lehrbücher sollten verfaßt und neue Methoden ergriffen werden, um Geschichte zu lehren. Danach sind Lehrpläne und Lehrerausbildungen durchzusehen und neu zu gestalten. Um die europäische Identität und das kulturelle Erbe zu erhalten – was wir zweifellos wollen –, braucht man eine entsprechende Forschung, eine demgemäße Darstellung in den Medien sowie gemeinsame Aktionen, um die Idee eines gesamteuropäischen Verstehens zu fördern. Selbstverständlich ist auch mehr Demokratie gefragt, denn nur so kann der vielzitierte Bürger Europas leben. Gegenstand der Bemühungen ist die große, vielfältige Landschaft der kleinen Gruppen und Gemeinden, Regionen und Initiativen, NGOs und Sozialaktivitäten sowie der entsprechenden Partnerschaften. Letztendlich muß eine Änderung des Denkens und der darauf basierenden Handlungen stattfinden und ein wechselseitiges Verständnis aufgrund der Erfahrungen, die wir in anderen Ländern, Regionen und Erdteilen gemacht haben, entstehen.

Nicht zu vergessen ist einmal mehr die Berufsausbildung, die allein schon in der Wettbewerbsfähigkeit für die Zukunft bestimmend ist – und das umso mehr, als sich heutzutage das Wissen in einem ungeheuren Tempo umschlägt und ein lebenslanges Lernen notwendig macht. Es geht um die Sicherstellung der Zukunft für die nächsten Generationen, auf kulturellem Erbe aufbauend und nicht um die Verteidigung eines bestimmten europäischen Modells. Daher ist die oft dominierende wirtschaftliche Betrachtungsweise in ein Gleichgewicht zu jenen Fragen zu setzen, die sich mit dem Menschen und seiner Entwicklung beschäftigen.

Die kulturellen Aspekte der europäischen Integration müssen also stärker gefördert werden, wobei die Erweiterung der EU ein selbstverständlicher Bestandteil ist. Das kulturelle Europa kennt keine Aufteilung in Mitgliederstaaten, Beitrittskandidaten und andere, und die europäische Kultur kann auch nicht aufgeteilt werden. Doch gerade die Kultur kann im schwierigen Prozeß der Formung Europas wesentliche Hilfestellung leisten. Vorrangig müssen Struktur- und Regionalentwicklungsprogramme für die Beitrittswerber gestaltet werden, bei denen es nicht darum geht, den Inhalt der Kultur zu bestimmen. Die EU ist dabei, ein Kulturrahmenprogramm „Kultur 2000" zu entwickeln, das diesen Geboten Rechnung trägt. Die Aus- und Weiterbildung der im Kulturprozeß Tätigen kann nur länderübergreifend geschehen und muß von sozialer Kompetenz, orientiert am lebenslangen Lernen und an der Selbstverständlichkeit der kulturellen Vernetzung, begleitet sein. Austausch- und Mobilitätsprogramme können mehr helfen und dazu ermutigen, die manchmal einsame Situation von Menschen zu erleichtern, die sich um die Humanisierung ihrer Welt bemühen – nichts anderes ist Kultur.

Der „Regional Approach"

Es darf nochmals deutlich gemacht werden, daß alle diese Bemühungen, von Organisationen, Initiativen oder sonstigen Plänen ausgehend, einzig und allein von dem Gedanken getragen werden können, daß sie alle der Integration Europas dienen. Es gibt keine Alternative zur Europäischen Union, wenngleich viele Menschen irgendwo Grenzen gesetzt haben wollen und durchaus bereit sind, Länder und damit Menschen zu benennen, die nicht in die Europäische Union integriert werden sollen. Ganz sicher ist dieser Prozeß nicht bis in die Unendlichkeit fortsetzbar, aber ebenso sicher sind heute jene Grenzen noch nicht erreicht, bei denen man von einer „finalité d'Europe" sprechen könnte. Genausowenig ist jene Entwicklung erschöpft, die mit der Montanunion und der Europäischen Wirtschaftsgemeinschaft begonnen wurde. Wohl ist heute die EU ein starker Wirtschaftsfaktor, durch den Euro auch eine beachtliche ökonomische Größe, aber die Handlungsfähigkeit Europas ist keineswegs sichergestellt. Die Unfähigkeit, die Bosnienkrise allein zu bewältigen, Albanien wirklich helfen zu können und im Kosovo erst recht wieder auf die USA angewiesen zu sein, zeigt deutlich das Defizit, das einzig und allein durch die Vertiefung der europäischen Gemeinsamkeit sowie durch die Fortsetzung der Diskussion, wie sich Europa gemeinsam organisieren soll, einer Lösung nähergebracht werden kann. Die Anforderungen, was Europa braucht, um sich selbst zu entsprechen, politisch ernst genommen zu werden und seine Identität zu entwickeln, sind klar beschrieben – die Konsequenzen stehen noch aus. Statt der allgemeinen Klage über die Zustände in Südosteuropa wäre die Ausarbeitung eines Aktionsplans eher angebracht, umso mehr als die EU über einen solchen nicht verfügt und der amerikanische von geopolitischen Gesichtspunkten bestimmt ist.

Unter dem Vorsitz der Koordinatoren des Royaumont-Prozesses und der Southeast European Cooperative Initiative wird in einer Studiengruppe an einem diesbezüglichen Konzept gearbeitet. Zweck der Übung ist, der Europäischen Union Vorschläge zur Verfügung zu stellen, wie sie mit den unterschiedlichen Situationen in Südosteuropa fertig wird und trotzdem das große Ziel nicht aus den Augen verliert. Der Vorschlag soll aus einem „policy-mix" zwischen konkreten Maßnahmen kurz- und mittelfristiger Art, verbunden mit einer längerfristigen Strategie, bestehen. Dafür ist der Begriff „Regional Approach", der von der Europäischen Kommission immer wieder verwendet wurde, sicher die richtige Bezeichnung, umso mehr, als eine Entwicklung eines solchen bis jetzt nicht geglückt ist.

Der Katalog eines Stufenplans ergibt sich von selbst und ist durch die bisherigen Arbeiten der Initiativen vorgegeben. Der Entwicklungsplan könnte folgendermaßen aussehen:

– Als ersten Schritt Schaffung einer Freihandelszone: Abbau der Grenzschranken und Zollbarrieren, Entwicklung des freien Handels in Richtung auf eine Zusammenarbeit wie CEFTA und EFTA, mit dem Ziel, eine adäquate Form im Europäischen Wirtschaftsraum (EWR) zu finden.

– Gezielte Wirtschaftshilfe: Maßnahmen zum Wiederaufbau, zur Schaffung einer tragenden wirtschaftlichen Struktur sowie zur Finanzierung der wirtschaftlichen Infrastruktur und Freiheit der Investitionstätigkeit.

– Entwicklung einer humaneren Gesellschaft: Von den Krisen- und Katastrophengebieten angefangen muß eine Strategie der sozialen Absicherung entwickelt werden, die versucht, nicht nur mit dem Flüchtlingsproblem der Migration fertigzuwerden, sondern eine Perspektive des Verweilens und der Stabilität eröffnet. In diesem Zusammenhang muß auch die Frage geklärt werden, inwieweit Rücksiedlungen Aussicht auf Erfolg haben.

– „Civil Society" und demokratische Institutionen: Welche Programme wirken kurz-, mittel- und langfristig, um die Glaubwürdigkeit der demokratischen Institutionen zu erhöhen und die Situation der Menschenrechte, besonders der Minderheiten, zu verbessern? Gerade im Bildungs- und Erziehungsbereich muß ein langfristiges Programm entwickelt werden, um den herrschenden Vorurteilen und politischen Mythologien erfolgreich zu begegnen und eine offene pluralistische Gesellschaft zu ermöglichen.

– Sicherheit: Der Katalog der Sicherheitsprobleme von Bosnien-Herzegowina über Kosovo bis zu den Spannungen zwischen Griechenland und der Türkei ist schier unendlich. In gewisser

Weise sind sie alle miteinander verbunden oder ein Ergebnis der mangelnden gesellschaftlichen Entwicklung (siehe Albanien).

Mit anderen Worten: die Entwicklung einer grundsätzlichen Strategie wird dringend verlangt. Für ihre Umsetzung muß festgestellt werden, wer für welchen Bereich Verantwortung übernimmt und wie ein regionaler, autonomer Prozeß in Gang gesetzt werden kann. Weiters muß die Arbeitsaufteilung zwischen der Europäischen Union und anderen Ländern, insbesonders die Klärung des Verhältnisses zur USA, aber auch zu Russland, auf der Tagesordnung stehen. Die Akzeptanz der multilateralen Beziehungen verlangt eine Förderung der Begegnungsmöglichkeiten auf allen Ebenen. Die Royaumont-Initiative soll in einer Weise entwickelt werden, die zu einem gesamtpolitischen Prozeß führt und unter Einbindung der Regionalinitiativen einen Integrationsprozeß einleitet, der die verschiedenen Stufen der Entwicklung und die unterschiedlichen Annäherungsweisen der Staaten berücksichtigt, aber nie das gemeinsame Ziel der europäischen Integration aus den Augen verliert. Hierin liegt die aktuelle Bedeutung des Royaumont-Prozesses, der immer weniger von der Politik und den Regierungen, aber umso mehr von den freien Kräften der Gesellschaft getragen werden muß.

Diese Umwälzung ist vor allem in zwei Bereichen notwendig: Einerseits auf dem Mediensektor, der das heute aktuelle Instrumentarium der Verbreitung von Demokratie, aber auch der Förderung von Vorurteilen ist, andererseits bei den Religionsgemeinschaften, die von sich immer behaupten, sie hätten eine friedensstiftende Aufgabe zu erfüllen. Gerade angesichts der Mischverhältnisse in Südosteuropa sind diese Absichten noch unter Beweis zu stellen. Die Betrachtung der Situation Südosteuropas wäre unvollständig, widmete man nicht einige Gedanken den Medien und der Religion bzw. ihren Aufgabenstellungen.

10. Medienfreiheit und gesellschaftlicher Wandel

Jede demokratische Gesellschaft erfordert Respekt vor freien, unabhängigen, pluralistischen Medien. Massenmedien, besonders elektronische, können als machtvolles Verbreitungsinstrumentarium von kulturellen und sozialen Werten und auch der Ausformung der öffentlichen Meinung dienen. In zahlreichen Gesellschaften sind elektronische Medien das Hauptinstrument von Politikern und anderen Entscheidungsträgern, um politische Botschaften und Programme zu vermitteln, und das mit dem Ziel, die Bevölkerungsmehrheit zu erreichen. Elektronische Medien sind mehr noch als Printmedien das effektivste Mittel für diesen Zweck. Die von den Medien gezeigten Porträts von Persönlichkeiten und die Berichterstattung der Ereignisse um sie herum bestimmen in der Öffentlichkeit ihren Erfolg oder Mißerfolg. Basierend auf der Erkenntnis, daß Medien einen enorm weitreichenden Einfluß auf unsere Gedanken und Taten haben, ist es unabdingbar, daß Journalisten unabhängig und verantwortungsbewußt agieren können. Daher müssen die Regierungen den Medien Freiheit und Autonomie garantieren und gleichzeitig das Verantwortungsbewußtsein auf Seiten öffentlicher als auch privater Journalisten, Produzenten und Medieninhaber fördern.

Die Frage der Medienfreiheit und -autonomie spielt in Staaten, die gerade den Wandel von einer kommunistischen zu einer demokratischen Regierung durchlaufen, eine kritische Rolle. Diese Staaten sehen sich dem herausfordernden Prozeß des Niederreißens totalitärer Strukturen gegenüber. Diese

Strukturen kontrollierten mehr als vier Jahrzehnte lang die Medien, die wiederum als vorrangiges Instrument des Staates benutzt wurden, um Propaganda und politische Botschaften in großem Maßstab zu verbreiten.

So hat der Royaumont-Prozeß mit seinen Aktivitäten konsequenterweise bei den Medien angesetzt. Unabhängige, moderne Medien ermöglichen ein Mehr an Demokratie und verbinden die verschiedenen Regionen partnerschaftlich mit anderen Teilen des Kontinents. Slobodan Milosevic hat genau gewußt, was er tat, als er im Oktober 1998 ein rigides Mediengesetz verabschiedete, das – unter anderem – die Wiedergabe ausländischer Radio- und TV-Berichte verbietet. Der Marktplatz der antiken athenischen Demokratie – der Ort der Information und Auseinandersetzung – besteht heutzutage vor allem aus elektronischen Medien. Für die Medien gelten keine globalen Gesetze, wohl aber gewisse Grundsätze, die den Menschenrechten, der Demokratie und der Medienfreiheit entsprechen.

In Betrachtung dieser Grundsätze sollten bestimmte Prinzipien aufgezeigt werden, die für die südosteuropäische Medienstruktur wesentlich sind, um sie reformieren zu können, damit sie bei der Entwicklung von Demokratie und der Verbreitung demokratischer Werte in der Gesellschaft neue Verantwortung übernehmen können. Diese Ideen sind durchaus nicht nur an Gesellschaften im Wandel gerichtet. Sie sind universell und können auf jeden Staat und jede Gesellschaft umgelegt werden, die behaupten, Medienfreiheit und -autonomie zu fördern.

Der Grad an Medienautonomie und -freiheit wird durch den generellen Stand der Demokratie in der Gesellschaft, insbesonders in der politischen Praxis, bestimmt. Das ist eine Wechselwirkung, deren Grundlage die Unabhängigkeit und das Erzielen eines grundsätzlichen Konsenses bezüglich demokratischer Werte darstellt. In der heutigen Ära der elektronischen Massenkommunikation ist dies vor allem mittels einer durch freie Medien zur Gänze informierten Öffentlichkeit möglich.

Im Bestreben, totalitäre Traditionen zu überwinden, haben Staaten im Wandel den legitimen Wunsch, offene und freie Medien auszubilden. Daher müssen alte Medienstrukturen eliminiert werden. Die Öffentlichkeit und der Gesetzgeber müssen über die Mechanismen zur Förderung und Sicherung des Pluralismus der Medien und über die Verpflichtung des Staates, dies zu garantieren, informiert werden. Weiters besteht die Notwendigkeit, die breite Öffentlichkeit mit den Kriterien der Medienfreiheit, die durch internationale Dokumente und Organisationen begründet wurde, bekannt zu machen. Seit 1989 bestätigen viele Vorfälle, daß dies noch lange nicht vollständig geschehen ist.

Das Eliminieren bestehender Medienmonopole, vor allem von Parteienmonopolen, sollte mittels vollständiger Privatisierung, Dezentralisierung und Kommerzialisierung erreicht werden. Dieser Prozeß muß mit Bedacht auf das öffentliche Interesse durchgeführt werden und folgende Prinzipien umfassen: Freiheit, Vielfalt und Qualität der Programmgestaltung, soziale Solidarität der Gemeinschaft und Erhalt der kulturellen Identität. Die Umwandlung der staatlichen elektronischen Medien in öffentliche Dienstleistungen ist von größter Wichtigkeit. Dieser Prozeß sollte dort fortgeführt werden, wo bereits gewisse Ergebnisse erzielt wurden, während er bei den anderen noch initiiert werden muß. Entlang dieser Richtlinien sind Fragen bezüglich des Wesens des Privatrundfunks im Gegensatz zum staatlichen von größter Bedeutung. Derzeit ist die Einrichtung einer demokratischen und pluralistischen öffentlichen Kontrolle der Medien vorrangig.

Die öffentliche Unterstützung der strengen journalistischen professionellen Verantwortung bedeutet auch eine öffentliche Opposition zu allen Formen der Unterdrückung von Journalisten. Dazu zählen alle Arten der Einschüchterung und Bedrohung ihres Überlebens und ihrer Berufsehre, politische Rache in Form von Entlassung, Erpressung und Korruption. Nicht umsonst gibt es auch in Südosteuropa Attentate auf Journalisten, Redaktionen und Herausgeber.

Die offensichtliche Macht der Medien bei der Bildung und Formung der öffentlichen Meinung in Situationen, in denen Krieg und ethnische Spannungen herrschen, verstärkt die Verpflichtung, Manipulationen zu vermeiden, die der besondere Charakter des Mediums Fernsehen jedoch ermöglicht. Die positiven Eigenschaften des Fernsehens als einflußreichstes Medium sollte durch die Nutzung unterschiedlicher Quellen, die Meinungsfreiheit bezüglich Fakten und Ansichten und durch Berichte über alle Meinungen zu kontroversen Situationen und sozialen Krisen weiterentwickelt werden.

Die derzeitigen Erfahrungen beim Austausch von Programmen zwischen den EU-Ländern und Südosteuropa sind bescheiden, und regionaler Kooperationen selten. Die Entwicklung und Erstarkung nationaler, lokaler Radio- und Fernsehstationen wird eine Zunahme der Bedürfnisse und Möglichkeiten für direkte Kommunikation und Kooperation zur Folge haben.

Mittlerweile wird schon internationales Monitoring betrieben, was unbedingt notwendig ist. Zahlreiche unabhängige Institutionen und internationale Organisationen konzentrieren sich verstärkt auf den Einfluß der Medien bei der Entwicklung von Demokratie in Ost-Mitteleuropa. Nichtstaatliche Institutionen und Prozesse können das Einbeziehen der Medien dadurch stimulieren, daß sie das bürgerliche Leben des Publikums und der Gesellschaft verstärken. Diese Mechanismen können helfen, die Medien zu ermutigen, sich an ein höheres Maß öffentlicher Verantwortung zu halten. Nachstehend die Voraussetzungen, unter denen 1997 die OSZE ein neues Mandat für den OSZE-Repräsentanten für Medienfreiheit ausstellte: Die teilnehmenden Staaten müssen darin übereinstimmen, daß Meinungsfreiheit ein fundamentales und international anerkanntes Menschenrecht ist und eine Grundkomponente der demokratischen Gesellschaft darstellt. Gleichzeitig wurde die Unentbehrlichkeit unabhängiger, pluralistischer Medien für eine freie und offene Gesellschaft und für verantwortungsbewußte Regierungssysteme festgehalten.

Aufgrund dieser Prämisse wurde dem OSZE-Repräsentanten für Medienfreiheit, dem früheren deutschen Parlamentarier Freimut Duve, unter anderem die Aufgabe zugeteilt, die Einhaltung der OSZE-Prinzipien bezüglich der Medienfreiheit zu fördern und bei Mißachtung der OSZE-Prinzipien und -Verpflichtungen durch die Regierung und staatliche Institutionen sich auf schnelles Handeln zu konzentrieren. Der Repräsentant fungiert nach diesen Richtlinien als „Alarm" und warnt die OSZE und andere Institutionen und Organisationen vor jeglicher Aktivität, die eine Abweichung von den Prinzipien und Verpflichtungen der OSZE-Mitgliedsstaaten bezüglich der Medienfreiheit darstellt. Der Repräsentant verfügt allerdings über keinerlei wirkliche Macht. Er kann Informationen sammeln, Analysen erstellen und verbreiten und Verbesserungsvorschläge erarbeiten, aber er hat nicht die Macht, Sanktionen aufzuerlegen, wenn die Medienfreiheit unterdrückt wird.

Der öffentlich-rechtliche Rundfunk

Die meisten postkommunistischen Staaten haben es verabsäumt, ihre ererbten Rundfunksysteme zu demonopolisieren. Stattdessen wurde ein Großteil privatisiert. Der Rest verblieb in Staatshänden – und damit auch die Steuereinnahmen aus öffentlichem Radio und Fernsehen. Gegenwärtig muß – auf nationaler Ebene die Frage geklärt werden, auf welche Weise öffentlich-rechtliche Medien agieren und welche Rolle sie in der Gesellschaft erhalten sollen, im Gegensatz zu Staats- und Kommerzradio und -fernsehen. Hier geht es um das Überleben, das Aufrechterhalten und um die Weiterentwicklung des öffentlich-rechtlichen Rundfunks wie auch um die Wege, Autonomie, Vitalität, Qualität und Bedeutung der öffentlich-rechtlichen Fernsehprogramme zu steigern.

Der öffentlich-rechtliche Rundfunk ist in Südosteuropa unentbehrlich, um qualitativ hochwertige Informationen, Unterhaltung, Bildung und der Öffentlichkeit dienende Programme, die die kulturelle Identität berücksichtigen, zur Verfügung zu stellen. Der öffentlich-rechtliche Rundfunk ist notwendig, um der Bevölkerung dringend benötigte Informationen zu liefern, um eine informierte Wahl treffen zu können, um demokratische Rechte auszuüben und um den Bedürfnissen regionaler Kulturen und Minderheiten gerecht zu werden. Bürgern aller Altersgruppen sollen Bildungsmöglichkeiten und Aufklärungskampagnen über öffentliche Gesundheit u. a. m. vermittelt werden können. Der öffentlich-rechtliche Rundfunk kann auch Forum für eine „nationale“ Diskussion grundlegender Anliegen sein. Er sollte von staatlicher Kontrolle unabhängig sein und seine Programmgestaltung vor einer Einflußnahme durch die Regierung geschützt sein. In Ländern, in denen staatlicher Rundfunk noch nicht in öffentlich-rechtlichen Rundfunk transformiert wurde, können oft nur die kommerziellen Sender die wichtige öffentliche Verantwortung insbesonders durch das Bereitstellen alternativer Nachrichten- und Informationsquellen erfüllen.

Bei der Umsetzung in die Praxis kommt der Art der Finanzierung des öffentlich-rechtlichen Rundfunks eine wesentliche Bedeutung zu: Sie entscheidet über die wirtschaftliche Entwicklungsfähigkeit und beeinflußt die Fähigkeit des öffentlich-rechtlichen Fernsehens, Autonomie und demokratische Verantwortbarkeit zu erreichen und qualitativ hochwertige Programme im öffentlichen Interesse zu senden. Im Umbruch begriffene Staaten haben die einmalige Möglichkeit, die Rahmenbedingungen für eine profunde wirtschaftliche Basis für das öffentlich-rechtliche Fernsehen zu schaffen. Falls sie das nicht tun, schränken sie ihre Zukunftsmöglichkeiten erheblich ein.

In einigen Ländern könnte ein Teil der Einnahmen (aus dem Verkauf von Frequenzen, Lizenzgebühren oder Werbeeinnahmen kommerzieller Sender) zur Unterstützung des öffentlich-rechtlichen Rundfunks verwendet werden. Diese Gelder sollten in einen Stiftungsfonds eingebracht werden, um eine langfristige, von Regierungs- und kommerziellen Einflüssen unabhängige Finanzierung zu gewährleisten.

Fallbeispiele fehlender Medienfreiheit

Leider werden in vielen Staaten Südosteuropas die Prinzipien der Medienfreiheit noch immer nicht eingehalten. Journalisten werden belästigt und eingeschüchtert, und Medienzensur ist weit verbreitet. Im März 1997, als Chaos und Anarchie Albanien als Folge des Pyramidenspiels überschwemmten, verhängte Präsident Ali Berisha Zensur über die Medien und untersagte jegliche Reportagen über den Aufruhr und denunzierte die Demonstranten als „rote Terroristen". Unter der Vielzahl an Beispielen, die ganze Bände füllen könnten, verdienen die, Medienkontrolle und -manipulation betreffenden Ereignisse im ehemaligen Jugoslawien besondere Beachtung. Außergewöhnlich ist der Fall der Republika Srpska – das einzige Beispiel in der Region, bei dem internationale militärische Aktionen notwendig waren, um eklatante Fälle von Manipulation und massiver Verdrehung der öffentlichen Meinung aufzuhalten.

Die Macht der Medien bei der politischen Entwicklung in Südosteuropa kann am besten am Beispiel von Jugoslawien demonstriert werden. Die Korrespondentin der „Financial Times“, Laura Silber, stellte fest, daß im ehemaligen Jugoslawien das Fernsehen mehr Macht besitzt als irgendeine militärische Waffe. Und es ist die einzige Waffe der Kriegsherrn am Balkan, welche jetzt über den temporären Frieden entscheiden, die sie sich weigern niederzulegen. Erst die Kontrolle über das Radio und Fernsehen Serbiens (RTS) durch Jugoslawiens Präsident Slobodan Milosevic und seiner Sozialistischen Partei brachte die bösartige Propaganda und nationalistische Rhetorik hervor, die jene Emotionen förderte, die den blutigen Konflikt im ehemaligen Jugoslawien nährten. Zeitungen und andere Publikationen übten einen nur marginalen Effekt auf die Ausformung der öffentlichen Meinung aus. Der Großteil der Bevölkerung ist vom Fernsehen als einzige Informationsquelle abhängig. Die berechnende Verwendung des Fernsehens spielte eine Schlüsselrolle bei der Vorbereitung des Krieges in Kroatien und Bosnien: Das Fernsehen verbreitete die Idee eines „Großserbien“.

Der Kampf um die Kontrolle über die unabhängige Belgrader Radiostation B92 ist ebenfalls wert, erwähnt zu werden. B92 sendet ohne Unterbrechung Berichte über Korruption und kritisiert die autoritäre Herrschaft des Milosevic-Regimes. B92 war praktisch das einzige Medium, das regelmäßig, Tag für Tag, Berichte über die Demonstrationen am Jahresende 1996 ausstrahlte, als Tausende Demonstranten auf die Straßen Belgrads gingen, um die Anerkennung der Wahlergebnisse zu verlangen. Als Folge davon ließ Milosevic den Sender stören. Seine Begründung war, daß B92 ohne Lizenz arbeitete. Während der Zeit der Störungen verfünffachte sich die Hörerschaft, und B92 entwickelte sich zu einer Mediengroßmacht. Der Sender konnte überleben, da er über das Internet arbeitete und dadurch weltweit Hörer und somit auch internationale Unterstützung gewinnen konnte. Der Druck von außen zwang Milosevic schließlich dazu, das Verbot zurückzuziehen. Meinungsumfragen haben gezeigt, daß das B92-Publikum dessen Informationsprogramm als das wahrheitsgetreueste im Land einstuft. Nun plant B92, ein Fernsehnetzwerk zu starten, das kleine, private Fernsehstationen, die schon im ehemaligen Jugoslawien gewirkt haben, miteinander verbinden soll. B92 hat vor, diese Verbindungen zu nützen, um demokratische Veränderungen zu unterstützen und zu fördern, indem es eine Zusammenführung mit NGOs und internationalen Institutionen erreichen will. Aus diesem Grund hat Milosevic seit Oktober 1998 alles getan, um B92 und andere Sender mit gesetzlichen und administrativen Mitteln zu behindern und zu zerstören. B92 kann nur mehr via Internet eine Verbindung zur Außenwelt herstellen.

Der „Medienkrieg" zwischen den Sendern der bosnischen Serben in Pale und Banja Luka (SRT) in der Republika Srpska, der im Herbst 1997 ausbrach, endete mit einer internationalen Militärintervention. Die Sender in Banja Luka wurden im Juli 1997 geschlossen, nachdem ihre Verantwortlichen mit Präsidentin Biljana Plavsic gebrochen hatten. Der Sender in Banja Luka begann, unabhängig zu senden. Ein Akt, den Plavsic als „Befreiung der staatlichen Medien aus dem Würgegriff aus Pale" begrüßte. Dieser Medienstreich hatte einen Kampf um die Kontrolle der elektronischen Medien der Republika Srpska zur Folge. NATO-Truppen nahmen Fernsehsender in Udrigovo in Besitz, welche unter der direkten Kontrolle von Radovan Karadzič standen, und übergaben sie dem Plavsic-Lager. Eine kurzfristige Vereinbarung beider Parteien über die wechselseitige Nutzung folgte. Als Antwort auf die fortdauernde, aus Pale kommende gegenwärtige ethnische Propaganda, die zum Ziel hatte, das Dayton-Abkommen zu diskreditieren, sandten die USA Flugzeuge, um Radio- und Fernsehsender zu blockieren. Zusätzlich bestand Carlos Westendorp, der High Representative in Bosnien, auf die Entlassung des Managers des SRT-Senders, Miroslav Toholj, um sicherzustellen, daß die Seher „Zugang zu freien und unabhängigen Informationen erhalten". Hardliner beschuldigten jedoch die westlichen Truppen, ihre Meinungsfreiheit zu behindern.

Die Tudjman-Regierung in Kroatien benutzt ebenfalls die Medien, vor allem das Fernsehen, um nationalistische Nachrichten zu verbreiten und einen ethnisch rein kroatischen Staat zu propagieren. Unabhängige Publikationen wie die satirische „Feral Tribune" sehen sich vermehrter Einengung durch Verleumdungsklagen von Staatsbeamten gegenüber.

Die Unabhängigkeit der Medien sollte also ebenso ernsthaft behandelt werden wie andere Bedingungen – z. B. Bewegungsfreiheit und Rückkehr der Flüchtlinge –, von denen die Erfüllung des Dayton-Vertrages abhängt. Internationale Interventionen erfassen zwar die Symptome, nicht aber die Ursache des Problems. Es empfiehlt sich, Verfahrensweisen und Schritte zu entwickeln, die eine Verbreitung von Informationen über den politischen Prozeß und eine aktive Teilnahme der Staatsbürger an diesem fördert. Nur auf diese Art und Weise kann der Grundstein für den Ausbau einer starken und gesunden zivilen Gesellschaft gelegt werden. Freie und unabhängige Medien werden keine Kriege verhindern oder Konflikte lösen können, aber sie werden den Prozeß der Ausbildung demokratischer, ziviler Gesellschaften fördern, in denen die Staatsbürger die grundlegenden Menschenrechte und die Freiheit respektieren lernen, vor allem die Rede- und Meinungsfreiheit.

11. Religion – Glaube – Hoffnung

An sich ist es ein Kennzeichen von Religionen, Menschen den Frieden bringen zu wollen, eine Friedensordnung anzustreben und letztlich den ewigen Frieden, den man in Gott findet, zu verkünden. Südosteuropa ist jene Ecke, wo die verschiedensten Ausformungen von Religion alles Mögliche gebracht haben, selten aber den Frieden. Die Religionen waren und sind eher dazu da, Trennlinien in Erinnerung zu rufen. Selbst wenn sie sich auf den einen Christus berufen, wie dies die christlichen Kirchen tun oder auf den einen Gott, was schließlich Judentum, Christentum und Islam vereinen sollte, ist von all dem wenig bis nichts zu spüren.

Auf eine umfangreiche Religionsgeschichte soll hier verzichtet werden. Zu sehr würde sie den Rahmen sprengen und den Charakter einer Handreichung für das Südosteuropa von heute überschreiten. Die Trennlinie zwischen West- und Oströmischen Reich war und ist – mit einigen Verschiebungen – letztlich auch heute noch konstitutiv. Kroatische Spitzenpolitiker legen Wert darauf, ihr Land als ein katholisch-mediterranes zu verstehen, worunter eher ein nationalistisches Element als ein religiöses gemeint ist. Kommunisten in Belgrad hatten keine Scheu, den in den 30er Jahren begonnenen Bau der Kathedrale des Heiligen Sava in kritischen politischen Momenten des eigenen Landes fortzusetzen, immerhin ist dieser Heilige die regionale Symbolfigur. Die nach dem Krieg rasch renovierten Moscheen und Kirchen in Sarajevo sprechen ebenso eine Sprache, wie Glaubensbekenntnisse instrumentiert werden können. Blühende Judengemeinden sind schon durch die Auswirkungen des Zweiten Weltkrieges reduziert oder gar ausgelöscht worden oder durch die jüngsten Ereignisse nur mehr in Gräbern und vernachlässigten Synagogen in Sarajevo sichtbar. Ich habe nur wenige umfassende Bemühungen bemerkt, die seitens der Religionen das notwendige Werk der Versöhnung entstehen läßt. In diesem Zusammenhang dürfen die einzelnen Stimmen und Persönlichkeiten nicht übersehen werden, deren Wirkung bis jetzt aber begrenzt geblieben ist.

Ich halte es für sehr bedenklich, wenn die wechselseitige Kenntnis der Religionen und Kirchen relativ geringfügig ist. Die von Kardinal Franz König in Wien gegründete Stiftung „Pro Oriente" hat sich jahrzehntelang bemüht, dieses Defizit zu reduzieren. Bis jetzt zeigt sich aber, daß der Dialog zwischen altorientalischen Kirchen und Katholiken eben doch leichter ist, weil er über Distanz stattfindet und nicht in allen Fällen schon politische Implikationen in sich birgt. Der Niedergang des Kommunismus hat zweifellos auch dazu geführt, daß so manche autokephale orthodoxe Kirche nun nicht mehr ihren Beitrag zur Ökumene leisten möchte, da sie hofft, wieder jene Rolle der nationalen Identität zu übernehmen, die ihr in früheren Jahrhunderten selbstverständlich war. Auch manche vatikanische Ungeschicklichkeit im Umgang mit dem Patriarchen von Konstantinopel hat das ihre dazu beigetragen, mehr Verwirrung als ein Aufeinanderzugehen zu bewirken.

Daneben gibt es natürlich die Unsicherheit gegenüber dem Islam. Die allgemeine öffentliche Perzeption geht eher in die Richtung, daß sich der Islam fundamentalistisch dokumentiert, bis hin zu jenen Extremen, die dem „Djihad" (Heiliger Krieg) das Wort reden. Ich glaube, hier liegt eines der entscheidenden Mißverständnisse des Westens vor, das deutlich dokumentiert, wie beschämend gering angesichts der eigenen

Säkularisierung das Verständnis für eine seit dreizehn Jahrhunderten Europa wesentlich beeinflussende Religion ist.

Es kann nicht meine Aufgabe sein, ein Programm für diese Religionsgemeinschaften zu entwickeln. Es geht vielmehr um einen Appell an die Konfessionen, ihre gemeinsamen Aufgaben wahrzunehmen. Es ist nicht ermutigend, wenn ein katholischer Bischof aus dem ehemaligen Jugoslawien mitteilt, daß es seit dem Zerfall des Staates keine Begegnungen der Bischöfe dieses Raumes gegeben hat, obwohl gerade jetzt eine gemeinsame Stimme wichtig wäre. Wohl hat der Papst versucht, durch Pastoralbesuche das Augenmerk der katholischen Welt auf diese Region zu lenken, bei denen auch die Verantwortung der Christen für Frieden und Versöhnung betont wurde, entscheidende Werke in diese Richtung fehlen jedoch. Mag sein, daß die eigene Bestandssicherung im Vordergrund steht, aber zuletzt wird ein Christ gefragt werden, ob er auch alles getan hat, um nicht nur Leid zu lindern, sondern ob er auch versucht hat, die Wurzeln der Entstehung weiteren Leides zu beseitigen.

Innerhalb der christlichen Konfessionen, aber auch im Verhältnis zum Islam ist daher ein kompaktes Programm notwendig, das sich leicht skizzieren läßt:

– Abbau der Darstellung der eigenen Religion und Kirche als ein nationales Element – das kann die „katholische" Kirche aus ihrem Selbstverständnis heraus nie sein. Die orthodoxe Kirche wieder muß – bei aller historischer Verständlichkeit für dieses Denken – auch die Priorität der Lehre des „einen" Christus herausarbeiten.

– Erörterung der häufig auftretenden Rivalitäten innerhalb der einzelnen Konfessionen als auch zwischen den christlichen Kirchen. Der oft anzutreffende Versuch, quasi auf Kosten des anderen mächtiger zu werden, ist angesichts der bedrängenden menschlichen Situation nicht vertretbar.

– Schaffung von Begegnungsorten zwischen Katholiken und

Orthodoxen, aber auch – und vor allem mit dem Islam. Auch wenn es äußerst schwierig ist, eine gemeinsame islamische Stimme zu finden, entläßt dies die Konfessionen nicht aus der Verantwortung, den Dialog an vielen Orten zu beginnen.

– Jede Konfession muß mit einer umfassenden Erörterung des Verhältnisses zu Staat und Politik beginnen. Dort, wo Vereinnahmungen stattfinden, sind diese abzulehnen und durch eine klare Trennung der Verantwortung deutlich zu machen.

– Überarbeitung jener Konfessionstexte, die auf andere Religionen negativen Bezug nehmen. Die Atmosphäre muß über Generationen hinweg entgiftet werden. So wie es notwendig ist, in einem ersten Schritt unterschiedliche Geschichtsinterpretationen in den Schullehrbüchern zuzulassen und vielleicht einmal ein gemeinsames Geschichtsbuch zu entwickeln, so müssen die eigenen Religionsdarstellungen Verständnis für andere, unterschiedliche Glaubenswege erwecken.

– Die Ausbildung der konfessionellen Repräsentanten sollte berücksichtigen, daß der Glaube an den einen Gott alle eint und es sich beim Judentum, beim Christentum und beim Islam um Buchreligionen handelt.

– Angesichts der beängstigenden Situation der Diaspora des Judentums in dieser Region ist alles zu tun, um das Vorhandene nicht zuzuschütten und um mehr Existenzmöglichkeiten zu erhalten, als das bisher der Fall ist.

– Europäische Union, Europarat und andere internationale und europäische kulturelle Institutionen sollten sich mit diesen notwendigen geistigen Prozessen auseinandersetzen und sie gegebenenfalls – aus Verantwortungsgefühl gegenüber der Menschlichkeit – in geeigneter Form einmahnen.

Im Rahmen des Royaumont-Prozesses gibt es Programme von NGOs, die sich mit den erwähnten Schwerpunkten auseinandersetzen. Auch sie sollten mit finanziellen Mitteln der EU, aber auch mit dem der jeweiligen Nachbarstaaten gefördert werden. Ein Beispiel dafür ist das „Center for Democracy and Reconciliation in Southeast Europe", das unter Teilnahme internationaler Wissenschafter im Oktober 1998 von privaten Bürgern außerhalb und innerhalb der Region gegründet wurde. Dieses nichtstaatliche Zentrum unter Mitwirkung von Griechen, Bulgaren, Amerikanern, Briten, Türken und Österreichern stellt sich in den Dienst, kulturelle Kooperationen quer durch Südosteuropa zu verwirklichen. Das vorrangigste,wichtigste Projekt befaßt sich mit der Richtigstellung der Geschichtsbücher, aber man soll sich nicht der Illusion hingeben, bald ein gemeinsames südosteuropäisches Geschichtsbuch erstellen zu können. Zunächst einmal soll die Gegenüberstellung der unterschiedlichen Geschichtsdarstellungen, die Entgiftung des Klimas und das Herbeiführen einer gewissen „Normalität" erreicht werden. Innerhalb und außerhalb Südosteuropas wird es notwendig sein, ein Netzwerk von Wissenschaftern und NGOs, die als gemeinsames Ziel die Bekämpfung eines ethnischen, religiösen und sozialen Antagonismus definiert haben, zu errichten.

Die mit Abstand wirksamsten kulturellen Komponenten eines Friedensprozesses werden von Religionen bzw. Konfessionen getragen, denn sie erreichen die Menschen in einer Weise, wie es in anderen Bereichen kaum möglich ist. Entscheidend ist, daß dieser Prozeß von innen nach außen führen muß, da Einwirkungen von außen immer unter dem Gesichtspunkt der Bevormundung, der Kolonialisierung und der Überheblichkeit verstanden werden. Wer denn als Religionen sollte über Frieden und Liebe reden – und realisieren?

Der anerkannte Theologe Johann Baptist Metz, dessen politische Theologie ein wichtiger Beitrag zum Zeitgeist ist, hat in einem Kommentar, der Weihnachten 1997 in der „Süddeutschen Zeitung" veröffentlicht wurde, unter dem Begriff „Compassion" den Vorschlag gemacht, ein Weltprogramm des

Christentums zu errichten. Metz gibt zu, daß der Begriff „Compassion“ vielen, vor allem deutschsprachigen Zuhörern Schwierigkeiten bereitet. Die wörtliche Übersetzung „Mitleidenschaftlichkeit“ ist allerdings noch mühsamer. Dieser Wortstreit ist aber nicht so bedeutend wie die Aufforderung, die Metz so formuliert: „Compassion ist das Schlüsselwort für das Weltprogramm des Christentums; Compassion – das ist in meinen Augen die biblische Mitgift für den europäischen Geist, so wie die theoretische Neugierde die griechische und das Rechtsdenken die römische Mitgift für Europa sind. Fremdes Land wahrzunehmen und zur Sprache zu bringen ist die unbedingte Voraussetzung aller künftigen Friedenspolitik, aller neuen Formen sozialer Solidarität angesichts des eskalierenden Risses zwischen Arm und Reich und aller verheißungsvollen Verständigung der Kultur- und Religionswelten. Was wäre im ehemaligen Jugoslawien geschehen, wenn die dortigen Ethnien, ob christlich oder muslimisch geprägt, nach diesem Imperativ der Compassion gehandelt hätten? Wenn sie sich nicht nur der eigenen Leiden, sondern auch der Leiden der anderen, der Leiden ihrer bisherigen Feinde erinnert hätten? Wieviel Leid wäre vermieden worden?“

Metz spricht in diesem Zusammenhang von einer „Autorität der Leidenden“ oder, wie der Soziologe Zygmunt Baumann über das moralische Gewissen sagt: „Gehorsam ohne Überprüfung, ob ihm Folge geleistet werden solle ... Nach den grundlegenden Maßstäben der modernen Welt ist Gewissen schwach.“ Natürlich ist die Autorität der Leidenden auch schwach, sie ist aber nicht wirkungslos, denkt man an die Berichte in der Weltöffentlichkeit. Eine weitere Perspektive eröffnet Metz durch die Anerkennung der Autorität der Leidenden: „Nur wenn auch unter uns, hier in Mitteleuropa, eine von dieser Compassion inspirierte politische Kultur zunimmt, wächst die Aussicht, daß Europa eine blühende und nicht eine brennende multikulturelle Landschaft sein wird, eine Friedenslandschaft und nicht eine Landschaft implodierender Gewalt, also nicht eine Landschaft eskalierender Bürgerkriege. Diese Compassion hat eine erinnernde Tiefenstruktur, die mir für eine Politik der Freiheit und der gegenseitigen Anerkennung als unabdingbar erscheint. Compassion ist *memoria passionis,* Gedenken vergangener Leiden und damit Protest gegen die Vergeßlichkeit der modernen Freiheit."

Seine Gedanken bleiben nicht beim Christentum stehen, sondern setzen sich in einer Koalition der Weltreligionen fort: „Ist es nicht dieser Widerstand gegen ungerechte Leiden, der – inspiriert vom Respekt vor der Autorität der Leidenden überhaupt – die Menschen aus den verschiedenen Religions- und Kulturwelten zusammenführen kann? Sie folgen dabei ja nicht einer Theorie oder Ideologie der Gerechtigkeit, sondern ihrer eigenen Überzeugung, die im Gehorsam wurzelt, von dem Paulus in seinem Brief an die Römer (2,14) sagt, daß ihm alle Menschen, also auch (wie er sagt) „die Heiden", um ihrer Würde willen unterworfen sind. Gerade hier sehe ich die Chance und die Aufgabe einer Koalition der Religionen heute: Nicht unmittelbar im Miteinander und Zueinander im direkten Religionsvergleich, sondern in der Praxis gemeinsamer Weltverantwortung, im gemeinsamen Widerstand gegen die Ursachen ungerechten Leidens in der Welt, gegen Rassismus, gegen Fremdenfeindlichkeit, gegen nationalistisch oder rein ethnisch imprägnierte Religiosität mit ihren Bürgerkriegsambitionen; aber auch gegen die kalte Alternative einer Weltgesellschaft in der „der Mensch" immer mehr in den menschenleeren Systemen der Ökonomie, der Technik und ihrer Kultur- und Informationsindustrie verschwindet, einer Weltgesellschaft, in der die Weltpolitik ihren Primat immer mehr an eine Weltwirtschaft mit ihren vom Menschen selbst längst abstrahierenden Marktgesetzen zu verlieren droht."

Christen und andere Gläubige müssen sich die Frage gefallen lassen, ob sie angesichts der Erkenntnis dieser Tragik auch rechtzeitig etwas dagegen unternommen haben. Wir müssen uns die Frage gefallen lassen, ob wir auch in Südosteuropa etwas unternommen haben, um für die Zukunft bessere Bedingungen zu schaffen. Dieser Themenkomplex hängt natürlich mit dem Bedürfnis nach Sicherheit zusammen; Sicherheit nicht nur im militärischen und polizeilichen Bereich, nicht Sicherheit gegenüber der Kriminalität, sondern Sicherheit, gedeihlich leben zu können.

12. Danksagung

Es gibt aber auch die Möglichkeit, Dank zu sagen – ich mache es gern, besonders bei diesem Buch. Traditionell verbunden bin ich Fritz P. Molden, der in seinem Leben ein großer Anreger war und ist, wenngleich ihm das nicht immer in entsprechendem Ausmaß in der österreichischen Öffentlichkeit gelohnt wurde. Fritz Molden war es, der den Gedanken zu diesem Buch in mir anregte und es, gemeinsam mit Hubertus Czernin, unter terminmäßig schwierigen Umständen begleitete. Richard Schifter, der in wichtigen Funktion in der US-Außenpolitik tätig ist, ist einmal mehr von mir Dank zu sagen. Er hat seine Phantasie, vor allem aber auch sein Herz für Europa und besonders für die Nachbarschaft Österreichs immer eingesetzt, was angesichts eines schweren persönlichen Schicksals seiner Familie in unserem Land nach 1938 besondere Beachtung und Anerkennung verdient. Ohne ihn wäre ich nie zu dieser für mich unendlich herausfordernden und befriedigenden Tätigkeit gekommen, die mir wieder die Möglichkeit gegeben hat, im Exekutivsekretär der UN/ECE, Yves Berthelot, einen verständnisvollen Helfer, Freund und Förderer zu finden. Besonderer Dank sei auch den Mitarbeitern der UN/ECE, besonders aber dem Regionalverantwortlichen Will Keenan, gesagt, die über ihre berufliche Aufgabe hinaus das Engagement für Südosteuropa für einen Teil ihres Lebens zu ihrer bestimmenden Aufgabe gemacht haben. In der Europäischen Kommission haben die erfahrenen Beamten der Generaldirektion 1A ihr Wissen und ihren Rat stets zur Verfügung gestellt. Sie alle sind engagierte Partner im Ringen um ein großes Europa. In Österreich bin ich besonders Botschafterin Dr. Jutta Stefan-Bastl verbunden, die über ihre Aufgabe als Vertreterin Österreichs bei der OSZE hinaus das Vorhaben engagiert und klug gefördert hat und immer eine überzeugende und weise Ratgeberin war. Bei der Erstellung der Unterlagen des Buches waren die beiden Assistentinnen von SECI, Mag. Vera Budway und Mag. Branislava Stankov eine unentbehrliche Hilfe, wobei Vera Budway für ihre Beiträge zur Situation der Medien, Branislava Stankov für ihre Anregungen und Ergänzungen zu den historischen Bemerkungen und im Erziehungsbereich besonderer Dank gesagt werden muß. Es war eine große Hilfe, sich auf ihre Arbeiten stützen zu können, wie auch auf die von Christian F. Wehrschütz, der für den sicherheitspolitischen Teil das notwendige Material zusammengestellt und seine Vorstellung eingebracht hat. Die Verfassung des Textes wäre nicht möglich gewesen, hätte nicht einmal mehr Gabriele Buchinger Zeit, Energie und Engagement zur Verfügung gestellt, wie dies auch Martina Paul, Lektorin des Molden Verlages, tat. Ihnen allen sei Dank gesagt wie auch jenen, die ich in Südosteuropa kennenlernte, und die, oft anonym, aus Verantwortung für ihr Land, unbedankt und unter Opfern viel Gutes tun. Es ist ein Geschenk, mit ihnen arbeiten zu dürfen. Es sei die Bemerkung gestattet, daß dieses unterschiedliche, sehr positive Engagement eine Ermunterung für viele Mühen darstellt. Ich bin überzeugt, daß sich das Ergebnis für Europa und seinen Südosten lohnen wird.

Namensregister

Glossar

Baltic Council 52 f.
BSEC (Black Sea Economic Cooperation) 52, 161 f., 168 ff., 170, 182, 186, 188, 193 f., 199, 204, 206

CEEPUS (Central European Exchange Programme for University Students) 106
CEFTA (Central European Free Trade Association) 155, 211
CJTF (Combined Joint Task Force) 146
CSNE (Centro Studi Nord Est) 162

EBRD (European Bank for Reconstruction and Development) 110, 152, 161, 169, 172, 174 f., 192, 196, 200
ECMM (European Community Monitor Mission) 149
EFTA (European Free Trade Association) 51 f., 108, 155, 211
EIPOS (Europäisches Institut für postgraduale Studien) 106
ESCAP (Economic and Social Commission for Asia and the Pacific) 171
EUPOS (European University for postgraduate Studies) 106 f.
EWR (Europäischer Wirtschaftsraum) 52

HCNM (High Commissioner for National Minorities) 147

IDM (Institut für den Donauraum und Mitteleuropa) 103, 162
IFI (Internationale Finanzinstitutionen) 173
IKRK (Internationales Komitee für das Rote Kreuz) 149
ILO (International Labour Organization) 149
IMF (International Monetary Fund) 173
IWM (Institut für die Wissenschaften vom Menschen) 104

TSCHECHIEN
Brno
SLOWAKEI
Donau
Wien
Bratislava
ÖSTERREICH
Budapest
UNGARN
Donau
Maribor
Pécs
SLOWENIEN
Zagreb
KROATIEN
Osijek
Donau
Banja Luka
BOSNIEN-
HERZEGOWINA
Belgrad
Sarajevo
SERBIEN
Mostar
MONTE-
NEGRO
KOSOV
Pristina
Podgorica
Adriatisches Meer
MAZED
Tirana
ALBANIEN
GRIECH

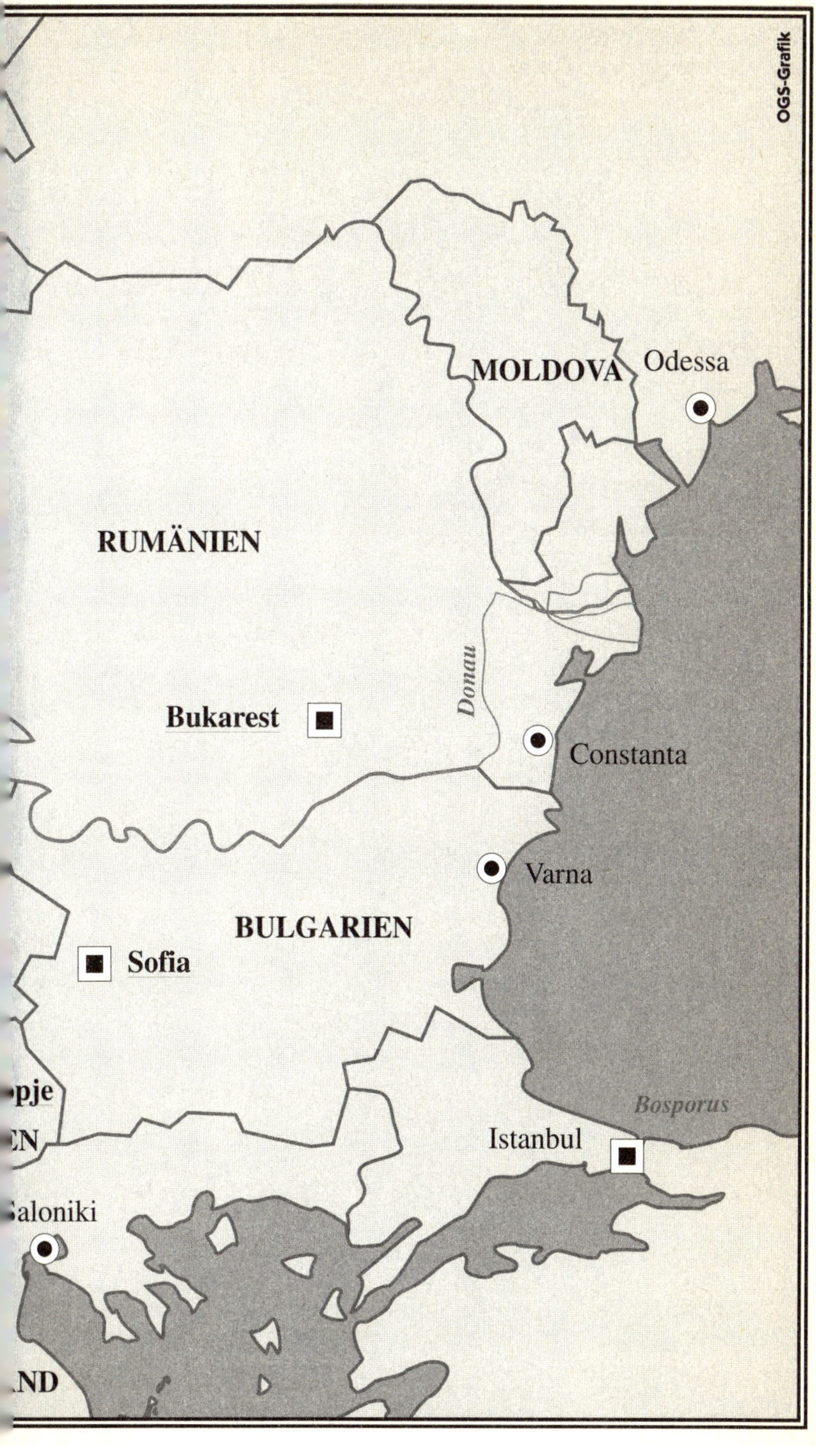

OGS-Grafik
MOLDOVA
Odessa
RUMÄNIEN
Donau
Bukarest
Constanta
Varna
BULGARIEN
Sofia
Bosporus
Istanbul
pje
EN
aloniki
ND

Politik bei Molden

Andreas Khol: Mein politisches Credo
Aufbruch zur Bürgersolidarität
1998, 224 Seiten, DM 38,80/ öS 269,-/ sFr 34,-
ISBN 3-85485-000-X

Caspar Einem: Gegenwind
Auf der Suche nach der sozialdemokratischen Solidarität
1998, 192 Seiten, DM 38,80/ öS 269,-/ sFr 34,-
ISBN 3-85485-001-8

Christoph Kardinal Schönborn: Die Menschen, die Kirche, das Land
Christentum als gesellschaftliche Herausforderung
3. Auflage 1998, 256 Seiten, DM 38,80/ öS 269,-/ sFr 34,-
ISBN 3-85485-013-1

Alfred Payrleitner (Hg.): Aufbruch aus der Erstarrung
Neue Wege in die österreichische Politik
1999, 232 Seiten, DM 38,80/ öS 269,-/ sFr 34,-
ISBN 3-85485-023-9

Andreas Khol: Durchbruch zur Bürgergesellschaft
Ein Manifest
erscheint 1999, ca. 224 Seiten, DM 38,80/ öS 269,-/ sFr 34,-
ISBN 3-85485-022-0

MOLDEN
VERLAG